UNTERWEGS IN AUSTRALIEN
DAS GROSSE REISEBUCH

Kängurus im Kosciuszko Nationalpark. Der Park ist der größte in New South Wales und umschließt zehn Gipfel, mit über 2100 m Höhe.

UNTERWEGS IN AUSTRALIEN
DAS GROSSE REISEBUCH

Nahezu senkrecht ragen die Schichten des tiefroten Uluru-Sandsteins aus der Sandwüste auf.

Das bekannteste Felsmonument in der Urlandschaft der Blue Mountains sind die Three Sisters.

Geologisch gesehen gehört Australien zu den ältesten Landmassen der Erde und seit Millionen Jahren nagt die Erosion an diesem Kontinent. Endlose Savannen und Wüsten, gleißende Salzseen und uralte Rumpfgebirge prägen aride und semiaride Landschaften, das Outback. Der nach der Antarktis trockenste Kontinent umfasst aber weit mehr als Wüste und Savanne. An der Ostküste zieht sich über 2000 Kilometer das Great Barrier Reef entlang, ein lebendes Wunderwerk und eines der größten, vielseitigsten Ökosysteme der Erde. Dort, wo die Great Dividing Range die Feuchtigkeit vom Meer abbremst und kondensieren lässt, wachsen Regenwälder – je nach Breitengrad und Höhenlage von tropisch bis kühl temperiert. Im Südosten des Kontinents fällt jedes Jahr Schnee. Noch weiter im Süden, in Tasmanien, sind die Wiesen oft grün und saftig, das Klima ist gemäßigt und mit dem in Mitteleuropa zu vergleichen. Flora und Fauna Australiens bilden das Erbe des einstigen Superkontinents Gondwana, von dessen Resten sich Australien vor rund 50 Millionen Jahren loslöste. Seitdem driftet der Kontinent als gigantische Insel Richtung Norden – ohne Kontakt zum Rest der Welt und mit bis heute nur wenigen Einflüsse von Außen.

Die Harbour Brigde und das Sydney Opera House bestimmen die nächtliche Skyline der Weltmetropole Sydney.

Die bis zu 100 m hohen Felswände im Kings Canyon leuchten je nach Sonneneinstrahlung in intensiven Rot- und Orangetönen.

Die schönsten Reiseziele	**16**
Northern Territory	**18**
Darwin	22
Devils Marbles	24
Felsenmalereien	28
Aborigines	32
MacDonnell Ranges	36
Gosse Bluff Meteorite	38
Nitmiluk-Nationalpark	40
Kragenechsen	44
Kings Canyon / Watarrka-Nationalpark	46
Simpson Desert	48
Salzwasserkrokodile	54
Queensland	**56**
Rodeos	62
Brisbane	64
Fraser-Insel	68
Whitsunday Islands	70
Gold Coast	78
New South Wales	**80**
Sydney	84
Australisches Wintermärchen	96
Australian Capital Territory	**100**
New Parliament House	104
Victoria	**110**
Melbourne	116
Carlton-Gärten	120
Grampians-Nationalpark	126
Koala	128
Great Ocean Road	130
Dandenong-Ranges-Nationalpark	136
Tasmanien	**140**
Hobart	143
Australian Convict Sites	144
Mount-Field-Nationalpark	150
Bay-of-Fires-Nationalpark	152
South Australia	**154**
Die Feuersteine von Down Under	158
Coober Pedy	160
Adelaide	162
Lake-Eyre-Nationalpark	167
Wilpena Pound	170
Delikatessen aus dem Outback	172
Nationalpark Flinders Ranges	176
Die Beuteltiere	178
Das Riesenkänguru	180
Der Emu	184
Kangaroo Island	188
Western Australia	**192**
Broome	194

Wie eine Skulptur ragt ein Termitenhügel in der Tanami Wüste im Northern Territory zwischen den Gräsern aus der Erde.

Perth	200
Kimberley	206
Windjana-Gorge-Nationalpark	210
Wolfe Creek Meteorite Center	212
Kalbarri-Nationalpark	214
Nambung-Nationalpark, The Pinnacles	218
Nullarbor-Nationalpark	222
Die fernen Inseln Australiens	224

UNESCO Weltnaturerbe- und Biosphärenreservate 226

Kakadu-Nationalpark	228
Uluru-Nationalpark, Kata-Tjuta-Nationalpark	238
Australian Fossil Mammal Sites	244
Nationalpark Wet Tropics	246
Great Barrier Reef	248
Great-Sandy-Biosphärenreservat	258
Noosa-Biosphärenreservat	262
Gondwana Rainforest	264
Yathong-Naturreservat	266
Blue-Mountains-Nationalpark	268
Barkindji-Biosphärenreservat	274
Willandra Lakes Region (Mungo-Nationalpark)	276
Kosciuszko-Nationalpark	280
Hattah Kulkyne Nationalpark	282
Croajingolong-Nationalpark	284
Mornington Peninsula & Western Port	286
Wilsons-Promontory-Nationalpark	288
Riverland-Biosphärenreservat	292
Mamangari Conservation Park	294
Prince-Regent-Naturreservat	296
Purnululu-Nationalpark (Bungle Bungles)	298
Ningaloo Coast	302
Shark Bay	304
Fitzgerald-River-Nationalpark	308
Tasmanische Wildnis (Cradle Mountain/St.Clair)	310
Southwest-Nationalpark	312
Lord-Howe-Insel	316
Macquarie-Insel	320
Heard- und McDonald-Inseln	324

Die schönsten Reiserouten 326

Route 1: Von Darwin durch den wilden Norwesten nach Albany	328
Route 2: Auf dem Stuart Highway durch das »Rote Zentrum«	332
Route 3: Bruce Highway – von der Sunshine Coast zum Great Barrier Reef	336
Route 4: Pacific Highway – von den Blue Mountains zur Gold Coast	340
Route 5: Von West nach Ost durch den Süden des Kontinents	344

Reiseatlas Australien 348

Bildnachweis, Impressum 374

In dem Kapitel »Die schönsten Reiserouten« werden fünf Touren vorgestellt, deren jeweiliger Verlauf auf der Überblickskarte unten dargestellt ist. Die vorgeschlagenen Routen führen durch grandiose Naturlandschaften und quirlige Städte und die ungeheuren Weiten von »Down Under« werden im wahrsten Sinne des Wortes »erfahrbar« gemacht: Von Darwin geht es durch den wilden Norden; auf dem Stuart Highway erkundet man das »Rote Zentrum«; von der Sunshine Coast gelangt man über den Bruce Highway zum Barrier Reef; den Pacific Highway fährt man von den Blue Mountains zur Gold Coast und von West nach Ost geht es quer durch den Süden des Kontinents.
Die Texte zu jeder Tour geben einen Abriss über die Reiseroute und stellen die bereisten Regionen in ihren landschaftlichen, historischen und kulturellen Besonderheiten vor.
Die Texte werden komplettiert durch Tourenkarten, die den Verlauf der jeweiligen Reiseroute und ihre wichtigsten Orte und

Die schönsten Reiserouten

Sehenswürdigkeiten zeigen. Hauptroute und Abstecher sind farblich markiert (siehe Beispiel unten rechts), Piktogramme (siehe Liste linke Spalte) symbolisieren bedeutende Sehenswürdigkeiten. Die Nummern entlang der Route sollen Orientierung und Planung erleichtern und Fahrtrichtung sowie Ausgangs- und Endpunkt kennzeichnen. Jede Tourenkarte wird von Farbabbildungen und informativen Kurztexten zu den wichtigsten Stationen der jeweiligen Route eingerahmt.

Berühmte Reiserouten
- Bahnstrecke

Herausragende Naturlandschaften und Naturmonumente
- Gebirgslandschaft
- Felslandschaft
- Schlucht/Canyon
- Geysir
- Höhle
- Flusslandschaft
- Wasserfall/Stromschnelle
- Seenlandschaft
- Fossilienfundstätte
- Naturpark
- Nationalpark (Landschaft)
- Nationalpark (Flora)
- Nationalpark (Fauna)
- Nationalpark (Kultur)
- Wildreservat
- Whale watching
- Krokodilfarm
- Küstenlandschaft
- Strand
- Korallenriff
- Insel
- Unterwasserreservat

Herausragende Metropolen, Kulturmonumente und -veranstaltungen
- Christliche Kulturstätte
- Aborigine-Reservation
- Aborigine-Kulturstätte
- Kulturlandschaft
- Historisches Stadtbild
- Imposante Skyline
- Technisches/industr. Monument
- Sehenswerter Leuchtturm
- Denkmal
- Markt/Basar
- Feste und Festivals
- Museum
- Theater
- Olympische Spiele

Sport- und Freizeitziele
- Rennstrecke
- Pferdesport
- Segeln
- Tauchen
- Windsurfen
- Wellenreiten
- Kanu/Rafting
- Hochseeangeln
- Badeort
- Freizeitpark

Die schönsten Reiseziele

Ob Regenwald im tropischen Nordwesten, karge Buschvegetation im Zentrum des Kontinents, abwechslungsreiche Küstenlandschaften mit einer einmaligen Unterwasserwelt oder Naturphänomene wie der Ayers Rock – die Natur in »Down Under« ist urwüchsig und vielfältig. Die Heiligtümer der Aborigines zeugen von dem uralten Miteinander von Mensch und Natur. Einen lebhaften Kontrast dazu bilden die modernen Metropolen mit ihren glitzernden Skylines. Bundesstaat für Bundesstaat werden in Form eines bebilderten Nachschlagewerks, mit Stadtplänen der wichtigsten Städte und allen herausragenden Reisezielen Australiens vorgestellt. Interessante Aspekte werden in speziellen Themenartikeln vertieft. Ein Klassifizierungssystem mit Sternchen (*** = »eine eigene Reise wert«, ** = »einen Abstecher wert, * = »sehenswert«) verschafft einen guten Überblick.

Während der Regenzeit entstehen riesige Süßwasserflächen im Überschwemmungsgebiet des East Alligator River im Kakadu-Nationalpark. Auf der Wasseroberfläche gedeihen verschiedene Wasserpflanzen.

»Kata Tjuta« – »viele Köpfe« werden die kuppelförmigen Felsen der Olgas genannt. Durch Verwitterung und Erosion werden sie unaufhörlich weiter geformt.

Northern Territory

Trockener Wüstenstaub im Red Centre, sintflutartige Monsunregen am tropischen Top End und weniger als 200 000 Menschen auf einer Fläche, die viermal so groß ist wie Deutschland: Im Northern Territory lebt noch der Mythos vom einsamen Abenteuerkontinent Australien. Seine Bewohner sind rau, aber herzlich, seine Tiere gut angepasst an die extreme Witterung. Traumpfade führen zur mythischen Vergangenheit der Aborigines, der Traumzeit vor mehr als 40 000 Jahren. Am Anfang ihrer Schöpfungsgeschichte steht die mythische Regenbogenschlange, die mit den gewaltigen Granitkugeln der Devils Marbles mitten im Outback ihre Eier hinterließ. Die Legenden und Geschichten der Traumzeit sind bis heute in den vielen Felszeichnungen des Kakadu-Nationalpark erhalten, der weltgrößten Freiluftgalerie der Vorzeit.

Northern Territory

Goldminen

Auf den Spuren des einstigen Goldrausches wandeln Besucher rund um Tennant Creek. Das 3000-Einwohner-Städtchen stand in den 1930er-Jahren in voller Blüte und war Mittelpunkt des Goldrausches. Umgeben von rund 150 Gold- und Kupferminen brachten die goldenen Nuggets zunächst wirtschaftlichen Aufschwung. Einen Einblick in die damalige Zeit

Northern Territory

Fläche: 1 349 129 km²
Größter Monolith: Uluru (348 m)
Größter Salzsee: Lake Amadeus (1032 km²)
Bevölkerung: 197 700 Einwohner, davon 40 000 Aborigines
Hauptstadt: Darwin (126 500 Einwohner)
Zeitzone: Central Standard Time (MEZ + 8,5 Std.)

Lage und Landschaft

Das sehr dünn besiedelte Northern Territory ist kein Bundesstaat, sondern eine Verwaltungseinheit, die von Canberra regiert wird. Im Westen grenzt das Northern Territory an Western Australia, im Osten an Queensland, im Süden an South Australia. Hinter dem flachen, schwülheißen Küstengebiet im Norden dehnt sich nach Süden ein arides Tafelland mit Gebirgen aus, die in den MacDonnell Ranges eine Höhe von 1511 m erreichen. Im äußersten Süden prägen die Sanddünen der Simpson-Wüste die Landschaft. Im Nordosten des Territoriums liegt das seit mehr als 50 000 Jahren von den Aborigines bewohnte Arnhem Land.

Kulturelle Zentren
∗∗ Darwin Siehe Seite 22

∗ Katherine Mit 11 500 Einwohnern ist Katherine die zweitgrößte Siedlung des Top End und wirtschaftlicher wie kultureller Mittelpunkt einer Agrarregion mit Rinderzucht, Obst- und Gemüseanbau.
Die Kleinstadt am Stuart Highway ist ein idealer Ausgangspunkt für die Besichtigung des **∗∗Nitmiluk-Nationalpark** siehe Seite 40 mit der Katherine Gorge und den Tropfsteinhöhlen des **∗Cutta Cutta Caves Nature Park**. Südlich von Katherine beginnt das »Never Never Land«, dem Jeannie Gunn in ihrer Novelle »We of Never Never« über das Leben auf einer Rinderfarm bei Mataranka um das Jahr 1900 ein literarisches Denkmal setzte.

∗ Mataranka Der Versorgungsort für die Rinderstationen im Umland, rund 100 km südlich von Katherine gelegen, ist für seine heißen Quellen berühmt. Unablässig sprudeln sie im 13 840 ha großen **∗Elsey National Park**, der sich, 9 km östlich, entlang der Flüsse Waterhouse und Roper erstreckt, sowie in der Nähe der Mataranka Homestead, wo sie als Rainbow Springs zum Bad im 34°C warmen Quellwasser einladen – umgeben von Palmen und tropischem Wald. Eine weitere heiße Mineralquelle blubbert im nahen Bitter Springs.

∗ Tennant Creek Die zweitgrößte Stadt Zentralaustraliens mit 5534 Einwohnern ist neben Katherine der einzige bedeutende Ort am 1500 km langen Stuart Highway zwischen Darwin und Alice Springs. Die ehemalige Goldgräbersiedlung hat sich bestens auf Touristen eingestellt, die hier ihre Reise unterbrechen möchten, und bietet neben mehreren Hotels, Campingplätzen und einer Jugendherberge auch einen Flughafen. Im Jahr 1872 wurde rund 10 km vom heutigen Ort eine Telegrafenstation errichtet, die, mittlerweile restauriert, besichtigt werden kann. Zur Stadtgründung kam es aber erst im Jahr 1932, als Gold entdeckt wurde. Die Blütezeit währte nur kurz, zu schnell waren die Lagerstätten erschöpft. Die Entdeckung von Kupfer 1950 verhinderte, dass Tennant Creek zur Geisterstadt verkam. Heute werden auch Silber und Wismut abgebaut. Das **∗Battery Hill Regional Centre**, ein »Working Museum« nur 2 km östlich der Stadt, präsentiert anschaulich die Vergangenheit und Gegenwart des Goldbergbaus. Das Besucherbergwerk **∗Nobles Nob Mine** war von 1934 bis 1985 der größte Goldtagebau der Welt. Etwa 100 km südlich von Tennant Creek säumen die **∗»Devils Marbles«** mehrere Kilometer lang beide Seiten des Stuart Highway. Die Ureinwohner sahen in dieser Ansammlung von Granitkugeln die Eier der mythischen Regenbogenschlange, die das Universum erschuf.

∗∗ Alice Springs 36 910 Einwohner leben in der Kapitale des Outback, der einzigen Stadt in der Mitte des Kontinents. 1500 km vom nächstgrößeren Ort entfernt, duckt sich »Alice«

In den Thermalpools von Mataranka kann man baden.

Oben: Im Northern Territory; rechts: Die Butterfly Gorge hat ihren Namen von den gepunkteten Schmetterlingen.

gibt heute das National Trust Museum mit seinen ausgestellten Schürfwerkzeugen. Einige Minen sind mit Führungen zugänglich. Zwar wurde mit der White Devil Gold Mine 1999 die letzte Mine der Region ge-

schlossen, doch nur einige Jahre später brachte der steigende Goldpreis eine Renaissance, sodass zwei Minen wiedereröffnet wurden. Besucher können in der Moonlight Rockhole Area heute ihr Glück versuchen.

Northern Territory:
Darwin

Botanischer Garten

Ein deutscher Gärtner legte 1870 die *Botanic Gardens im Norden Darwins an. Mitten im 42 ha großen Park mit mehr als 400 Palmenarten, einer Orchideenzucht, kleinem Regenwald und Sumpfgelände lädt ein großer Golfplatz auch Gäste zum Spiel auf dem Green. Im Amphitheater im Süden des Parks werden gelegentlich Konzerte und Darbietungen von Aborigi-

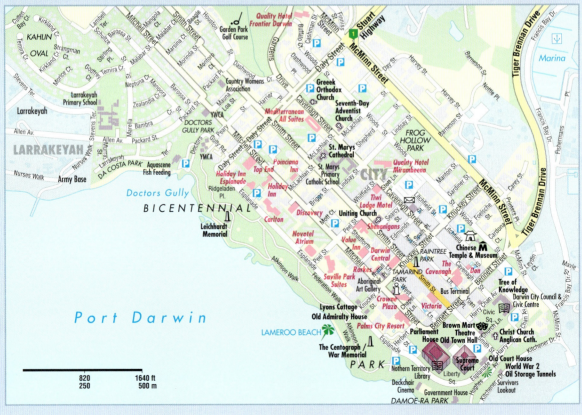

nes aufgeführt. Besucher können dem »Aboriginal Plant Use Walk« folgen und bekommen so einen guten Eindruck von der Anlage und dem Pflanzenbestand, wie etwa den Wachsblumen (Bilder von links).

Darwin

Darwin, die heutige Hauptstadt des Northern Territory und kosmopolitische Urlaubshochburg am Top End des australischen Kontinents, blickt auf eine lange Geschichte gescheiterter Siedlungsversuche zurück: Wirbelstürme, Malaria, Versorgungsprobleme und enorme Entfernungen zu anderen Orten ließen lange eine Stadtgründung im tropischen Norden scheitern.

Im Jahr 1869 wurde der erste Versuch unternommen, auf dem Gebiet des heutigen Darwin eine Siedlung namens Palmerston zu gründen. Erst der vierte Siedlungsversuch gelang aber, und man benannte sich im Jahr 1911 nach dem britischen Naturforscher Charles Darwin. Zuvor hatte ein Wirbelsturm 1897 alles zerstört, was nach dem abgeebbten Goldrausch von Pine Creek in den 1870er-Jahren übrig geblieben war. 1974 machte ein mächtiger Hurrikan die Stadt erneut zum Trümmerfeld: Vier Stunden lang tobte »Tracy« über Darwin und zerstörte mit Tempo 280 mehr als 5000 Häuser. Beim Wiederaufbau ersetzte eine moderne Architektur, die neuen Stürmen standhalten sollte, das historische Erbe. An das Flair von einst erinnern einzig das *Old Courthouse mit der Police Station (1884), die *Old Town Hall (1883) sowie das schneeweiße *Government House (1879) und *Brown's Mart (1885), das nacheinander als Börse, Bordell und Polizeiwache diente. Beim Wiederaufbau der *Christchurch Cathedral in Form eines Oktagons wurden Relikte des Vorgängerbaus von 1902 integriert: ein schmales, vorgebautes Portal samt anschließendem Wandstück. Den schweren Altar bildet ein massiver Jarrahstamm. Häufig foto-

Oben links: In der Cullen Bay Marina, unweit des Zentrums von Darwin, haben sich schöne Restaurants niedergelassen.

grafiertes Wahrzeichen des neuen Darwin ist das imposante *Parliament House am Südende der Esplanade, in dem seit dem Jahr 1994 die Abgeordneten des Northern Territory tagen und auch die Staatsbibliothek untergebracht ist.

Zum vielbesuchten **Doctor's Gully Aquascen am Nordende der Esplanade kommen bei Flut Hunderte von Fischen und fressen den Besuchern buchstäblich aus der Hand. Ebenfalls an der Uferpromenade, die zur Seeseite den Bicentennial Park säumt, liegt das *Lyons Cottage. Es wurde um 1920 als Unterkunft für Mitarbeiter der British Australian Telegraph Company errichtet, die das Unterseekabel nach Java verlegten.

Comedy, Schauspiel und klassisches Theater von örtlichen wie internationalen Künstlern werden im *Darwin Performing Arts Centre aufgeführt. Hauptgeschäftsstraße mit vielen Souvenir-, Kunstgewerbe- und Modeläden ist die *Smith Street mit der Fußgängerzone The Mall. Große Einkaufszentren finden sich in den Vororten Palmerston, Nightcliff, Fannie Bay, Karama und Parap.

In der Stoke Hill Wharft kann man bei einem Drink den Abend genießen.

Darwin ist Australiens wichtigster Hafen im Asienverkehr. Die alten Dockanlagen der **Stokes Hill Wharf im Süden der Stadt wurden Ende der 1990er-Jahre komplett restauriert. Heute gehört der »Wharf Precinct« zu den Topattraktionen der Tropenkapitale. Hier locken nicht nur zahlreiche Cafés, Restaurants, Bars und Boutiquen, sondern vor allem das *Indo Pacific Marine – ein Meerwasser-Aquarium, das mit fluoreszierenden Korallen und tropischen Fischen in die Welt der Korallenriffe einführt. Von den Anfängen des Perlentauchens bis zu den modernen Zuchtmethoden berichtet die benachbarte *Australian Pearling Exhibition.

Weiter westlich trifft sich die Szene am **Mindil Beach. Jeden Donnerstagabend von April bis Oktober säumt ein multikultureller Markt mit Kunsthandwerk und kulinarischen Genüssen den angesagten Strand. Das 1981 eröffnete **Museum and Art Gallery of the Northern Territory am Rande der Fannie Bay gehört zu den besonderen Sammlungen traditioneller wie zeitgenössischer Aborigines-Kunst. Sehenswert sind besonders die Grabpfähle der Tiwi-Aborigines. Ausgestellt werden ferner Objekte aus Südostasien und dem Pazifikraum.

Das *Fannie Bay Gaol Museum an der East Point Road präsentiert in den Gefängniszellen von 1833 nicht nur die Geschichte der Strafanstalt, sondern auch der Stadt. Noch 1952 wurden hier Häftlinge hingerichtet.

Über die Landesgrenzen hinaus bekannt ist die Stadt für ihre *Darwin Beer Can Regatta, bei der ausschließlich Boote aus Bierdosen zugelassen sind. Das alljährliche Ereignis im August unterstreicht Darwins Ruf als Stadt mit dem weltweit höchsten Bierkonsum: 244 l würzigen Gerstensaft lässt hier jeder Einwohner, statistisch gesehen, durch seine Kehlen rinnen – in Deutschland sind es etwa 130 l. Legendär ist auch die »Darwin Stubby«, in der das örtliche Bier NT Draught abgefüllt wird – mit 2,25 l ist sie die größte Bierflasche der Welt.

Devils Marbles

Die riesigen Granitkugeln Devils Marbles haben einen Durchmesser von bis zu 6 m und leuchten im Abendlicht besonders intensiv.

Devils Marbles

Die Devils Marbles oder Karlukarlu werden von den Aborigines als die Eier der mystischen Regenbogenschlange angesehen, die für die Ureinwohner am Anfang der Schöpfungsgeschichte stehen.

Northern Territory

»Old Telegraph Station«

Dass mitten in der trockenen Steppe des Outbacks eine Stadt wie Alice Springs entstehen konnte, hat sie der Telekommunikation zu verdanken. Als Ende des 19. Jhs. ein leistungsfähiges Netz der Nachrichtenübertragung aufgebaut wurde, begann eine Kette von Telegrafenmasten das Land zu überziehen. Da die Morsezeichen damals nur 300 km weit gesendet werden rasterförmig mit seinen flachen Bauten hinter die zerklüfteten Felskämme der MacDonnell Ranges. Ihre »weiße Vergangenheit« begann 1871, als beim Bau der Telegrafenlinie Wasserstellen entdeckt wurden – daher der Beiname »Springs«. Seit 2004 fährt *»The Ghan« weiter Richtung Norden bis nach Darwin. Jetzt lässt sich der gesamte Kontinent per Bahn durchqueren. Schienennostalgiker sollten einen Besuch im schönen Museumskomplex der *Ghan Preservation Society einplanen: Hier wurde ein alter Bahnhof restauriert, von dem aus zweimal wöchentlich historische Lokomotiven zu Rundfahrten auf den Gleisen der ehemaligen Bahnlinie abfahren. Im Jahr 1950 inspirierte Alice Springs den englischen Schriftsteller und Ingenieur Neville Shute (1899–1960) zu seiner Novelle »A town like Alice«. Die erfolgreiche Verfilmung machte dann das einst etwas schläfrig wirkende Städtchen über Nacht weltberühmt. Für einen ersten Überblick empfiehlt sich die Aussichtsplattform auf dem **Anzac Hill**, der besonders bei Sonnenuntergang ganz idyllische Ausblicke bietet.

Das Stadtzentrum konzentriert sich zwischen der Wills Terrace im Norden und der Stuart Terrace im Süden, wo der Hauptsitz des »Royal Flying Doctor Service« Anfänge und Alltag der Fliegenden Ärzte anschaulich darstellt. Im Adelaide House, 1926 als erstes Hospital der Region eröffnet, erinnert heute ein Nationalmuseum an den Gründer des Hilfsdienstes, Reverend John Flynn. Seine Asche ruht im Flynn's Grave Historical Reserve unter einem runden Stein. Sehenswert ist auch die School of the Air, von der aus Lehrer via Funk Grundschüler unterrichten, die auf entlegenen Farmen im Outback leben. Mit 1,3 Millionen km² betreut die Zentrale der 13 »School of the Air«-Stationen das größte Klassenzimmer der Welt. Einige Museen berichten vom Leben im Busch und der Kultur der Aborigines.

Das Old-Telegraph-Freilichtmuseum in Alice Springs.

Das ****Strehlow Research Centre** dokumentiert Leben und Werk von Ted Strehlow, der als erster Weißer die Lebenswelt der Aborigines erforschte. Deren Kultur bildet einen Sammlungsschwerpunkt im ***Museum of Central Australia**, das auch Einblicke in die Naturgeschichte und in die weiße Besiedlung des Red Centre gibt. Das ***Araluen Centre for the Arts & Entertainment** birgt neben einer Konzerthalle zwei Kunstgalerien. Die ***Albert Namatjira Gallery** zeigt Aquarelle und Ölgemälde des gleichnamigen berühmten Landschaftsmalers der Aborigines und dessen Lehrers Rex Batterbee. Originelles Kunsthandwerk der Ureinwohner ist in den Studios von Territory Craft zu sehen. Das ***Aboriginal Art & Culture Centre** der Arrernte-Aborigines, die in einem Reservat 100 km weiter südlich leben, lockt nicht nur mit einem Museum und Kunsthandwerk-Läden, sondern veranstaltet neben Ausflügen auch diverse Kurse – zum Beispiel an Austra-

konnten, mussten auch in ganz abgelegenen Gegenden Masten und Stationen errichtet werden, etwa am Fuße der Berge bei Alice Springs. Da dort Frischwasser aus der Erde trat, entschieden sich die Landver‑

messer 1871, hier eine Telegrafenstation zu errichten. Im Freilichtmuseum sind die Steinhäuser zu besichtigen (links), die um die Telegrafenstation für die europäischen Siedler gebaut wurden.

liens erster »Didgeridoo-Universität«. Viele Galerien findet man beim Bummel über die Todd Street.

Naturlandschaften und -monumente

★ **Arnhem Land** Mit rund 97 000 km² ist das Arnhem Land an der Ostspitze des Northern Territory das größte Aborigines-Reservat des Kontinents. Nur mit Sondergenehmigung der Ureinwohner darf es besucht werden. Es wurde 1911 eingerichtet und wird seit dem Aboriginal Lands Act von 1976 wieder von Aborigines selbst verwaltet. Individualreisende können das Gebiet nur sehr eingeschränkt erkunden. Das gilt auch für die Tiwi Islands Melville und Bathurst und die Coburg Peninsula mit dem Gurig National Park. Die bei Sportfischern beliebte Kleinstadt Nhulunbuy (4000 Einwohner) auf der Gove Peninsula kann ohne Permit (Erlaubnis) mit dem Flugzeug erreicht werden.

★ **Tiwi Islands** Trotz ihrer Nähe zu Darwin, ihrer Größe und ihrer Bedeutung gehören die beiden Tiwi-Inseln **Bathurst** und **Melville** zu den abgeschiedensten Außenposten von Australien. Nur 80 km vom Festland entfernt, hat sich auf diesen Tropeninseln eine ganz eigene Aborigines-Kultur erhalten. Zwar bestehen regelmäßige Flugverbindungen nach Darwin, doch wer die Inseln auf eigene Faust erkunden möchte, benötigt eine Genehmigung von der Tiwi Land Council in Darwin oder Bathurst. Ohne Permit ist der Besuch – als Tagestrip oder zweitägiger Campingaufenthalt – nur über »Tiwi Tours« möglich, eine Agentur der Aborigines.

Oben links: Blick über den weitläufigen Goose Creek auf Melville. Aborigines-Kinder spielen mit Stöcken und auf dem Didgeridoo (rechts).

Felsenmalereien

Noch sehr gut erhalten sind die farbigen Felsmalereien der Aborigines in Arnhem Land.

Die Felsmalereien der australischen Ureinwohner sind Ausdruck ihrer spirituellen Lebensweise. Die Abbildungen trugen sie mit Holzstäben und Pflanzenstängeln auf die Wände heiliger Stätten auf.

Northern Territory

Festivals

Sie verstehen zu feiern, die Menschen hier im Norden des Landes. Vor allem im australischen Winter inszenieren die Menschen der Northern Territory farbenfrohe Feste (rechts). Die vielleicht außergewöhnlichste Feier ist das Kamelrennen in Alice Springs. Bis weit in die 1920er-Jahre waren die Schwielensohler hier gängiges Verkehrs- und Lastenmittel,

Die Bergketten der MacDonnell Ranges gehören zu den ältesten Gebirgen der Welt.

★★★ **Kakadu-Nationalpark** Siehe Seite 228

★★ **Litchfield-Nationalpark** Im 65 700 km² großen Nationalpark, 60 km nordwestlich von Adelaide River, stürzen tosende Wasserfälle aus dem Sandsteinplateau der Tabletop Range in Schluchten und bilden natürliche Pools, die krokodilfrei sind und wie bei *Wangi Falls, **Rockhole** und *Florence Falls zum Baden einladen.
Nur mit Allradwagen zu erreichen sind die frei stehenden Sandsteinsäulen der »Lost City« und der Tjaynera (Sandy-Creek)-Wasserfall. Die Zufahrtsstraße aus Batchelor säumen bis zu 2 m hohe Termitenhügel, die wie Stelen aus dem Boden ragen – exakt in Nord-Süd-Richtung.

★★ **Nitmiluk-Nationalpark** Siehe Seite 40

★★ **MacDonnell Ranges** Der Namatjira Drive durch die MacDonnell Ranges reiht die schönsten Schluchten des bis zu 600 Millionen Jahre alten Gebirges aneinander. Natürliche Highlights der Western MacDonnell Ranges unweit von Alice Springs sind die rostroten Steilwände des Simpson's Gap, der benachbarte Standley Chasm, die Ormiston Gorge und die Glen Helen Gorge. Wanderer können dem 220 km langen Larapinta Trail von Alice Springs quer durch die Bergwildnis bis zum Mount Sounder folgen.
In den noch einsameren East MacDonnell Ranges östlich von Alice Springs lebt die Vergangenheit des Goldrausches wieder auf. In Arltunga wie im Ruby Gap Nature Park sind Zeugnisse aus jener Zeit erhalten. Noch heute können Besucher bei Spaziergängen Edelsteine und Halbedelsteine finden. Der einheimische Wüstenstamm der Arrernte People glaubte, dass »Raupenwesen«, die auch sie erschufen, die Berge gestalteten – und verehrten sie daher an Kultplätzen wie N'Dhala Gorge, Corroboree Rock oder Jessie Gap, wo auch noch einige Felsmalereien erhalten sind.

★★★ **Kings Canyon/Watarrka-Nationalpark** Siehe Seite 46

★★★ **Uluru & Kata-Tjuta-Nationalpark (Ayers Rock/The Olgas)** Siehe Seite 238

★★ **Simpson Desert** Die berühmteste Wüste Australiens wurde nach dem australischen Philanthropen und Geografen Allan Simpson benannt. Sie ist rund sechsmal so groß wie Belgien, mit 185 000 km² magisch rotem Sand unter grenzenlos blauem Himmel.
Ihr Wahrzeichen sind rund hundert, jeweils im Abstand von 1 km parallel verlaufende, bis zu 25 m hohe Sanddünen, die sich auf einer Länge von 200 km in Richtung Nord/Nordwest hinziehen. In dem weitläufigen Labyrinth aus Sand und Spinifexgras verliefen sich im Jahr 1848 der deutsche Entdecker Ludwig Leichhardt und sein gesamtes Team; sie blieben verschollen. Das Volk der Wangkangurru, das einst in dieser Region lebte, trieb Tauschhandel mit Ocker und »pituri«, einem wirkungsvollen Aphrodisiakum aus dem Hopwood-Baum, gegen Muscheln aus der Golfregion des Northern Territory – und noch heute findet man diese einst begehrten Muscheln gelegentlich im Wüstensand. Zum Kochen errichteten die Menschen früher frei stehende Öfen aus getrocknetem Schlamm, in denen sie Schlangen-, Emu- und Kängurufleisch zubereiteten.

Die in dieser Region einzigartigen Termitenhügel, Magnetic Termite Mounds, haben den Litchfield-Nationalpark berühmt gemacht, denn sie sind alle in Nord-Süd-Richtung positioniert.

dem huldigt das Kamelrennen bis heute – während in Jabiru beim Garma Festival uralte Aborigines-Tänze und Rituale auf dem Programm stehen und man dazu Buschessen reicht. Lustig geht es bei der Beer Can Regatta in Darwin zu: Boote, erbaut aus alten Bier- und Limodosen, stechen dann in See. Die Henley-on-Todd-Regatta in Alice Springs kommt ohne Wasser aus, sie findet in einem ausgetrockneten Flussbett statt.

Aborigines: Unterwegs in einer beseelten Natur

Traumpfade

Als die Erde noch kahl und leer war, zogen die schöpferischen Ahnen der Aborigines durch das Land und träumten in der Nacht von den Abenteuern des nächsten Tages. Indem sie ihre Träume in die Tat umsetzten, schufen sie alle Erscheinungen des Lebens als bis heute gültigen Ausdruck der ursprünglichen Schöpfungskraft. Für die Aborigines ist das Leben ein langer metaphorischer Fluss oder Bewusstseinsstrom – die sichtbare Welt wird nicht getrennt betrachtet von der unsichtbaren, der Zugang zur äußeren Welt der Dinge entspricht dem zur inneren des Ichs. In den Geschichten der Traumzeit bewahren sie sich das Bild einer ganzheitlichen Welt – sie auszubeuten hieße sich selbst auszubeuten. Deshalb soll ihr Land so unberührt bleiben wie in der Traumzeit, als ihre Ahnen die Welt ins Dasein san-

Vermutlich kamen die Aborigines vor mehr als 56 000 Jahren – einige Forscher meinen sogar vor 120 000 Jahren – aus Südasien nach Australien. Nachweislich ist der Kontinent seit mehr als 40 000 Jahren von ihnen besiedelt. Das »Volk« der Aborigines gibt es genau genommen nicht – vielmehr besteht ihre Kultur aus mehreren verwandten Völkern und Stämmen, die auch heute noch 150 verschiedene Sprachen sprechen. Sie selbst nennen sich Yoglnu (in Nordaustralien), Murri (in Ostaustralien), Koori (Südostaustralien), Nanga (Südaustralien), Nyungar (in Südwestaustralien) und Wonghi (Westaustralien). Ihnen allen gemeinsam sind die braune bis tiefschwarze Haut, die schwarzen Haare, die fliehende Stirn und die meist sehr ausgeprägten Lippen.

Über Jahrtausende haben die Aborigines den roten Kontinent mit einem mythischen Wegenetz überzogen, den »Dreamings«, und spirituellen Wegstrecken, »Songlines«, aus ihrer Traumzeit, der sogenannten »Dreamtime«. In dieser Zeit erschufen »Schöpferwesen« die Natur und sämtliche Lebewesen. Jeder Mensch entsteht demnach aus einer Pflanze oder einem Tier – das dann zu seinem Totem wird und mit seinen Tabus, etwa dem Verbot gewisser Speisen, sein Verhalten bestimmt. Andere Kapitel aus der Schöpfungsgeschichte erklären den Nachfahren die Natur und das Zusammenleben in der Gemeinschaft. Zu den berühmtesten Dreamings gehört die mythische Regenbogenschlange, die das Universum erschuf. Da die Ureinwohner keine Schrift kannten, hielten sie ihre Tradi-

gen: Für jeden Stamm gibt es einen universalen Vater, mit dem sie in ihren Träumen verbunden sind, so die Vorstellungswelt der australischen Ureinwohner. Auf ihrer Reise durch das Land streuten die mythischen Vorfahren eine Spur von Wörtern oder Noten aus – »Traumpfade« oder »Songlines«, die als unsichtbare Linien den gesamten Kontinent durchziehen und die wie eine Partitur gelesen werden können. Wer das Lied seiner Ahnen kennt, findet immer seinen eigenen Weg, und solange er sich daran hält, trifft er auch immer Menschen, die seinen Traum teilen und die in Wirklichkeit seine Brüder sind.

Die Körperbemalung ist Bestandteil der Kultur der Aborigines.

tionen und Geschichten mit Malereien und Ritzzeichnungen in Holz, Fels und an Höhlenwänden fest. Doch nicht nur das Totem, auch der eigene Stamm und der Geburtsort definieren die Identität eines Aborigine. Als im Jahr 1788 die ersten britischen Strafkolonien in Australien gegründet wurden, lebten dort vermutlich 750 000 Aborigines. Mit der Kolonisation begann ihr Untergang. Europäische Krankheiten wie Masern, Grippe und Tuberkulose rafften die Ureinwohner dahin. Sie wurden mit Waffengewalt niedergemetzelt, mit vergifteten Nahrungsmitteln getötet, verjagt oder gar verbrannt. Wo sie überlebten, schränkten das Roden der Wälder und die Zäune um die »Stations« der Schaf- und Rinderzüchter den Lebensraum der Nomaden Australiens zunehmend ein. Konsequent verdrängten die europäischen Siedler die Ureinwohner vom eigenen Land. Bis 1900 war ihnen das Recht auf Landbesitz und Erwerbstätigkeit verweigert, ab 1918 konnten die Kinder von Aborigines von ihren Familien grundlos getrennt werden. Bis 1970 wurden Familienverbände so brutal auseinander gerissen, zeitweilig mehr als ein Drittel aller Kinder von weißen Eltern »adoptiert« oder in Missionen gegeben. Bis heute kämpfen rund 100 000 Opfer dieser »Stolen Generation« um eine Wiedergutmachung. Erst 1967 beendete ein Referendum die gesetzliche Diskriminierung der Aborigines, die seitdem die volle australische Staatsbürgerschaft besitzen. Vier Jahre später, 1971, saß mit Neville Bonner der erste australische Ureinwohner im Bundesparlament. Mit dem Land Rights Act erhielten sie 1976 das Recht, Land in Staatsbesitz einzuklagen – doch erst 1993 entschied das Oberste Gericht, dass die Aborigines (und die Torres-Strait-Inselbewohner) ein angestammtes Recht auf Land besitzen, in dem noch traditionelle Bindungen bestehen. 42 Prozent der Landfläche des Northern Territory kehrten seitdem an die Ureinwohner zurück, bereits 1985 der heilige Berg Uluru (Ayers Rock). In den 1980er-Jahren wurde die Rassentrennung in den Schulen aufgehoben. Während die offizielle Politik lang zauderte, wächst im Volk das Verständnis für die Anliegen der Aborigines. Mehr als eine Million Australier trugen sich beim ersten National Sorry Day am 27. Mai 1988 in sogenannte »Sorry Books« ein und entschuldigten sich für das an den Aborigines in den letzten 200 Jahren begangene Unrecht. Heute gehören noch 410 000 Australier zu den »indigenous people«, den Ureinwohnern. 38 Prozent sind arbeitslos (im Landesdurchschnitt: 7,4 Prozent), jeder Dritte lebt in Sozialunterkünften, viele sind obdachlos. Alkohol, schlechte Gesundheit und Kriminalität sind noch gegenwärtiger Alltag in den Aborigines-Kommunen. Doch das Selbstbewusstsein und der politische Einfluss wachsen. Ein sichtbares Symbol der Rückbesinnung auf die Ursprünge ist die eigene Flagge der Aborigines, die Harold Thomas entwarf: schwarz wie die Haut, rot wie die Erde, gelb wie die Sonne.

Die Aborigines sind Nomaden. Sie glauben daran, dass die Erde dem Menschen das Leben schenkt, ihm Nahrung, Sprache und Denken gibt.

Die Lockhart-River-Tanzgruppe nimmt am Laura-Aboriginal-Tanzfestival teil.

Die Didgeridoo-Musik ist ein Bestandteil der Kultur der Ureinwohner Australiens.

MacDonnell Ranges

Intensiver als in den MacDonnell Ranges bei Alice Springs sind die Farben des Outbacks wohl nirgendwo.

Der Larapinta Trail führt durch den West-MacDonnell-Nationalpark, hier schweift der Blick über den Count Point.

Gosse Bluff Meteorite

Zwischen dem nördlichen Gebirgszug mit dem Glen Helen und den James Ranges fällt eine kreisrunde Formation ins Auge. Der Gosse Bluff Meteorite Crater (Bilder rechts) gilt als einer der am besten erhaltenen Meteoritenkrater der Welt. Die Aborigines gaben ihm den Namen Tnorala, für sie ist das Kraterinnere ein heiliger Ort. Der Einschlag erfolgte vor rund 142 Millionen Jahren, der Originalkrater hatte einen Durchmesser von 20 bis 23 km. Der Komet bzw. Meteorit drang mehrere Kilometer tief in die Sedimentschichten ein. Die Erosion hat den Krater weitgehend eingeebnet und den zentralen Einschlagsbereich freigelegt. Nur aus dem Weltall wird die Struktur der lang gezogenen Kämme der MacDonnell Ranges sichtbar. Sie umschließen die von Dünen bedeckte Missionary Plain, aus der der Krater herausragt (unten).

Nitmiluk-Nationalpark

Nitmiluk-Nationalpark
Der Park fasziniert durch sein imposantes Fluss- und Schluchtensystem.

Neben dem Uluru und dem Kakadu-Nationalpark gehört der ***Nitmiluk-Nationalpark** zu den drei großen Besuchermagneten des Northern Territory. In dem 1800 km² großen, 32 km nordöstlich des Städtchens Katherine gelegenen Park schlängelt sich der **Katherine River** durch 13 zerklüftete Schluchten, die durch Stromschnellen getrennt sind. Geführte Bootstouren von unterschiedlicher Dauer dringen nur bis zur fünften Schlucht vor; im Leihkanu lassen sich indes alle Schluchten auf eigene Faust erkunden. Im Jahr 1988 wurde das Fluss-

Durch die Katherine Gorge geht es mit dem Boot.

und Schluchtensystem den Jawoyn, den Nachfahren der einst hier ansässigen Ureinwohner, zurückgegeben. Ein Zentrum am Eingang der Schlucht bietet Einblicke in ihre Kultur. Der Park hat ein dichtes Wandernetz mit mehr als 100 km markierten Wegen. Das Angebot reicht von kurzen Spaziergängen zu Aussichtspunkten über die stellenweise 60 m tiefen Schluchten bis hin zu mehrtägigen Wanderungen. Rund fünf Tage dauert der 68 km lange Bushwalk zu den **Edith Falls** im Nordwesten des Nationalparks.

Die tief eingeschnittene Schlucht des Katherine River ist die größte Attraktivität dieses Nationalparks. Stromaufwärts weitet sie sich zu einem breiten Tal; dieses bildet das Arnhem Land Plateau.

Nitmiluk-Nationalpark

Wie ein Stillleben der Natur wirkt der Nitmiluk-Nationalpark an vielen Stellen, ein Landschaftsgemälde in Grün, Violett, Orange und Blau. Doch dahinter verbirgt sich eine dramatische Geschichte.

Traumkulisse für Badefreuden fernab des Massentourismus: Der Nitmiluk-Nationalpark in Nordaustralien zieht sich an seinen Seen ein Festtagskleid an, inklusive Wasserfall als rauschende Brosche.

Kragenechsen

Wie kleine Drachen aus der Urzeit sehen sie aus: Die Kragenechsen gehören zu den wandelbarsten Tieren des Kontinents. Obwohl sie weniger als einen Meter lang sind und ihr Körper sogar nur rund 25 cm misst, beeindrucken sie, wenn sie ihren großen, faltigen Hautlappen wie einen riesigen Kragen ausklappen. Dazu öffnen sie ihr Maul, denn ihre Muskeln an Zunge und Kiefer sind mit ihrer Hautmembran am Hals verbunden und sie können diese so entfalten wie einen Schirm (beide Bilder). Dann scheint ihr Kopf um ein 25-Faches vergrößert, umgeben von den klassischen Drohfarben in roten oder gelben Tönen. Die Echse, die sonst kaum von der Rinde eines Baumes unterscheidbar ist, zeigt sich plötzlich sehr farbenfroh. Mit ihrer imposanten Krause will die Kragenechse vor allem Feinde wie Hunde, Greifvögel und Schlangen ein-

schüchtern. Doch bevor sie zu dieser drastischen Maßnahme greift, versucht sie erstmal, sich für ihren Angreifern unsichtbar zu machen und duckt sich starr hinter einem Ast oder auf dem Boden, wo sie gut getarnt ausharrt. Die Echsen sind hervorragende Kletterer und können pfeilschnell vom Ast zu ihrer Beute schießen. Sie sind nur in Australien und Neuguinea zu finden und gehören zu den Wahrzeichen des Kontinents.

Kings Canyon / Watarrka-Nationalpark

Kings Canyon / Watarrka-Nationalpark
Der Kings Canyon im Watarrka-Nationalpark ist die größte Schlucht Australiens.

Der rund 722 km² große **Watarrka-Nationalpark umfasst das Westende der George Gill Range. Sein Herzstück ist der **Kings Canyon. Dessen steile, zum Teil 200 m hohen Felswände, seine Wasserlöcher und teils grüne Täler bilden einen spannungsreichen, Kontrast zu der Wüstenlandschaft ringsum. Seine grandiosen Schönheiten erschließt ein 6 km langer Rundweg, der mit einem steilen Aufstieg beginnt, dann der Abbruchkante folgt und auf halber Strecke den »Garden of Eden« erreicht, eine grüne Oase um eine permanente Wasserstelle. Für die hier seit mindestens 20 000 Jahren lebenden Luritja-Aborigines ist der Canyon mit seinen zahlreichen Höhlen bis heute eine Kultstätte. Drei ihrer Wohnbereiche liegen ebenfalls mitten im Gebiet des Nationalparks: Bargot Springs im Osten, Lilla im Zentrum und Watarrka nördlich der Touristenanlage, das zum Namensgeber für den Nationalpark wurde.

Die teilweise bis zu 200 m tiefen Felsabstürze im Kings Canyon verwitterten in Millionen von Jahren (links). Oben: Über 100 Vogelarten wie etwa Kakadus leben in der Schlucht; sie lieben die Kühle und benötigen das Trinkwasser.

Simpson Desert

Nahezu menschenleer zeigt sich das Simpson Desert in Inneraustralien. Einen Teil der rund 180 000 km² großen Wüste bildet der Simpson-Desert-Nationalpark.

Die Oberfläche der charakteristischen Sanddünen im Simpson Desert ist von Rippelmarken geprägt. Die parallelen Rippen haben wie die Dünen selbst eine flache Luv- und eine steilere Leeseite.

Simpson Desert

Die linke Bildhälfte wird geprägt durch eine dunkle Sumpflandschaft und helle Längsdünen im Wechsel sowie weiße Salzflächen. Rechts ist ein Hügelland mit geringen Höhenunterschieden zu sehen.

Die von Südost nach Nordwest streichenden Längsdünen zeigen die vorherrschende Windrichtung an.

Northern Territory

Roadtrains

Bis zu 53 m lange Lastwagengespanne mit 15 Achsen und 62 Reifen – das sind die Roadtrains Australiens. Sie versorgen das Outback mit dem Lebensnotwendigen: Ohne sie wäre ein Leben weder auf den einsamen Farmen noch in den Minen im Landesinneren möglich. Meist fahren die 400 bis 500 PS starken Sattelzüge ohne Rücksicht auf Hindernisse über die High-

Von Darwin kann man mit dem Ghan bis Adelaide fahren.

Sport und Freizeit

* Darwin und Umgebung Der Hafen von Darwin ist doppelt so groß wie Port Jackson in Sydney – und gespickt mit Wracks von Schiffen und Flugzeugen, die während der Attacken des Zweiten Weltkriegs hier versanken. Das vietnamesische Flüchtlingsschiff Song Saigon wurde um 1980 gezielt geflutet. Riesenzackenbarsche und Grouper haben bereits diese künstlichen Riffe erobert, gelegentlich aber auch Krokodile – sie sorgen für den Extra-Kitzel bei den Tauchgängen, die mehrere PADI-akkreditierte »Dive centres« in Darwin anbieten.

*** The Ghan Von Darwin quer durch den ganzen Kontinent: Der »Ghan« macht es möglich. In zwei Tagen und zwei Nächten durchquert der legendäre Zug die 2979 km lange Strecke zwischen Adelaide und Darwin. Sein Name erinnert an die afghanischen Kameltreiber, die zuvor den Gütertransport im Outback sichergestellt hatten. Bis im Jahr 1927 das erste Teilstück mit einer Schienenverbindung von Adelaide nach Alice Springs stand, waren fast 60 Jahre an Planung, Bauarbeiten und Rückschlägen vergangen. Starke Überflutungen schwemmten immer wieder Brücken und Gleisabschnitte weg, Termiten und Buschfeuer zerstörten die Bahnschwellen aus Holz. Der Volksmund taufte den Zug daher schon bald »Never Never Train« – zum einen, weil er fast die gesamte Strecke durch unwirtliches Wüstenland fährt, zum anderen, weil viele nicht daran glaubten, dass »The Ghan« überhaupt einmal fahren würde. Erst im Februar 2004 wurde die Strecke bis nach Darwin fertiggestellt.

Alle Tiere des Northern Territory, die man während der Reise vermutlich nicht zu Gesicht bekommt, lassen sich im 400 ha großen ***Territory Wildlife Park**, 55 km südlich von Darwin bei Berry Springs, auf einer Rundfahrt im Minizug oder von Spazierwegen in ihrer natürlichen Umgebung beobachten. Die Tiere sind in Gehegen untergebracht, die weitgehend ihrem angestammten Lebensraum entsprechen. Vom Krokodil über Känguru und Kakadu bis zur Kragenechse sind hier, ebenso wie die große Gruppe nachtaktiver Tiere, nahezu alle typischen Gattungen der australischen Fauna vertreten.

** Stuart Highway Der Stuart Highway, besser bekannt als Explorer's Way – und von den Einheimischen nur »The Track« genannt – durchquert Australien von Nord nach Süd. Der durchgängig geteerte Highway folgt den Spuren der Entdecker, die den Grundstein für den Bau der Telegrafenleitung legten. In regelmäßigen Abständen erinnern Infostände entlang der zweispurigen Strecke an die mutigen Pioniere und berichten von denkwürdigen und interessanten Begebenheiten. Rastplätze, urige Outback-Orte und rustikale Bush-Pubs begleiten die Fahrt, die zudem einige der natürlichen Highlights des Northern Territory berührt: Litch-

ways, Schotter- und Sandpisten. Ihre Zugmaschinen sind mit großen Gittern ausgerüstet, die den riesigen Kühler vor Zusammenstößen mit Tieren schützen sollen. Roadtrains verkehren nur im dünn besiedelten

Outback. Sie können bis zu 80 t Fracht transportieren und legen häufig Entfernungen von bis zu 4000 km zurück. Ihnen unterwegs zu begegnen, ist gefährlich: Auffliegender Split kann die Scheiben zertrümmern.

field-Nationalpark, Katherine Gorge und die Devils Marbles.

** Rund um Alice Springs

Bruce Chatwin (1940–1989), der Autor des Reisebuchklassikers »Traumpfade« – eine Mixtur aus Bericht und Fiktion, Autobiografischem und Ethnografischem – erlebte und beschrieb Alice Springs als ein »Netz verbrannter Wege, wo Männer in langen weißen Socken unaufhörlich in Landcruiser einsteigen oder aus Landcruisern aussteigen«. Daran hat sich bis heute nichts geändert. Vor Ort wird eine schier unendliche Palette unterschiedlichster Outback-Touren angeboten. Auch die Transportmittel sind scheinbar unbegrenzt: Ob im Zug, Heißluftballon, Luxus-Jeep, mit einer Limousine, dem Mountainbike oder auf einer Harley, ob per Kamel oder hoch zu Ross – immer konkurrieren mehrere Anbieter um die Gäste. Zu den Klassikern gehören Ausflüge zum Felskegel Chambers Pillar, der 50 m hoch aus der Ebene ragt, eine Offroad-Tour auf der Mereenie Loop Road hin zum Kings Canyon, Fahrten zum Finke Gorge Nationalpark mit dem malerischen Palm Valley und Erkundungen in den MacDonnell Ranges. Der bekannte Uluru (Ayers Rock) liegt zur Überraschung vieler Besucher indes eine gute Tagesreise per Pkw entfernt: 444 km südwestlich von Alice Springs.
Wandertouren mit dem Kamel sind nicht nur eine etwas andere, sondern vor allem eine historisch belegte Art, das Outback kennenzulernen. Die Ausritte auf dem Rücken der Wüstenschiffe, die die Afghanen einst ins Land brachten, starten vorwiegend in Alice Springs und dauern zwischen einer Stunde und fünf Tagen.
Der *Lions Camel Cup im Juli geht auf eine Wette des bekannten »camel man«, Noel Fullerton, und dessen Rivalen Keith Mooney-Smith zurück. 1971 fand das erste Rennen statt. Heute treten bis zu 15 Kamele in neun Wettkämpfen gegeneinander an, angefeuert von Tausenden Zuschauern, die den Tag mit viel Lokalkolorit und noch mehr Bier feiern. Im ausgetrockneten Flusstal des Todd wird Ende September ein skurriles Rennen ausgetragen: die *Henley-on-Todd-Regatta – ein Wettlauf mit Booten ohne Boden. Mit Wasserkanonen und Mehlbomben kämpfen die Finalisten um den Siegertitel. Die Stadt liebt solche schrill-schrägen Feste – und begrüßt den Winteranfang im Juni mit einem Beanie Festival, einem Wollmützenfest mitten in der Wüste.
Roter Sand, flaches Buschland, ausgetrocknete Flussläufe und kleine Wasserstellen: Am westlichen Stadtrand von Alice Springs lässt sich die Vielfalt des Outback geballt auf einem 1,6 km langen Rundweg durch vier typische Biotope erleben – im 1600 ha großen **Alice Springs Desert Park. Der Wüstenpark präsentiert mehr als 350 Pflanzen- und 140 Tierarten, davon viele bedrohte. Im Großgehege lassen sich Zwergkängurus, Emus und Koalas streicheln; das Nachthaus zeigt Malas, Bilbies und andere Tiere, die sonst kaum zu sehen sind. Vor dem Rundgang schildert ein packender 3D-Film 15 min lang die Entstehung der Erde und des ersten Lebens. Das benachbarte Naturmuseum *Arid Australian Reptile Display birgt die größte Reptiliensammlung des Northern Territory. Neben Krokodilen und Eidechsen werden auch die giftigsten Schlangen der Welt gezeigt. Ebenfalls am Ross Highway liegt die Frontier Camel Farm. Hier werden nicht nur Dromedare gezüchtet, sondern auch Ausritte auf den »Wüstenschiffen« angeboten – ganz in der Tradition der Erschließung Zentralaustraliens. Ballon fahren kann man zwar auch im Yarra Valley, im Barossa Valley, in Canberra und über dem Regenwald von Cairns – doch diese Erlebnisse können nicht mit den Eindrücken des Red Centre konkurrieren, wenn mit dem ersten Sonnenlicht das Land glüht. Als Hochburg der Heißluftballonfahrer gilt Alice Springs.

Oben: Fährt man über den Stuart Highway durchs Outback, ist dies der typische Blick. Das Känguru-Warnschild darf an keiner Straße fehlen.

Salzwasserkrokodile – die größten Krokodile der Welt

Das größte Krokodil unserer Zeit kann bis zu 10 m lang werden: Salzwasserkrokodile sind Respekt einflößende Tiere. Trotz ihres Körpergewichts von bis zu einer Tonne sind die Leistenkrokodile, wie sie auch genannt werden, in der Lage, blitzschnell aus dem Wasser zu schnellen und ihre Beute zu schnappen. Gerne lauern sie dabei an Flussufern und warten auf Säugetiere (großes Bild). Auch zwischen Krokodilen und Menschen kommt es immer wieder zu Unfällen. Dabei kann es sein, dass sich das Krokodil lange unter Wasser versteckt. Sein extrem steuerbarer Stoffwechsel ermöglicht es, bis zu einer Stunde zu tauchen oder auch zwölf Monate ohne Nahrung zu verbringen. Seine Fettreserven befinden sich im Schwanz. Vor allem aber kann das Leistenkrokodil sowohl im Süß- als auch im Salzwasser leben – spezielle Drüsen an der

Zunge scheiden überschüssiges Salz einfach wieder aus. Die Reptilien sind sehr gute Schwimmer und schon weit auf hoher See gesichtet worden. Dort können sie Strecken mit mehr als 1000 km überbrücken. Mit diesen Eigenschaften hat sich das einst wegen seines Leders gejagte Tier gut ausbreiten können und ist jetzt nicht nur in Australien, sondern auch im indonesischen und malaiischen Raum zu finden.

Im Bundesstaat Queensland gibt es neben Weltnaturerbe auch traumhafte Strände und eine einzigartige Flora und Fauna unter Wasser zu entdecken.

Queensland

Der Name sagt schon alles: Queensland, The Sunshine State – der Sonnenscheinstaat. Die australische Urlaubsregion lockt mit über 9800 km Strand von der Gold Coast bis zum Cape York. Im Norden von Queensland begegnet man den beiden artenreichsten Ökosystemen der Welt: dem Korallenriff und dem Regenwald. 2300 km lang begleitet das Great Barrier Reef mit 3000 Korallenwällen den nach Western Australia zweitgrößten australischen Bundesstaat, der sich hinter den urzeitlichen Regenwäldern der Great Dividing Range rot und rau zeigt: im Outback. Dort wurde Australiens berühmteste Busch-Ballade geboren: »Waltzing Mathilda«. Relaxter Lifestyle prägt auch die Millionenmetropole Brisbane: Die Hauptstadt Queenslands gilt bei den Einheimischen mit gutem Grund als »big, bold and beautiful«.

Queensland

Korallenriffe
Riffe bilden eigene marine Lebensräume – ein atemberaubendes Wunder der Natur (links). Von der Luft aus gesehen erkennt man sie an ihrem

Lage und Landschaft

Queensland bedeckt den Nordosten des australischen Kontinents und grenzt im Westen an das Northern Territory, an der Südwestspitze an Südaustralien und im Süden an New South Wales, zu dem es ab 1824 gehörte – erst Queen Victoria etablierte Queensland im Jahr 1859 als eigenen Bundesstaat. Die ebenfalls zu Queensland gehörende Inselgruppe der Torres Strait Islands erstreckt sich nördlich von Cape York zwischen Australien und Papua-Neuguinea.

Kulturelle Zentren

* **Cooktown** Auf der Cape-York-Halbinsel befindet sich die nördlichste Stadt an Australiens Ostküste: Cooktown – benannt nach dem englischen Entdecker James Cook, der 1770 in der Mündung des Palmer River gelandet war, um sein Schiff Endeavor zu reparieren, das an einem Riff vor Cape Tribulation leck geschlagen war. 110 Jahre später fanden Digger hier den größten Goldfund Queenslands. Die Vorkommen der Palmer Goldfelder verwandelten Cooktown in eine boomende Hafenstadt mit mehr als 100 Pubs für die damals 30 000 Einwohner. Um das Jahr 1900 waren die Goldvorkommen dann erschöpft und das Städtchen Cooktown geriet sehr schnell in Vergessenheit. Seit wenigen Jahren ist die nur per Schiff, Flugzeug oder – bei trockenem Wetter – mit Allradwagen zu erreichende 1500-Seelen-Siedlung jedoch wieder gefragt: als Ausgangspunkt für die Entdeckungsfahrten zum ****Lakefield-Nationalpark**, den ***Felszeichnungen von Quinkan** bei Laura und anderen Attraktionen der Cape York Peninsula.

Einsam stehen die Termitenhügel im Lakefield-Nationalpark.

 Queensland

Fläche: 1 727 200 km²
Höchster Berg:
Mount Bartle Frere (1622 m)
Längster Fluss:
Fitzroy River (280 km)
Bevölkerung:
3,9 Millionen Einwohner
Hauptstadt: Brisbane
(1,4 Millionen Einwohner)
Zeitzone: Eastern Standard Time
(MEZ + 9 Std.)

Muster aus hellen Farbschattierungen. Blaue, türkise und grüne Farbtöne grenzen eine vielfältige, komplexe Struktur ab, die nahe an den Meeresspiegel heranreicht. Die flachen Stellen sind häufig am strahlenden Weiß gebrochener Brandungswellen erkennbar und fallen bei Ebbe für kurze Zeit trocken. Unter Wasser wird noch deutlicher: Riffe wie das Great Barrier Reef bestehen aus Milliarden von Korallen, zwischen denen eine große Vielfalt an Lebewesen existiert. Beim Tauchen werden die verschiedenen Zonen deutlich. Jede davon wird entsprechend der vorherrschenden Umweltbedingungen wie Tiefe, Exposition und Wasserbewegung von jeweils anderen Lebewesen dominiert. Die Saumriffe schützen die Küsten vor schlimmen Auswirkungen tropischer Wirbelstürme und im Lauf der Jahrtausende lieferten die Riffe den Korallensand der Strände.

* **Port Douglas** Der Fremdenverkehr hat das einstige Fischerdorf in einen mondänen Badeort verwandelt. Luxusboutiquen und Gourmetrestaurants drängen sich im Zentrum der Kleinstadt 60 km nördlich von Cairns. Am Jachthafen mit dem Shoppingzentrum Marina Mirage starten täglich Ausflugsfahrten zum nahen Great Barrier Reef. In der Umgebung von Port Douglas liegen einige der schönsten Spa-Hotels Australiens: die Silky Oak Lodge oberhalb der wildromantischen Mossman Gorge und die Daintree Eco Lodge mit einem landesweit bekannten Wellnesszentrum unter dem schönen üppig grünen Blätterdach des Daintree-»Dschungels«.

* **Cairns** Mit einem Koffer, einer Zeltstange und der Aufschrift »Post Office« soll der Aufstieg von Cairns (130 000 Einwohner) zur boomenden Hauptstadt des »Tropical Far North« von Queensland begonnen haben: Ab 1873 konnten die Goldgräber der Region an dieser improvisierten Einrichtung ihre Post abholen. Heute sorgt nicht nur das Zuckerrohr von den Plantagen ringsum für Wirtschaftswachstum, sondern vor allem der rund um die Uhr pulsierende Tourismus. In der sonnigen Kapitale startet die berühmte Bahnfahrt nach Kuranda im Regenwald der Atherton Tablelands, legen die Schiffe zu Tauch-, Ausflugs- und Segeltouren am Great Barrier Reef ab und beginnen die Allradtouren hin zur Nordspitze Queenslands am Cape York.
Ein Ring aus Motels, Campingplätzen und Ferienanlagen umgibt die Stadt. Dicht an dicht säumen große Hotelkomplexe die Uferpromenade »Esplanade«. Die Straßen im Stadtzentrum bilden eine schier unendliche Sequenz von Souvenirshops, Modeboutiquen, Outback-Ausrüstern, Opalhändlern, Galerien mit Kitsch und Kunst, Sportgeschäften und Backpacker-Hostels. Sobald es dunkel wird, läutet das Lichtermeer der Restaurants, Cafés, Bars, Diskotheken und Clubs das Nachtleben ein, das erst im Morgengrauen endet. Sehr beliebt ist *Rusty's Market: Zwischen Spence Street und Shields Street wird mit Souvenirs, Kunsthandwerk, aber auch mit Obst und Gemüse gehandelt. Im Shoppingzentrum *Pier Marketplace mit schönem Blick auf die Trinity Bay werden im kleinen Aquarium *Undersea World mehrmals täglich die Haie gefüttert. Wenige Schritte weiter zeigt die *Regional Gallery wechselnde Ausstellungen. Nicht verpassen sollte man die **Flecker Botanic Gardens, die 1886 im Vorort Edge Hill angelegt wurden und auf Spazierwegen zum Regenwald von Mount Whitfield führen. Ebenfalls in Edge Hill befindet sich das Besucherzentrum des »Royal Flying Doctor Service«.

* **Mount Isa** Mit fast 41 000 km² ist die Bergbausiedlung »in the middle of nowhere« flächenmäßig die größte Stadt der Welt – und damit im Guinness Buch der Rekorde eingetragen. Als »company town« gehört »The Isa«, wie

Oben: In Cairns starten täglich Ausflugsboote zum Great Barriere Reef. Doch auch im Hinterland gibt es einige Naturwunder zu sehen.

Queensland

Billabong Sanctuary

Im Süden von Townsville befindet sich ein besonderes Tierschutzgebiet: Das Billabong Sanctuary misst mehr als 10 ha und bietet Koalas, Krokodilen (rechts) oder Kängurus ein Zuhause. Auch Wombats und Wallabys gehören zu den mehr als 100 Arten. Hier können Kinder Koalas knuddeln oder einen Wombat im Arm halten; und ganz Mutige trauen sich sogar,

die Einheimischen liebevoll ihre Oase der Zivilisation im Outback nennen, zum Besitz der Bergbaugesellschaft Mount Isa Mines Ltd., des größten Silber- und Bleiproduzenten der Welt. Auch Kupfer und Zink werden in Mount Isa gefördert. Mehr als 35 000 Tonnen Erz baut man täglich in Australiens größter Mine ab. Ein Fünftel der 24 000 Einwohner arbeitet unter Tage, Hochöfen bestimmen das Stadtbild. Sehenswerte Einsichten in den Bergbaualltag vermitteln Minenführungen, die in der Hochsaison mehr als zwei Monate im Voraus reserviert werden müssen (IQTDB, P.O. Box 356, Mount Isa, QLD 4825). Das *National Trust Tent Museum verrät, wie die Bergleute um 1932 lebten. Das *Riversleigh Fossils Interpretive Centre präsentiert eine kleine, feine Sammlung von Fossilien, die 250 km nördlich von Mount Isa gefunden wurden. Mitte August feiert »Isa« das größte Rodeo der südlichen Halbkugel. Drei Tage lang kämpfen die australischen »stockmen« in klassischen Rodeodisziplinen – Broncos bändigen und einreiten oder Bullen fangen und fesseln – gegen die Cowboys aus aller Welt, beklatscht von mehr als 30 000 Zuschauern. Für den stolzen Sieger winken Preisgelder von mehr als 200 000 australischen Dollar.

* **Townsville** Die Lage macht Townsville (143 000 Einwohner), 1864 von Robert Towns an der Mündung des Ross River in den Pazifik gegründet, zu einem beliebten Ferienziel: Die Geisterstädte des Outback und die Inseln am Great Barrier Reef lassen sich von hier leicht auf Tagesausflügen entdecken. Eine kurvenreiche Straße führt hinauf zum **Castle Hill, dem schönsten Aussichtspunkt der Stadt. Die Hauptattraktion von Townsville ist jedoch das ***Reef HQ: Das größte Korallenriff-Aquarium der Welt lädt ein zu einem erlebnisreichen Unterwasserspaziergang – ein Tunnel führt mitten durch den 750 000 l großen Meerwassertank, in dem Ebbe und Flut simuliert werden können. Am Museum legen die Ausflugsschiffe ab. Sie nehmen Kurs auf *Magnetic Island (2107 Einwohner) der 23 Buchten und Strände die vielfältigsten Angebote an Wassersport und Freizeitaktivitäten bieten. An Queenslands »goldene Zeit« erinnert die alte Goldgräberstadt *Charters Towers. Zwischen den Jahren 1872 und 1916 wurde hier Gold im Wert von mehr als 50 Millionen Dollar gefördert.

* **Brisbane** Siehe Seite 64.

* **Birdsville** Der 120-Einwohner-Ort 12 km vor der Grenze nach Südaustralien ist weltberühmt: Hier beginnt der Birdsville Track, eine der schwierigsten Offroad-Routen durch das rote Herz Australiens. Nicht minder spektakulär sind die **Birdsville Picnic Races**. Zum Pferderennen Anfang September fallen Tausende »Aussies« in Geländewagen, Luxuskarossen oder Flugzeugen in die Outback-Siedlung ein, um drei Tage lang zu wetten, zu fiebern und zu trinken. Im legendären Birdsville Hotel spülen sie sich den Staub aus den Kehlen.

* **Longreach** Hier wurde Luftfahrtgeschichte geschrieben: Vom kleinen Flugplatz im Outback startete in den 1920er-Jahren die zweitälteste Flugge-

ein Krokodil zu streicheln oder eine Schlange zu halten. Doch nicht nur als Streichelzoo sieht sich das Schutzgebiet. Es versteht sich als Arche, die helfen will, bedrohte Tierarten gezielt zu züchten, um ihren Bestand in Australien zu halten oder zu vermehren. Dazu gehört auch das Hilfsprogramm für den Helmkasuar, der Laufvogel mit der typisch blauen Kappe gehört zu den gefährdeten Arten des Kontinents.

Auf Magnetic Island findet man auch einsame Strände.

sellschaft der Welt – »Queensland and Northern Territory Air Services«, kurz Qantas. Der Schuppen, in dem 1922 die ersten sechs Flieger gebaut wurden, gehört heute zum *Qantas Founder's Outback Museum. Die *Stockman's Hall of Fame mit dem Outback Heritage Centre erzählt die faszinierende Geschichte der Besiedlung Australiens durch die Europäer – von rauen Viehtreibern, afghanischen Kamelen und schillernden Unternehmern.

* **Winton** Die Kleinstadt am Landsborough Highway gilt als Heimat der Busch-Poesie. Hier schrieb Banjo Petersen im Jahr 1895 Australiens heimliche Nationalhymne: »Waltzing Mathilda«. Heute präsentiert das dortige *Qantilda Pioneer Museum das Erbe der ersten Pioniere. Im urzeitlichen Binnenmeer von Hughenden, 211 km nördlich von Longreach, wurde ein 14 m hohes Dinosaurier-Skelett gefunden.

Außergewöhnliche Top-Ereignisse im Outback sind zum Beispiel der Birdsville Race Day oder das Dinosaur Festival. Höhepunkt des alle zwei Jahre stattfindende Festival ist ein ziemlich ungewöhnliches Rennen, bei dem erstaunlicherweise Krebse, Kröten und Kakerlaken ins Rennen geschickt werden.

Großes Bild: Außer dem kleinen Sportboothafen bietet Townsville seinen Besuchern noch viele weitere Sehenswürdigkeiten, und so wird sie aufgrund ihrer vielen Gärten oft auch »Garden City« genannt.

Rodeos: Wildwest im Outback

Das größte Rodeo der südlichen Hemisphäre feiert man alljährlich drei Tage lang im August in der Bergbaustadt Mount Isa in Queensland. Dann betreten die besten »stockmen« des Kontinents in ausgewaschenen R.M. William Jeans, Bluntstone-Boots, kariertem Hemd und verstaubtem, breitkrempigem Akubra-Hut die Arena und kämpfen mit Cowboy-Kollegen aus aller Welt in festgelegten Wettbewerben um mehr als 200 000 australische Dollar Preisgeld. Auch »Jillaroos« sind darunter – junge Frauen, die wie der Teufel auf den ungestümen Pferden (»Broncos«) reiten – und wie ihre männlichen Kollegen immer wieder in den roten Staub Australiens fallen. Im Kalkadoon Park, etwa 8 km außerhalb der Bergbaustadt am Barkly Highway, verfolgen bis zu 30 000 Zuschauer in der größten Rodeoanlage des Landes die Wettbewerbe. Bei den »Rough

Stock«-Disziplinen – »Saddle Bronc Riding«, »Bareback Bronc Riding« und »Bull Riding« – müssen sich Männer acht, Frauen sechs Sekunden lang mal mit, mal ohne Sattel auf den unbändigen Pferden oder Bullen halten. Damit die Tiere auch richtig »bocken« und nicht galoppieren, wird ein Seil eng um deren Lenden geschnürt. Als Top-Ereignis von Queensland gilt zudem das Warwick Rodeo im Oktober. Aber auch andere Städte wie zum Beispiel Toowoomba, Mackay, Dalby und Roma in Queensland sowie Hamilton auf Tasmanien sind gute Adressen für alle, die selbst einmal ein Rodeo erleben möchten.

Queensland: Brisbane

North Stradbroke Island, Moreton Island

Die Moreton Bay vor Brisbane bietet für jeden Tag eine Insel – 365 Eilande befinden sich in der Bucht. North Stradbroke Island ist die größte von ihnen und bekannt für Süßwasserseen, breite Strände und den Fischreichtum an der Küste. Besonders ist auch Moreton Island: Dort befindet sich der Mount Tempest, mit seinen knapp 280 m der

Brisbane

Brisbane, von den 1,4 Millionen Einwohnern liebevoll »Brissie« genannt, ist die Hauptstadt von Queensland und ein idealer Ausgangspunkt für viele Entdeckungsreisen durch den Sunshine State.

Australiens drittgrößte Stadt verwöhnt mit 300 Sonnentagen und einem lockeren Lebensstil: »summer in the city« – das ganze Jahr hindurch. Mitten in der Stadt badet man bei freiem Eintritt in kunterbunten Wasserlandschaften oder sonnt sich am Kodak Beach des *Brisbane River. Dieser gehört ebenso zu den **Southbank Parklands wie die vielen Freiluftcafés und Restaurants, die großen und kleinen Bühnen sowie der *Markt, auf dem am Wochenende an den Ständen lokales Kunsthandwerk angeboten wird. Wenige Schritte weiter ermöglicht das **Gondwana Rainforest Sanctuary einen ersten Eindruck vom tropischen Regenwald. Zum Pflichtprogramm am Südufer gehört der Besuch des **Queensland Cultural Centre. Die Art Gallery präsentiert europäische und australische Kunst; das Queensland Museum informiert anschaulich über die Geschichte, Flora und Fauna des Bundesstaates. Am anderen Ufer des Brisbane River erstreckt sich auf 180 000 m² der *Botanische Garten von 1828, der älteste öffentliche Park Queenslands. Diese grüne Lunge der Stadt ist nur wenige Minuten von der *Queens Street Mall mit ihren rund 200 Läden, Cafés, Restaurants und der Einkaufspassage Myer Centre entfernt. Hinter der Hauptpost – General Post Office, ein viktorianisches Juwel aus dem Jahr 1871 – ragt die 1874 errichtete *St. Stephens Cathedral auf. Den King George Square beherrscht das neoklassizistische Rathaus. Vom 91 m

Die über tausend Meter lange Story Bridge prägt die Silhouette

hohen Turm der *City Hall bietet sich ein weiter Blick auf die Stadt und die Flussschleife des Brisbane River. Im nahen Wickham Park versteckt sich Brisbanes ältestes Gebäude: die *Old Windmill von 1828. Am Südwestrand des Botanischen Gartens lädt das *Old Government House täglich zur Besichtigung der einstigen Residenz des Gouverneurs von Queensland ein. Im *Parliament House von 1868 finden Montag bis Freitag außer bei Parlamentssitzungen Führungen statt. Im Treasury, dem einstigen Finanzministerium, ziehen heute nicht mehr Beamte, sondern das *Conrad Treasury Casino den Bürgern das Geld aus der Tasche. In den Zimmern des Conrad International Hotel residierten mehr als 50 Jahre lang die Mitglieder des Queensländer Kabinetts. Noch auf dem Gelände der boomenden Kapitale liegen mit Jolly's Lookout, Manorina und Maiala die ersten Nationalparks. Die 8 km entfernten

höchste Sandberg der Welt. Umgeben von Dünen formt sich eine eigene Landschaft aus Süßwasserlagunen, Heide und Buschland (Bild links: Honeymoon Bay, Moreton; rechts Main Beach, Stradbroke Island).

von Brisbane entscheidend.

*Mount Cootha Botanical Gardens mit Japan-Garten und Tropenhaus gehören zum Brisbane Forest Park, der sich auf dem D'Aguilar-Höhenzug im Westen der Stadt erstreckt. Zum **Lone Pine Koala Sanctuary, dem ältesten Tierpark Australiens, schippert ab North Quay die Fähre Miramar.

Brisbane leuchtet: Über dem Brisbane River erhebt sich die Skyline der Kapitale von Queensland (großes Bild).

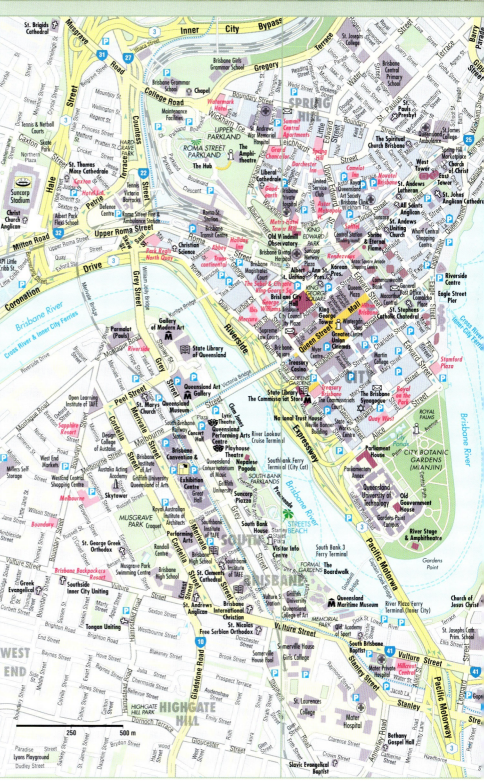

Queensland

Papageien

Roter Schnabel, leuchtend blauer Kopf, orangefarbene Brust und grüne Flügel – der Allfarbenlori (rechts) gehört zu den schillerndsten Tieren Australiens. Immerhin mehr als 50 Papageienarten zählt das Land. Vor allem an der Ostküste sind die Regenbogenloris, wie die bunten Tiere auch genannt werden, vertreten. Hier sitzen sie in großen Schwärmen sogar in

Naturlandschaften und -monumente

* Cape York Peninsula Nördlich von Cooktown beginnt die Halbinsel Cape York. Sie liegt nur 150 km südlich von Papua-Neuguinea und war eine Landbrücke zwischen Asien und Australien. Keine geteerten Straßen, nur die schlechte Development Road und die Telegrafenroute erschließen die Nordspitze von Queensland. Krokodile, King Brown Snakes und anderes giftiges Getier huschen über Pisten. Auch ein Bad im Meer ist nicht ohne Gefahren – wegen der »Salties«, der Salzwasserkrokodile, und der in Australien gefürchteten »Stingers«, giftigen Quallen. Die Halbinsel ist auch ein Rückzugsgebiet für verdrängte Aborigines – Felszeichnungen lassen sich zum Beispiel rund um Laura besichtigen, das alle zwei Jahre Ende Juni das noch immer recht authentische ***Aboriginal Dance and Culture Festival** veranstaltet. Die urtümliche Wildnis der Halbinsel mit einem der letzten unberührten Regenwaldgebiete lässt sich nicht nur auf geführten Safaris oder auf eigene Faust im Allradwagen erleben, sondern auch aus der Luft: Die regionale Fluggesellschaft Cape York Air, die von Cairns aus auf fünf Routen sieben bis 20 Stationen mit Fracht und Post beliefert, nimmt bei freien Plätzen gerne Gäste mit.

* Boodjamulla (Lawn Hill) National Park Im Nordwesten von Queensland hat der Lawn Hill Creek eine eindrucksvolle Schluchtenlandschaft aus roten Sandsteinklippen geschaffen. Feigenbäume und Schirmpalmen drängen sich an den schmalen Uferstreifen, Bergkängurus, Fledermäuse und krakeelende Papageien leben im Boodjamulla (Lawn Hill) National Park, in dem schon vor mehr als 30 000 Jahren Aborigines Zeichnungen in die Felsen ritzten. Auf dem ****Riversleigh Fossil Field**, dem UNESCO-Weltkulturerbe Seite 244, im Süden des Nationalparks, wurden im Jahr 1976 riesige Dinosaurier-Fußabdrücke und Fossilien von mehr als 100 Tierarten entdeckt – Zeugnisse aus der Zeit vor 50 Millionen Jahren, als sich Australien von dem Urkontinent Gondwana zu lösen begann. Ein sehenswertes Museum ergänzt die Fundstelle.

* Undara 200 km südwestlich von Cairns verstecken sich unter lichtem Busch die ***Undara Lava Tubes**, eines der größten Lavahöhlensysteme der Welt. Sechs der 60 Lavahöhlen und Bögen, die vor 190 000 Jahren bei einem Vulkanausbruch entstanden, können besichtigt werden. Eine originelle Übernachtungsmöglichkeit vor Ort sind Bahnwaggons.

den städtischen Parks. Nicht nur sein buntes Gefieder macht den Vogel so besonders, auch seine Ernährung ist speziell. Er lebt von Pollen und Blütennektar. Mit seiner sehr geschickten, schmalen Zungenspitze saugt er den Saft aus den Kelchen der Blüten und verfügt dafür über spezielle Borsten auf der Zunge. Neben der bunten Färbung des Allfarbenloris dominiert bei vielen anderen Arten das grünliche Gefieder.

* **Atherton Tableland**
Noch vor 100 Jahren war das 600 bis 1100 m aufragende Hochland im Hinterland der Küste zwischen Innisfail und Cairns ein undurchdringlicher grüner Dschungel. 1884 bis 1891 schlugen Pioniere mit Pickel und Schaufel die erste Eisenbahntrasse in das felsige Bergland, um das Zinn aus den Minen und Bauholz aus den Regenwäldern zu den Siedlungen an der Küste zu transportieren. Heute gehört die Bahnfahrt auf der 34 km langen Strecke von Cairns nach Kuranda zu den Ausflugsklassikern im Atherton Tableland. Durch 15 Tunnel und über 40 Brücken schnauft der ***Kuranda Scenic Railway** die Berge empor, hält zum Fotostopp an den Wasserfällen »Barron Falls« und läuft nach 90 Minuten in Kuranda ein, wo nichts mehr an die Hippie-Kommune der 1970er-Jahre erinnert. Die Aussteiger von einst sind die Geschäftsleute von heute und verkaufen auf den »Original Kuranda Markets«, dem »Rainforest Market« und dem »Kuranda Heritage Market« Tand und Trödel, Kitsch und Kunsthandwerk. Kommerzialisiert ist auch das »Erlebnis Regenwald«.

Leuchtend kobaltblau schwirrt ein Ulysseus unter dem Glasdach der ***Australian Butterfly Sanctuary**. Mit 1500 Schmetterlingen aus 35 Arten gelang Australiens größter Brutstätte für Falter der Eintrag in das Guinness-Buch der Rekorde. Attraktion der ***Birdworld Kuranda** sind mehrere Helmkasuare, bis zu zwei Meter hohe, flugunfähige Vögel. Im Noctarium wurde ein Regenwald nachgebildet und die Nacht zum Tag gemacht, um nachtaktive Tiere wie Fledermäuse und Bandicoots zu zeigen.

Im ***Kuranda Nature Park** wird der Regenwald zur Kulisse für Kundenpräsentationen, Hochzeiten und Team-Building-Prozesse. »All in one« bietet der 40 ha große Rainforestation Nature Park mit einer Amphibientour durch den Regenwald, Wildlife Park, Bumerang-Werfen und Aufführungen der Pamagirri Aboriginal Dance Group, die uralte Mythen und Legenden tanzend zum Leben erweckt. Zurück zur Küste schwebt man in der längste Gondelbahn der Welt: *»**Skyrail**«, deren Gondeln auf der 7,5 km langen Strecke zurück nach Smithfield fast die Wipfel der Bäume im Regenwaldes berühren.

*** **Nationalpark Wet Tropics** Siehe Seite 246.

Großes Bild: Die Millaa-Millaa-Wasserfälle in den Atherton Tablelands ergießen sich majestätisch in ihren natürlich gebildeten Pool.

Queensland

Fraser-Insel

Ständig ist die Insel in Bewegung. Krachend zerbrechen Wellenberge über dem Deck der »Maheno«, schießen Wasserfluten aus Luken, Bullaugen, Auf-

bauten der Brücke: Die im Jahr 1904 in Schottland gebaute Luxusjacht, 1935 bei schwerem Sturm am Eastern Beach gestrandet, gehört heute zu den fotogenen Wahrzeichen der Insel. Mehr als 50 Schiffswracks rosten am Strand oder in Inselnähe auf dem Meeresboden und sind beliebte Ziele für Taucher. Auch das Schiff von James Fraser war hier im Jahr 1836 auf ein Riff gelaufen. Erst nach einer langen Irrfahrt im Beiboot gelang es dem Kapitän, sich und seine Frau Eliza an Land zu retten – in die Arme der Aborigines. Durch die Erlebnisse dieses Ehepaares rückte die Insel erstmals ins Bewusstsein der Welt, ihr Leid wurde zur nationalen Saga – und so trägt die Insel heute ihren Namen. Entdeckt wurde die Fraser-Insel jedoch schon viel früher, 1770, von James Cook, der allerdings geglaubt hatte, eine Halbinsel zu umschiffen.

Gewitterstimmung im Hinchinbrook Island Nationalpark.

*** **Great Barrier Reef** Siehe Seite 248.

*** **Hinchinbrook Island Nationalpark** Der größte Insel-Nationalpark Australiens ist ein Paradies für Wanderer. Um die noch einmalige Natur der 58 km langen und 11 km breiten Insel im tropischen Norden von Queensland zu schützen, dürfen maximal 40 Wanderer gleichzeitig auf dem 33 km langen Thorsborne-Trail die Insel entdecken. Fünf Tage dauert die anstrengende Buschtour durch die nahezu unberührte Urlandschaft. Dugongs, Seekühe, fressen in flachen Fluten das Seegras. Gefährliche Salzwasserkrokodile lauern zwischen Mangrovenwurzeln auf Beute. Ein Dickicht aus dichtem Regenwald überzieht die Hügel, die im 1127 m hohen Mount Bowen gipfeln. Einzige Unterkunft auf der Insel ist die Hinchinbrook Wilderness Lodge am Cape Richards im Nordosten.

*** **Whitsunday Islands** 74 tropische Inseln, eine schöner als die andere, bilden die bekannteste Inselgruppe des Great Barrier Reef, den Whitsunday-Archipel – der ideale Fluchtpunkt für Inselfantasien, Segelabenteuer und das ideale Sprungbrett für Ausflüge in die Unterwasserwelt des größten Riffs der Welt. Die versunkenen Berge, die auf halbem Weg zwischen Brisbane und Cairns aus dem Wasser ragen, sind meist nur entlang der Küste erschlossen. Ihren Namen erhielten sie von Captain James Cook, der zu Pfingsten (englisch »Whitsunday«) im Jahr 1770 an ihnen vorbeisegelte.

Nur acht der Inseln werden bewohnt; die anderen sind unberührte Refugien mit einsamen Stränden, kleinen Buchten und üppig grünen Regenwäldern im Hinterland. Am *Whitehaven Beach, dem Vorzeigestrand der Inselgruppe, bildet feinster Quarzsand bei Niedrigwasser marmorierte Streifen im Türkis der Coral Sea.

Auf *Hayman Island, einem kleinen Privatidyll der Reichen, zeigt man, was man hat. Auf **Hamilton Island ist vieles entspannter und nicht minder edel. »Hang loose« heißt hier die Devise, einfach entspannen. *Daydream Island gilt als familiäre Insel und *Brampton Island versteht sich als Idyll für Flitterwöchner. Von Mitte Juli bis Ende September sind die Whitsundays auch ein idealer Ort, um Wale zu beobachten. Die Riesensäuger halten sich oft nur drei bis fünf Seemeilen von der Küste entfernt auf. Wer mag, kann auf Halbtagestouren nach den Walen Ausschau halten. Dazu wird eigens ein Suchflugzeug vorausgeschickt, um die Tiere zu orten.

Die 7 km glänzen schon von Weitem: der Whitehaven Beach auf der Hauptinsel Whitsunday Island (links).

Whitsunday Islands

Unter Wasser sind die Whitsunday Islands mindestens genauso prachtvoll wie darüber: Das beweisen auch diese Clownfische, die sich in den Tentakeln einer anmutigen Seeanemone verstecken.

Teamarbeit kann so schön und harmonisch sein! Die Partnergarnele sitzt auf einer Anemone, farblich perfekt ihrem Wirt angepasst.

Queensland

Steve Irwin

Mit bloßen Händen fing Steve Irwin (1962–2006) Krokodile, schmuste mit Schlangen und spielte mit den tödlichsten Spinnen der Welt. Sein Vater Bob eröffnete 1973 den Queensland Reptile and Fauna Park, und die dort lebenden Reptilien faszinierten den Jungen. Mit sechs Jahren erfüllte sich sein größter Wunsch: Er bekam seine erste Schlange – eine 3,6 m lange Python. Als Steve neun Jahre alt war, ermutigte ihn sein Vater, in stockdunkler Nacht in die Flüsse von Nord-Queensland zu springen, um Krokodile zu fangen. Mit der Zeit wurde Steve Irwin zum Experten für die ur-

*** Fraser-Insel Siehe Seite 68.

** Capricorn Coast
Zwischen Bundaberg und Rockhampton säumt die Capricorn Coast das südliche Great Barrier Reef. Dessen Südende markiert die 420 km² große Koralleninsel ***Lady Elliott Island**, an deren Riffs immer wieder Schiffe zerschellten – und diese Wracks begeistern heute Taucher.
Zu den besten Tauchrevieren des Landes mit prachtvollen Korallengärten dicht unter der Wasserlinie gehören zudem die Gewässer rund um ***Heron Island**: Entdeckt wurde diese Insel im Jahr 1843 von Captain Francis Blackwood, der mit seiner Korvette »Fly« unterwegs war, um sichere Schiffswege durch das Great Barrier Reef zu finden. Heron Island hat nur einen Umfang von 1,7 km und ragt auch nur 5 m aus dem Wasser. Wegen der Reiherarten (englisch heron: Reiher), die hier leben, gab der Geologe Joseph Beete Jukes der Insel diesen Namen. Auf Heron Island nisten Sturmvögel, Rallen, Weißkopflachmöwen und Weißkopfnoddis – bis zu 45 cm große, geschickte Fischjäger. Meeresschildkröten legen weite Strecken zurück, um hier, wo sie einst selbst zur Welt kamen, ihre Eier abzulegen.
Auf ***Wilson Island** können maximal zwölf Gäste in einem Resort eine Robinsonade genießen, die Ökologie und Lifestyle stilvoll verbindet. Gewohnt wird in komfortablen Designer-Zelten; sämtliche sanitären Einrichtungen – ein Bad pro Zelt – sind zentral in einem Gebäude versammelt. Bei jungen Leuten angesagt ist ****Great Keppel Island**. Die unbewohnte Insel ***Lady Musgrave Island** ist von November bis Februar für Besucher gesperrt, damit Seevögel ungestört nisten und Schildkröten ihre Eier im Sand ablegen können.

Vor Heron Island locken die vielen Schiffswracks vor allem Taucher an.

* Glass House Mountains Captain Cook sah sich 1770 beim Anblick der ungewöhnlichen Berge 20 km nördlich von Caboolture an die Glasbrennöfen seiner Heimat Yorkshire erinnert. Für die ansässigen Kabi-Aborigines verkörpert jede der 13 bis zu 375 m hohen Felsnadeln eine Figur der Traumzeit. Damals, so erzählen die Kabi-Aborigines, waren die Felsen eine zerstrittene Familie, und ihr steinernes Antlitz zeugt noch heute davon: Tibrogargan blickt weit hinauf aufs Meer, Coonawrin lässt seinen Kopf hängen, und Mutter Beerwah ist schwer gezeichnet von der Schwangerschaft, denn es dauert lange, einen neuen Berg zu gebären. Heute erschließt der markierte ***Glass House Tourist Drive** die Schönheit der Vulkanspitzen, die Aktive zu Klettertouren oder Bushwalking einladen.

* Sunshine Coast Am Nordende der Moreton Bay be-

tümlichen Echsen, und wurde weltberühmt: Mehr als 500 Millionen Zuschauer haben seine Abenteuer am Fernseher und im Kino verfolgt. Auf inneraustralischen Flügen gehören die 50 Folgen der Fernsehserie »Crocodile Hunter« fest zum Bordprogramm, auch in Deutschland waren seine Abenteuer im Fernsehen zu sehen. Den Tierpark seiner Eltern erweiterte Irwin zum Australia Zoo, einem Show- und Schutzterrain für 550 Tiere in Beerwah, etwa 45 min nördlich von Brisbane gelegen. Steve und seine Frau Terri sind stolz darauf, dass sie jedes der 100 Krokodile, die in ihrem Zoo leben, selbst aufgezogen oder gesund gepflegt haben.

Die Sunshine Coast macht ihrem Namen alle Ehre.

ginnen die weißen Surfstrände der Sunshine Coast. Nur von vereinzelten Landzungen oder dem klaren Wasser einer Flussmündung unterbrochen, erstrecken sich die Strände von Caloundra 60 km lang bis zur Rainbow Beach. Küstengemeinden wie *Mooloolaba und *Coolum stehen für traditionellen australischen Strand- und Familienurlaub: »Fun under the Sun«. Landesweit legendär ist **Noosa, das Nizza der Antipoden. Schick und gestylt sind Stadt und Strand. Ein Mekka für design- und lifestyleverliebte Menschen ist die Hastings Street, die Hauptstraße von Noosa Head. Direkt am Strand bereiten surfende Köche kulinarische Kreationen mit Zutaten zu, die nur hier an der Ostküste zu finden sind: Moreton Bay Bugs etwa – kleine Krebse, die mit frischen Limetten ihr volles Aroma entfalten – und Banana Prawns, Garnelen. In den grünen subtropischen Hügeln hinter der Küste liegen zwischen Ananas- und Zuckerrohrfarmen kleine ländliche Dörfer mit urigen Kneipen wie dem Ettambogah Pub. Malerisch ist das Bergdorf *Montville mit seinen englischen Cottages, Schweizer Chalets und den landestypischen Holzhäusern auf Stelzen, vor Ort »Queenslander« genannt. Noch höher hinauf geht es zu den *Treetop Cabins – sechs zweistöckigen Holzvillen auf Pfählen, versteckt in den Baumwipfeln des Regenwalds. Sie verbinden Luxus und Abgeschiedenheit mit exotischer Romantik – so öffnen sich beim Whirlpool Schiebetüren an beiden Seiten zum Regenwald. Einmalig sind die Aussichten in *Maleny, einem kleinen Ort am Rand der Blackall Ranges: Weit reicht der Blick über die Sunshine Coast bis zu den *Glass House Mountains, einer Felsengruppe mit 13 Felssäulen. Nördlich schließt sich der *Cooloola Nationalpark an: Die etwa 30 km langen, bis zu 60 m hohen Sandsteinklippen leuchten orange und ocker. Der Badestrand, der den Nationalpark umgibt, heißt Rainbow Beach.

* **Moreton Bay** Mehr als 300 kleine und große Inseln verteilen sich in der Bucht des Brisbane River. Knapp 40 km vor Queenslands Kapitale liegt *Moreton Island in kristallklarem Badewasser. Das Inselinnere bedeckt ein Nationalpark mit den höchsten Sanddünen der Welt: 278 m erreichen sie beim Mount Tempest. Hinauf geht es auf schweißtreibende Weise durch rutschenden Sand – hinab wird gerodelt. Abends treffen sich die Gäste des legeren *Tangalooma Wild Dolphin Resort an der Jetty. Bis zum Bauch stehen die Besucher im warmen Wasser des Südpazi-

Einige Berge der Glass House Mountains sind vulkanischen Ursprungs und heute dicht bewachsen (großes Bild).

73

Queensland

Mount Tambourine

Etwa eine Autostunde von der Gold Coast mit ihren goldenen Stränden, Golfplätzen und Freizeitparks entfernt, lockt ein grünes Hinterland mit Attraktionen: Hier gibt es sieben Nationalparks. Einer davon heißt Tambourine (rechts), wie der namengebende Hügelzug dieser Region und der gleichnamige Ort, in dem deutsches Erbe wachgehalten wird. Viel mehr

fik, einen Fisch in der Hand. Da kommt Bess: Die Delfinmutter erhält stets als Erste ihr Futter. Damit sich die Meeressäuger nicht zu sehr an den Menschen gewöhnen, wird nur eine kleine Menge Fisch gefüttert – neun Zehntel ihres Nahrungsbedarfs müssen sich die Delfine selbst erjagen. Morgens begrüßen Kormorane und Pelikane die ersten Gäste am Strand, und von Juni bis Anfang November zeigen Buckelwale ihr Imponiergehabe: Bis zu 12 m lange 50-Tonner springen aus dem Nass, fallen mit einigem Getöse auf die Wasseroberfläche und lassen danach ihre mächtige Schwanzflosse aus den Fluten ragen.
Das sportliche Couran Cove Resort auf der Nachbarinsel *South Stradbroke Island gilt als führendes Öko-Resort Australiens. Die Lagune säumen luxuriöse Waterfront Cabins, im Busch verstecken sich rustikale Eco-Cabins. Die größte Urlaubsinsel in der Bucht ist *North Stradbroke Island mit dem Blue Lake National Park.

* **Darling Downs** Die gewellten Ebenen der sich westlich von Brisbane hinter der Great Dividing Range erstreckenden Darling Downs sind mit den ertragreichsten Böden Australiens gesegnet. Besonders Obst und Wein gedeihen hier. Die Rosenstadt *Toowoomba, Queenslands größte Stadt im Landesinnern, feiert jährlich im September einen Blütenkarneval, Queenslands zweitälteste Stadt *Warwick im Folgemonat ein Rosen- und Rodeo-Festival.

** **Lamington Nationalpark** Feuerrote Flammenbäume leuchten im grünen Dickicht, Würgefeigen erdrosseln mit ihren enormen Schlingen meterdicke Satinay-Bäume, versteckt zwischen Baumfarnen und Orchideen erklingt Vogelgezwitscher: In dem 206 km² großen Lamington National Park, bereits seit 1994 mit dem Springbrook National Park, dem Mount Barney National Park und dem Main Range National Park Teil der UNESCO-Weltnaturerbestätte **Central Eastern Rainforest Reserves, wird der Urwald der Urzeit lebendig. 160 km markierte Wanderwege erschließen zwischen 700 und 1000 m Höhe einen subtropischen Regenwald mit mehr als 500 Wasserfällen, der zu den ältesten der Welt gehört. Ein guter Ausgangspunkt für Entdeckungen ist das O'Reilly's Rainforest Guesthouse. Ungewöhnliche Einblicke erwarten die Gäste des Mountain Resort: ein Wanderweg durch die Waldwipfel. Neun Hängebrücken, bis zu 16 m hoch über dem Boden, ermöglichen beim »Tree Top Walk« einen Blick in das Obergeschoss des Regenwaldes. Leitern führen zur 30 m hohen Aussichtskanzel im Feigenbaum. Pennantsittiche und Königssittiche verstecken sich im dichten Grün. Der Rundweg »Border Walk« kann je nach gewählter Route auf wenige Stunden oder auf bis zu zwei Tage ausgedehnt werden. Für einen zweiten Regenwald-Spaziergang empfiehlt sich das Gebiet von Binna Burra. Hier laden die komfortablen Holzhütten der Binna Burra Mountain Lodge zur rustikalen Nacht – mit weitem Blick auf die grandiose Natur. Telefon und TV sind tabu. Zum Essen wird geläutet, vor dem Dinner lädt der Wirt zu Wein und Käse in die Bibliothek.

** **Simpson-Desert-Nationalpark** Große rostrote Sanddünen, die sich bis zu 300 km nach Nordwesten ziehen und in der aufgehenden

als eine Straße ist das nicht, aber im alpenländisch gestylten Chalet werden Kuckucksuhren feilgeboten, und im »German Cake House« gibt es Schwarzwälder Kirschtorte. Entlang des Gallery Walk von *Eagle Heights verkaufen Kunsthandwerker ihre Kreationen aus Keramik, Silber und Seide. Welche guten Tropfen im kühlen Bergklima gedeihen, zeigen *Mount Tamborine Wines, das älteste Weingut der Gold Coast.

Der Lamington Nationalpark bietet insgesamt 160 km Wanderwege.

Sonne wie im Abendlicht aufzuglühen scheinen, prägen den Simpson-Desert-Nationalpark – letztes Rückzugsgebiet für viele bedrohte Tierarten Zentralaustraliens. Als erster Weißer betrat der Forscher Charles Sturt die Wüste, als er 1845 den legendären Inlandsee des Kontinents suchte. 1929 konnte das Gebiet erstmals von der Luft aus kartografiert werden, und 44 Jahre später, 1973, wagte man die erste Durchquerung ohne Fahrzeug. Weitere vier Jahre danach gelang es der Schriftstellerin Robin Davidson, von Südaustralien aus auf dem Kamel den Oodnadatta Track zu finden – eine mehr als 615 km lange Outbackstrecke, die nach dem winzigen Nest Oodnadatta am Südwestrand der Simpson Desert benannt wurde, dessen Name in der Sprache der Aborigines »Blüte des Gidgee-Mulgastrauchs« bedeutet. Der Track verläuft zwischen Marree, etwa 700 km nördlich von Adelaide, und dem Stuart Highway nahe Marla. Der Simpson Desert National Park erstreckt sich auf rund 150 000 km² Fläche im Grenzgebiet von Queensland, South Australia und Northern Territory.

Sport und Freizeit
* **Biloela** Outback hautnah: 35 km von Biloela in Central Queensland entfernt, laden Carol und Alan Sandilands ein, für ein paar Tage ins Leben auf ihrer

Großes Bild: Die Oberfläche der Sanddünen ist gerippt. Die bis zu 10 cm hohen Rippen haben wie die Dünen eine flache Luv- und steile Leeseite.

75

Queensland

Route 66

Diese Straße verbindet zwei der berühmtesten Sehenswürdigkeiten Australiens: Das Great Barrier Reef und das Outback. Der Capricorn Highway mit seinen fast 600 km Länge muss sich nicht hinter Amerikas berühmter Route 66 verstecken. Schließlich trug er einst ebenfalls diese Nummer – sein heutiger Name erinnert an den Wendekreis des Steinbocks (Ca-

pricorn, rechts), an dem er sich entlanghangelt. Er beginnt im tropischen Rockhampton. Neben der abwechslungsreichen Landschaft aus baumloser Steppe mit tiefroter Erde, verlassenen Safirfeldern und saftigen Feigenbäumchen sind es vor allem die großen Trucks, die die Autofahrer hier beeindrucken. Sie kündigen sich mit riesigen Staubwolken an, dann zischen sie mit bis zu drei Anhängern geräuschvoll vorüber.

4000 ha großen Rinderfarm Lochenbar Station einzutauchen: mit Ausritten am Morgen, Allradtouren am Nachmittag, klassischer Hausmannskost und Liedern am Lagerfeuer. Wer nicht im Freien unter Sternen schlafen mag, findet sein Bett in Holzhütten mitten in einem schönen Eukalyptuswald.

* **Gold Coast, Surfer's Paradise** Südlich von Brisbane beginnt die Gold Coast, Australiens Synonym für Sonne, Sand- und Surfurlaub. Als heimliche Hauptstadt der Goldküste ist Surfer's Paradise Dreh- und Angelpunkt aller Aktivitäten. Die einen schätzen den boomenden Badeort als australische Antwort auf Miami, die anderen finden ihn schlichtweg abschreckend. So scheidet also die Hochhausstadt der Luxushotels und Apartment-Türme, der Jugendherbergen und günstige Beach-Bungalows die Gemüter – und zieht dennoch jährlich mehr als vier Millionen Touristen an.

An der Strandpromenade reihen sich die Fast-Food-Ketten und Souvenir-Shops, in den Shopping-Malls drängen sich internationale Marken. Für ungetrübte Urlaubsfreuden der Besucher sorgen die »Meter Maids«: Braungebrannt, blond und knapp bekleidet mit goldenem Bikini und dem typischen weißen Akubra-Hut patrouillieren die gut aussehenden Girls auf ihren Inline-Skates die Straßen der Stadt und füttern die Parkuhren der Besucher, damit diese keine Strafzettel bekommen. Bezahlten einst die Geschäftsleute den Service, so trägt er sich heute selbst – die »Meter Maids« sind das bekannteste Markenzeichen der Stadt. Mit ihren Merchandisingartikeln – Kalender, Cups & Co. – erwirtschaften sie Millionenumsätze. Nachmittags, wenn die Wolkenkratzer den Strand beschatten, läutet die Happy Hour das Nachtleben ein, tummelt sich das Partyvolk erst in den zahlreichen Straßencafés, dann in den Kinos, Kasinos, Karaoke-Pubs und Bars, deren Party-Sounds und Beats nicht vor dem Morgengrauen verklingen.

»Fun« lautet das Motto, Amerika ist das Vorbild. ***»Sea World«** zeigt als größter kommerzieller Meerespark des Landes dressierte Seelöwen und Delfine. Auf seinem See, der mehr als ein Drittel des 24,6 ha großen Freizeitgeländes einnimmt, präsentieren Stunt-Teams waghalsige Sprünge. Mit Achterbahnen und anderen Adrenalin-Kicks unterhält die ***»Dreamworld«** bei Coomera. Auf dem Flugfeld des Ortes starten Tiger Moths zu etwa 15-minütigen »Joy Rides« – Rundflügen entlang der Goldküste. Wagemutige können Aerobatics buchen, Akrobatik am Himmel. 45 Minuten lang wechseln Loops und Steilflüge mit Rollen über die Flügel oder den Rumpf. Das Cockpit ist offen, als einziger Halt dienen schmale Gurte, eine traditionelle Lederkappe ersetzt den Helm.

Feucht-fröhliches Vergnügen garantiert der Wasserpark ***»Wet'n' Wild«** mit seinem »Super 8 Aqua Racer«, dem »Giant Wave Pool« mit mannshohen Wellen und der längsten Wasserrutsche des Sonnenstaates. Größte Attraktion für Cineasten ist die ***»Warner Bros. Movie World«**. Das riesige Showgelände rund um das Thema Film ist der einzige Hollywood-Themenpark der südlichen Hemisphäre.

Großes Bild: Lange Wellen, die nicht extrem hoch sind und im Optimalfall als Linie über den Horizont das Ufer erreichen, sind der Traum vieler Surfer. Das Wohngebiet von Surfer's Paradise ist von vielen Kanälen durchzogen – Wasser spielt hier eine wichtige Rolle.

Gold Coast

Stadtnah kann man an den Stränden von Surfer's Paradise an der Goldküste surfen und das Strandleben genießen.

Surfer's Paradise, beliebtes Zentrum für Surfer, (links) wurde am 31. März 1995 gegründet und ist die jüngste Stadt Australiens.

Diesen Blick auf die Hafenbrücke und das Opernhaus von Sydney kennt die ganze Welt. Die Stadt liegt am Port Jackson, einem spektakulären Naturhafen.

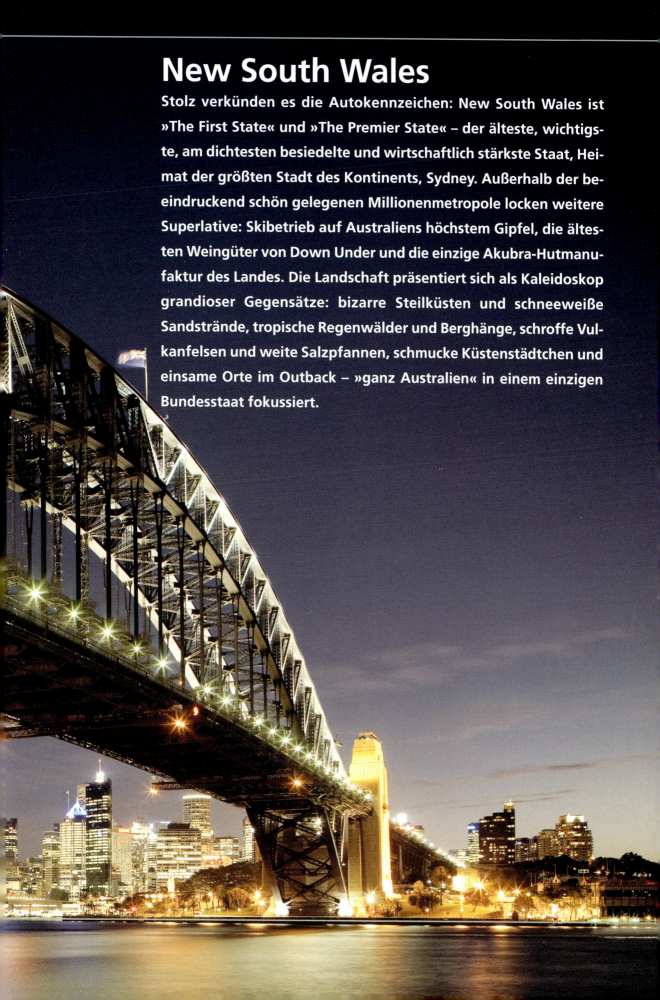

New South Wales

Stolz verkünden es die Autokennzeichen: New South Wales ist »The First State« und »The Premier State« – der älteste, wichtigste, am dichtesten besiedelte und wirtschaftlich stärkste Staat, Heimat der größten Stadt des Kontinents, Sydney. Außerhalb der beeindruckend schön gelegenen Millionenmetropole locken weitere Superlative: Skibetrieb auf Australiens höchstem Gipfel, die ältesten Weingüter von Down Under und die einzige Akubra-Hutmanufaktur des Landes. Die Landschaft präsentiert sich als Kaleidoskop grandioser Gegensätze: bizarre Steilküsten und schneeweiße Sandstrände, tropische Regenwälder und Berghänge, schroffe Vulkanfelsen und weite Salzpfannen, schmucke Küstenstädtchen und einsame Orte im Outback – »ganz Australien« in einem einzigen Bundesstaat fokussiert.

New South Wales

Silverton

Die Geisterstadt 25 km nordwestlich von Broken Hill, um 1883 bis 1889 Boomtown im Silberbergbau, ist Kulisse für Kinofilme: »A Town like Alice« und »Priscilla Queen of the Desert« wurden hier gedreht, vor dem Silverton Hotel (rechts) steht verlassen der schwarze Bolide aus »Mad Max 2«. Über die Landesgrenzen bekannt ist das Nest auch für die »Arid Zone Artists«.

 New South Wales

Fläche: 802 000 km²
Höchster Berg: Mount Kosciuszko (2228 m)
Längster Fluss: Murray River (2530 km)
Bevölkerung: 6,6 Millionen Einwohner
Hauptstadt: Sydney (4,2 Millionen Einwohner)
Zeitzone: Eastern Standard Time (MEZ + 9 Std.)

Kleine private Jachten und Fischerboote dümpeln in der Marina von Coffs Harbour.

Lage und Landschaft

Den Bundesstaat an der Ostküste Australiens prägen im Westen flache Ebenen, das Küstengebirge Great Dividing Range mit der Neuenglandkette im Norden, die Blue Mountains auf Höhe der Hauptstadt Sydney und die höchste Erhebung der Australischen Alpen im Süden, der 2228 m hohe Mount Kosciuszko. Im Südwesten umschließt New South Wales das Australian Capital Territory (ACT) mit der Bundeshauptstadt Canberra; ganz im Westen Victoria. Als australisches Außengebiet gehört die Lord-Howe-Inselgruppe zu New South Wales.

Kulturelle Zentren

* **Armidale** Die Universitätsstadt auf der Hochebene von New England gehört zu den schönsten historischen Orten von New South Wales. Mit ihren Parkanlagen, Gärten und viktorianischen Gebäuden wie dem Imperial Hotel von 1889 oder dem Gerichtsgebäude von 1860 erinnert die 25 000-Einwohner-Kleinstadt ein wenig an ihre englischen Pendants Cambridge oder Oxford. Berühmtester Sohn der Stadt ist der Kunsthändler Howard Hinton (1867–1948), der in Armidale die größte Kunstsammlung der Provinz schaffen wollte. Nach seinem Tod vermachte er der Stadt mehr als 10 000 Werke australischer Künstler, vor allem viktorianische Reisebilder und Landschaftsmotive – sie sind heute im *New England Regional Art Museum zu bewundern. Rund um Armidale liegen mehrere spektakuläre Nationalparks. 40 km südlich stürzen sich die **Wollomombi Falls 250 m tief in eine malerische Schlucht. Der *Cathedral Rock Nationalpark, 80 km östlich, beeindruckt mit massiven Granitfelsen. Rau, regenreich und windzersaust präsentiert sich der rund 30 000 ha große *New England Nationalpark an der Steilstufe vom Bellinger River zum New England Tableland. Zum 1563 m hohen Aussichtspunkt Point Lookout, dem höchsten Punkt im Nationalpark, führt eine Schotterstraße. Bei klarer Sicht schweift der Blick über das Bellinger Valley bis zum Pazifik.

* **Coffs Harbour** Das milde Klima und entspannte Leben an der subtropischen Nordküste lockte viele Pensionäre nach Coffs Harbour (48 000 Einwohner), die hier ihren Lebensabend im Bungalow verbringen, sich am geschützten Jetty Beach mit Blick auf die Marina sonnen oder die einsameren Strände im Norden entlang spazieren. Coffs Harbour ist umgeben von ausgedehnten Plantagen, auf denen Bananen angebaut werden – am nördlichen Ortsausgang ragt daher eine riesige Beton-Banane in den Himmel.

* **Tamworth** Die Stadt (40 000 Einwohner) auf dem New England Tableland ist das geschäftige Herz der reichen Agrarregion und Hauptstadt der Country Music. Alljährlich im Januar feiern hier Tausende von Fans zehn Tage lang das landesweit berühmte »Country Music Festival«, dessen Höhepunkt die Verleihung des Country Music Awards am Australia Day

(26. Januar) bildet. Wahrzeichen des Ortes ist die »Golden Guitar«, die sich imposante 12 m hoch vor dem Country Centre erhebt. Im Inneren erinnert die Gallery of Stars mit einem Wachsfigurenkabinett an australische Countrygrößen wie Slim Dusty, Tex Morton oder Reg Lindsay.

** **Broken Hill** 1200 km bis Sydney, 520 km bis Adelaide, 200 km bis Wilcannia: Die alte Bergbaustadt Broken Hill (24 500 Einwohner) ist das Herz des »Accessible Outback« von New South Wales. Als Gründer gilt der deutschstämmige Grenzreiter Charles Rasp, der 1883 auf einer Felsnase, die er als »broken hill« bezeichnete, über einen Silberklumpen gestolpert war. »The Hill« erwies sich rasch als größtes Silber-, Blei- und Zinkvorkommen der Welt. Im Jahr 1900 holten fast 10 000 Bergleute aus 16 Minen 500 000 Tonnen Erz aus dem Boden – pro Mann knapp 50 Tonnen. Heute fördern 400 Männer in der letzten operierenden Mine rund 2,8 Millionen Tonnen pro Jahr.

Einblick in den Alltag der Bergleute von einst vermittelt das Besucherbergwerk *Delprat's Underground Mine. Sie liegt mitten auf der Line of Lode, einer 7 km langen Abraumhalde, die seit mehr als 100 Jahren die Stadt teilt. Auf ihrem höchsten Punkt erinnert das Miners Memorial an verunglückte Bergleute. Das benachbarte Besucherzentrum gilt als trendiger Treff für Gourmets: Hier serviert das MacGregor's Café kulinarische Köstlichkeiten, die kreativ die Küchen der Welt mit regionalen Wurzeln kombinieren. Breite Panoramafenster eröffnen neue Aussichten auf die Bergbaustadt, die angesichts schrumpfender Erzvorräte den Tourismus als neue Einnahmequelle entdeckt hat. So erschließt mittlerweile ein Heritage Trail das Bergbauerbe. Der Schweizer Fritz Angst hat einen viktorianischen Pub in die Art-Deco-Herberge »Royal Exchange Hotel« verwandelt und dafür vier Sterne erhalten. Die Royal Flying Doctors und die School of the Air laden zu Führungen, mehr als 30 Galerien zum Entdecken der Kunstszene. Rund 30 Kreative haben sich hier niedergelassen, angelockt vom einmaligen Licht und der unglaublichen Klarheit des Himmels. Kevin »Bushy« White setzt gemahlene Mineralien zu Bildern zusammen. Pro Hart, einer der bekanntesten Künstler Australiens, kreierte mit einer Ameise aus Stahl ein Symbol für die Schufterei im Stollen. Peter Andrew Anderson gestaltete auf 12 Mal 100 m die Umgebung von Broken Hill als »Big Picture«. Authentische Kunst der Aborigines zeigt das Selbsthilfeprojekt Thankakali Aboriginal Art Centre. Im Jahr 1993 lud Broken Hill zum Bildhauersymposium, zahlte Flug und Unterkunft und ließ zwölf Künstler im Outback arbeiten. Ihre Werke bilden heute die Living Desert Sculpture Site: von Ocker bis Tiefrot leuchten die Sandsteinskulpturen im Licht der untergehenden Sonne.

* **Berrima** 1900 lebten gerade noch acht Einwohner in dem Städtchen fernab vom Hume Highway und abseits der Eisenbahnlinie – und so versank es in einen Dornröschenschlaf. Daraus schlägt heute schlägt die »historic town« mit ihren 400 Einwohnern touristisches Kapital: Mit den vielen liebevoll restaurierten Bauten gleicht Berrima einem Freilichtmuseum. Das Postkartenstädtchen liegt ca. 125 km südwestlich von Sydney.

Bild oben links: Blick über den New England Nationalpark; rechts: die ausdrucksvollen Living-Desert-Skulpturen von Broken Hill.

New South Wales: Sydney

James Cook

Der berühmte britische Entdecker James Cook (rechts) und seine Crew erreichten auf ihrer ersten Südseereise, die sie über Tahiti, Bora Bora, die Gesellschaftsinseln und Neuseeland nach Australien führte, im Jahr 1770 als erste Europäer die Südostküste des Kontinentes. Sie gingen mit ihrem Schiff, der »HMS Endeavour«, an einer unberührten Bucht vor Anker. Ihre

Sydney

Vom verschlafenen Sträflingsnest zur strahlenden Vier-Millionen-Metropole: Für viele ist Sydney die schönste Stadt der Welt.

Laut tuckernd gleitet die grüngelbe Hafenfähre unter der **Harbour Bridge entlang. 134 m über dem Meer sind kleine Gestalten zu erkennen: Männer und Frauen in blau-grauen Overalls, verbunden mit einem Sicherheitsseil. Wochen im Voraus haben sie Sydneys erfolgreichsten Adrenalinkick gebucht: den ***BridgeClimb – keine Kletterei, sondern ein aussichtsreicher Spaziergang über den 503 m langen Bogen der Hafenbrücke. »Coat hanger«, Kleiderbügel, nennen die Einheimischen diesen Koloss aus 50 000 Tonnen Stahl und sechs Millionen Schrauben, der seit 1932 mit acht Fahrspuren die Wohnviertel des Nordens an die Stadt anschließt. Wenige Minuten später legt die behäbige Sydney Ferry am *Circular Quay an. Tausende Pendler strömen von den sechs Landungsbrücken herab, hasten hinaus, drängeln sich in die Stadtbusse und Vorortzüge.

Circular Quay ist das Herz des CBD, des Central Business District. Verkehrsknotenpunkt, Zugang zur City, Tor zur Welt. Containerriesen und Kreuzfahrtschiffe liegen am Kai und verleihen der Skyline des Zentrums maritimes Flair.

Sind es Segel im Wind? Oder ist Jørn Utzorn die Architektur des Daches beim Schälen einer Orange eingefallen, wie Spötter behaupten? An was auch immer der Däne bei seinem Design dachte – seine kühne Konstruktion machte das ***Sydney Opera House zum Wahrzeichen der Stadt, die Panoramatreppe zum Forum für Jongleure, Straßenartisten und Musikanten. Professionelle Kunst wird im Innern des 100-Millionen-Dollar-Gebäudes geboten. Im Jahr 1973 eröffnet, ist der Prachtbau Theater, Oper, Konzerthaus in einem; und manchmal werden hier auch Hiphop-Parties und ähnliches gefeiert.

Baumfarne und Grasbäume, Flaschenputzer, Würgerfeigen und ungezählte Eukalypten: Nur wenige Schritte vom Opernhaus entfernt, präsentieren die **Royal Botanic Gardens auf 29 ha die faszinierende Andersartigkeit der australischen Flora – Garten-Exotik mit Blick auf die City. Von hier führt ein Weg weiter zum *Mrs. Macquarie Point, einer Landspitze, die in den Naturhafen Port Jackson ragt. Der Blick schweift über 5500 ha Wasser hinüber zur **Art Gallery of New South Wales mit ihrer einmaligen Aborigines-Sammlung Yiribana und zurück zur Harbour Bridge. Zu deren Füßen begann vor mehr als 200 Jahren die Besiedlung Australiens. Die historische Altstadt, **»The Rocks«, war lange heruntergekommen, voller Spelunken und schräger Gestalten. Heute aber ist sie schick, sauber und saniert, säumen teure Trend-Boutiquen und angesagte Lokale die Wasserfront. In den Seitenstraßen bieten winzige Shops hinter Backsteinmauern Kitsch und Kunst made in Australia. Authentischer gibt sich die etablierte Avantgarde, ausgestellt im **Museum of Contemporary Art mit seiner großen Sammlung zur zeitgenössischen australischen Kunst. Nur wenige Schritte entfernt beginnt Sydneys Shoppingmeile mit Stil: nostalgisch in der *Strand Arcade, noch schöner in den fast 200 Boutiquen des **Queen Victoria Building. Selbst Pierre Cardin geriet hier ins Schwärmen. Der französische Designer nannte den opulenten Konsumtempel in Gold, Rot und Holz, in den 1980er-Jahren nur knapp dem Abriss entgangen, das »schönste Einkaufszentrum der Welt«. Zu ihrem 200. Geburtstag im Jahr 1988 schenkte sich die Stadt **Darling Harbour, ein maritimes Vergnügungsviertel vom Reißbrett. Sega World und IMAX-Kino sorgen für Unterhaltung, Einkaufszentren wie **Harbourside und **Cockle Bay Wharf für Shopping der Superlative. Die spektakulärsten Bauten stammen von Stararchitekt Philipp Cox. Weit gespannte Stahlkonstruktionen mit Masten und Seilen wie von Schiffen schaffen maritimes Flair – beim Sydney Exhibition Centre ebenso wie beim **National Maritime Museum. Ein absolutes Muss ist der Besuch des **Sydney Aquarium, in dem sich die Unterwasserwelt hautnah erleben lässt: Haie, Mantas, Stachelrochen und farbenfrohe tropische Fische – zum Greifen nah. Am schnellsten zurück zum Circular Quay geht es mit den Sydney Ferries. Selbst in der Mittagspause genießen es die Sydneysider, gemütlich durch den Hafen Port Jackson hinüber nach *Manly zu schippern. Das Strandviertel auf der Landzunge beim North Head ist die beliebteste Möglichkeit, dem Trubel der Stadt zu entfliehen und doch in Sydney zu bleiben. Zwar brausen auch schnelle JetCats nach Manly, doch zum Ferien-Feeling in der City gehört die Fährfahrt. Hafen und Pazifik verbindet die Fußgängerzone *»The Corso« mit Souvenirshops, Straßenmusikanten, Imbissständen und »Ocean Food«, dem besten Fish'n'Chips-Geschäft der Stadt. An der Strandpromenade reiht sich Café an Café; im Aquarium *»Ocean World« füttern Taucher Stachelrochen und Haie. Draußen im Pazifik schützen Netze die Badenden. Viele verbringen die Mittagspause am **Bondi Beach. Der Alltag an Sydneys berühmtestem Strand gilt als Verkörperung des australischen Lebensstils. Bereits 1890 entflohen die Sydneysider mit der Straßenbahn dem Staub und der Hitze der Stadt, bestaunten im Aquarium die Unterwasserwelt und stiegen am Abend in die Fluten: Noch vor 100 Jahren war das Baden erst nach Einbruch der Dunkelheit erlaubt. In den 1930er-Jahren war der Strand mit Liegestühlen übersät, drängelten sich die Besucher auf der Campbell Parade. Um 1960 be-

spätere Benennung als »Botany Bay« geht auf den zur Schiffsbesatzung gehörenden Botaniker Joseph Banks zurück, der in der Umgebung der Bucht zahlreiche Pflanzen sammelte. Die vielfältige, 16 km vom Stadtzentrum Sydneys entfernt gelegene Naturlandschaft ist im Botany Bay National Park unter Schutz gestellt. In der Nähe des einstigen Ankerplatzes befindet sich das Discovery Centre, das über James Cook informiert.

Ein nostalgischer Dreimaster liegt am alten Hafen des Viertels The Rocks vertäut am Kai.

gann Bondis Abstieg. Die alten Gebäude an der Uferpromenade verkamen, der Strand verwahrloste. Doch seit den 1990er-Jahren erlebt »Bondai« eine Renaissance. Es ist wieder schick, hier zu wohnen: den Beach vor der Tür, das Büro im nahen CBD. Rund um die Campbell's Parade, die bis heute ihren verlotterten Charme bewahrt hat, sind heute trendige Cafés zu finden. »Sean's Panorama« serviert luftig-leichte Pancakes, Luxus-Porridge und Fruchtsäfte samt Meerblick zum Frühstück; das winzige »Squeeze« in einem Häuserspalt am Strand schnelle Power-Drinks für Surfer. Schon rollte die nächste Welle an, ein mächtiger Brecher für wagemutige Ritte. Das Fernglas um den Hals, die gelb-rote Mütze auf dem Kopf, beobachten kernige Life Saver scheinbar unbeteiligt das Treiben am Strand. Die Mitglieder des 1906 gegründeten Rettungsschwimmer-Clubs mit ihren bunten Booten sind das Wahrzeichen von Bondi. Ihre berühmten Badehosen mit dem Strand-Schriftzug gibt es beim »North Bondi Life Saving Club« auch für Nichtmitglieder. Fürs richtige weibliche Styling am Strand sorgt seit 1961 »Bikini Island«: Der Kult-Shop am Bondi Beach führt neben den angesagten australischen Labels eine eigene Kollektion von Häkelbikinis im Stil der 1960er-Jahre. Weiter gen Süden werden die Strände kleiner, verstecken sie sich zwischen kleinen Landzungen. Ein gesicherter Küstenpfad folgt den Sandsteinklippen zum ruhigen *Tamarama Beach, weiter nach Bronte und hin zum **Waverly Cemetery, für viele Sydneys schönster Friedhof. Blendend weiß thronen die Grabstätten auf dem schroffen Fels hoch über der Brandung: unwirklich, der Welt entrückt. Noch weiter südlich folgen *Lady Bay, der nahtlose Bräune gestattet, und *Camp Cove, der nur topless zulässt. Ist die Strömung zu stark, Sturm angesagt oder die Brandung zu heftig, baden die Sydneysider in den »rock pools« – in den Fels gehauene Bassins. Ab und zu schiebt der Pazifik einen Brecher über den Beckenrand. Dann halten sich die Badenden am weißen Holzgeländer fest und lassen den Blick über eine Symphonie in Blau gleiten: hellblau der Himmel, leuchtend türkis der Pool, tiefblau der Pazifik. An der Landzunge bei Coogee entstand *Wylie's Bath in einer Aushöhlung im Felsen. Auf Pfähle gestützt, kleben die Sonnendecks an den Klippen. 1911 fanden hier die ersten Schwimmmeisterschaften statt. Zugelassen waren auch Frauen, damals ein Novum.

Wie nimmt man nun stilgerecht Abschied von der schönsten Stadt der Welt? 325 m hoch oben an den Panoramafenstern des *Centre Point, des höchsten öffentlichen Gebäudes der südlichen Hemisphäre? Oder beim Surfen, Baden, Schauen an einem der 30 Strände der Stadt? **»Doyles on the Beach« in der Watson Bay bietet beides: bestes Seafood am Strand mit schönstem Blick auf die Stadt.

Großes Bild oben: Die Harbour Bridge und das Sydney Opera House bestimmen die nächtliche Skyline einer der schönsten Großstädte der Welt.

Sydney

Im Jahr 2008 wurde die »RMS Queen Victoria II« feierlich im Hafen von Sydney empfangen. Zahlreiche Schaulustige bevölkerten an Bord ihrer Boote die Hafenbucht.

Der Circular Quay befindet sich am nördlichen Ende des Stadtzentrums an der Sydney Cove, der Anlegestelle der First Fleet, welche 1788 erstmalig Australien erreichte.

New South Wales: Sydney

Mardi Gras: bunt und frech

Sydneys Karneval der Schwulen und Lesben, Transvestiten und Transsexuellen ist die australische Variante des Christopher Street Day. Heute lockt das verrückte Treiben mehr Besucher an als jedes andere australische Event. Höhepunkt des vierwöchigen Spektakels mit mehr als 100 Kulturveranstaltungen im Februar und März ist die Parade, der frechste, bunteste und

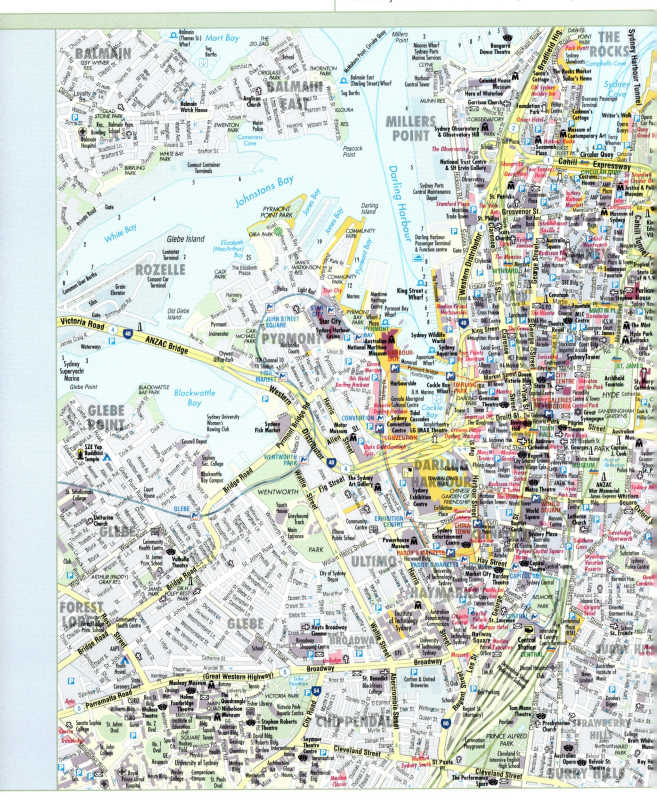

extravaganteste Straßenumzug des fünften Kontinents am letzten Karneval-Sonnabend. Seit 18 Jahren »Dykes on Bikes« – Lesben in schwarzem Leder – mit ihren Maschinen den Konvoi der rund 150 Festwagen an. Ihre Dekorationen sind spektakulär – und stets auch politisch: Wange an Wange rollen US-Präsident Bush und Australiens Premierminister John Howard an den 500 000 Zuschauern vorbei – die Staatsmänner sind Gegner der Homo-Ehe. Flaggenträger erinnern an die 80 Staaten, in denen Homosexuelle bis heute als gesellschaftliche Außenseiter geächtet werden. Aber immer wird der Humor großgeschrieben.

Opernhaus von Sydney

Das Opernhaus von Sydney ist eines der großen Bauwerke des 20. Jahrhunderts, das Wahrzeichen Australiens und zum UNESCO Welterbe erklärt. Zur allgemeinen Überraschung gewann im Jahr 1955 der kaum bekannte Däne Jørn Utzon den Architekturwettbewerb für die Oper von Sydney. Sein überaus kühner Entwurf war aber so schwierig auszuführen, dass die Regierung mit dem Bau zögerte. Als man 1959 damit begann, war immer noch nicht ganz klar, ob sich Utzons Schalendächer auch wirklich realisieren lassen würden. Ursprünglich hatte man vor, sie ganz in Beton zu gießen. Das erwies sich aber als zu teuer. Deshalb schlug Utzon vor, die Schalen aus vorgefertigten Betonrippen zusammenzubauen. Die Außenseite der muschelartigen Dächer trägt Keramikfliesen, deren Anbringung große technische Probleme bereitete. Man legte die

Fliesen mit der glasierten Seite nach unten in eine Form und goss sie mit flüssigem Beton aus. Diese Elemente wurden dann mit Bolzen am Dach befestigt. Die Enden sind mit insgesamt 2000 Scheiben unterschiedlicher Größe verglast. Im Jahr 1966 überwarf sich der Architekt mit der Regierung, ein australisches Team übernahm anschließend die Bauleitung. Bemerkenswert ist die Akustik in der Konzerthalle.

New South Wales

Der Schnabeligel

Er ist zwar ein Säugetier, legt aber Eier. Kaum sind die Jungen auf der Welt, trinken sie die Milch der Mutter. Der Schnabeligel ähnelt mit seinen Stacheln auf dem Rücken und dem kugeligen Körper dem Igel, ist aber nicht mit ihm verwandt. Wie der Ameisenigel zählt auch das Schnabeltier zu den Ursäugern. Die Männchen haben, ebenso wie die Schnabeltiere, einen

Naturlandschaften und -monumente

∗∗ Regenwälder der Ostküste Siehe Seite 264

∗ Byron Bay Nicht der Dichter, sondern sein Großvater und Weltumsegler George Gordon Noël Byron war Namenspate für die Landspitze und ihren betriebsamen Badeort, der einst zahlreiche Hippies, Aussteiger, Rucksacktouristen und Künstler an die Nordostküste lockte.
Heute ist Byron Bay etabliert; teilen sich Familien mit Kindern und wohlhabende Paare den Strand, an dem Jugendliche und Junggebliebene mit originellen bunten Boards auf die perfekte Welle warten. Vorbei am Surfer-Mekka Watego's Beach führt die Lighthouse Road zum Felsvorsprung Cape Byron. Hier weist Australiens stärkster Leuchtturm mit einem 40 km sichtbaren Halogenlicht vollautomatisch den Schiffen den Weg. Das Wahrzeichen am östlichen Punkt des Kontinents wurde 1901 nach Plänen von Charles Harding aus vorgefertigten Betonteilen im Kolonialstil erbaut. An klaren Tagen reicht der Blick von der Landspitze über die schroffen Reste des Tweed-Schildvulkans im Nordosten mit seinen von der UNESCO zum Weltnaturerbe erklärten Regenwäldern über die Zuckerrohrfelder der Küstenebene bis hin zu den Traumstränden und den sich brechenden Wellen am Meer, in dem sich Delfine und, von Juli bis September, auch Buckelwale tummeln.

An den Stränden der Byron Bay wartet man auf die ideale Welle.

∗ North Coast Der abwechslungsreiche Küstenabschnitt erstreckt sich von Port Stephens bis Coffs Harbour. Größter Ort an der Nordküste von New South Wales ist Port Macquarie (30 000 Einwohner). Die Hafenstadt, 1821 von Sträflingen gegründet, beheimatet das bekannte Koala Hospital, in dem Freiwillige jährlich rund 200 verletzte oder kranke Koalas aufnehmen und gesund pflegen. In der Bucht von Port

Stachel an den Hinterbeinen. Ein Wunder der Natur aber ist ihre schnabelförmige Schnauze. Dort sitzen feine Rezeptoren, mit denen die Tiere selbst äußerst schwache Signale ihrer Beute aufnehmen. Obwohl frü-

her die Aborigines seine Stacheln als Speerspitzen verarbeitet haben, gehört der auffällige Schnabeligel zu den häufigsten Säugetieren Australiens und ist auf dem fünften Kontinent fast überall zu finden.

Stephens leben ständig rund 200 Delfine. Im Juni und Juli sowie Oktober und November wandern mehr als 3000 Wale nahe der Küste entlang und lassen sich bei Bootsausflügen beobachten. Spektakulär ist der Plankenweg *»Skywalk« im Dorrigo National Park, der zum Rand des steil abfallenden Dorrigo-Plateaus führt. Viele Wanderwege leiten durch gemäßigten Regenwald zu den 120 m hohen Dangar-Wasserfällen. Wälder, Sumpfgebiete und Dünenlandschaften mit Lagunen prägen den rund 8000 ha großen Crowdy Bay National Park an der Küste 40 km östlich von Taree.

* **Hunter Valley** Zwischen Cessnock im Süden, Scone im Norden und der Industriestadt Newcastle am Pazifik erstreckt sich in nächster Nähe zu New South Wales' Kohlerevier das älteste und bekannteste Weinbaugebiet des Bundesstaates: das Hunter Valley. Rund 70 Weingüter bauen hier vorwiegend süffige Rotweine wie Shiraz, der mit Cabernet France verschnitten wird, sowie die weißen Reben Semillon und Chardonnay an. Vereinzelt wachsen auch andere Weißweine wie Sauvignon Blanc oder Verdelho an den Rebstöcken. Zu Namen aus der Pionierzeit wie Lindeman's Wyndhams und McWilliams sind Betriebe wie Bimbadgen oder Rothbury Estate hinzugekommen. Sie bieten neben Weinproben meist auch Kellerführungen an.

* **Hawkesbury River**
Der 470 km lange Hawkesbury River, der erst nach dem Zusammenfluss von Nepean River und Gross River diesen Namen trägt, windet sich malerisch von Richmond durch fruchtbares Farm-, weithin unberührtes Wald- und Buschland. Bevor der Hawkesbury River an der Broken Bay die Küste erreicht, bildet der Fluss eine weite Wasserlandschaft mit idyllischen Buchten und Seitenarmen wie Berowra Creek, Cowan Creek und Pittwater sowie Brisbane Water am Nordufer. Auf seinem Weg berührt der Hawkesbury River fünf Nationalparks: Brisbane Water, Dharug und Bouddi National Park im Norden, Murramarra und Ku-rin-gai Chase National Park im Süden. Besonders *Ku-ring-ai gehört zu den schönsten Naturschutzgebieten von New South Wales. Sein von Flüssen zerfurchtes Sandsteinplateau birgt Felsmalereien und Gravuren der Gurringai-Aborigines. Bereits im Jahr 1794 ließen sich die ersten Siedler entlang des Flusses nieder. Um 1810 wurden am oberen Flusslauf die fünf »Macquarie-Towns« Windsor, Richmond, Wilberforce, Castlereagh und Pitt Town von Gouverneur Macquarie gegründet. Auf der *Hawkesbury Heritage Farm bei Wilberforce, auf deren Ge-

Bild oben: Auf dem 107 m hohen Felsvorsprung Cape Byron steht Australiens lichtstärkster Leuchtturm; er hat ein Halogenlicht von 1000 Watt.

New South Wales

Norfolkinsel

Die 3500 ha große Insel im Südpazifik, 1700 km nordöstlich von Sydney gelegen, ist ein beliebtes Stop-over-Ziel auf Flügen zwischen Australien und Neuseeland. Das bis dato unbewohnte, 8 km lange und 5 km breite Eiland wurde 1788 zur Sträflingskolonie und 1852 komplett evakuiert. 1856 besiedelten Nachfahren von Fletcher Christian und anderen Meute-

lände 26 historische Gebäude aus allen Landesteilen zusammengetragen wurden, lassen Schauspieler in Originalkostümen alte Zeiten aufleben.

★★ Blue Mountains Siehe Seite 268

★★ White Cliffs 1000 km nordwestlich von Sydney, im Niemandsland voll sengender Hitze, liegt White Cliffs, die älteste Opalstadt im Outback und Zentrum einer Mondlandschaft. Rings um vier Hügel bedecken 50 000 helle, weiße Krater den Boden: Opalminen. Ein Känguru-Jäger entdeckte 1887 hier per Zufall den ersten Edelopal – sein Pferd war über den Halbedelstein gestolpert. Zunächst versteckte der Mann den Fund in den Satteltaschen, da der Stein im britischen Empire als Unglücksbote galt. Dennoch verbreitete sich die Nachricht vom Fund wie ein Lauffeuer. Die Gier der Glücksritter war nicht mehr zu bremsen. Am 21. März 1890 erhielt George J. Hooley die erste Schürflizenz. »The Blocks« ist damit Australiens äl-

rern der »Bounty« mit ihren polynesischen Frauen die Insel. Noch heute erinnert der Dialekt der Einheimischen – Pitcairn – an ihre einstige Herkunft von der gleichnamigen Pazifikinsel. Als autonomes Gebiet Australiens ist Norfolk Island ein Steuerparadies. Neben der australischen Dichterin Colleen McCullough – 1970 zog die Autorin der »Dornenvögel« mit ihrem Mann Ric Robinson hierher – leben weitere 13 Millionäre mitten im Pazifik. In Bumbora Reserve wächst die berühmte endemische Norfolk Pine. Die größten Exemplare der endemischen Kiefernart werden bis zu 57 m hoch und erreichen einen Umfang von 11 m.

testes Opalfeld. In wenigen Jahren wuchs White Cliffs auf 5000 Einwohner an. Hauptabnehmer für die hochwertigen Kristallopale war Deutschland, bis der Erste Weltkrieg das Ende des Opalbooms einläutete. Bis heute ist White Cliffs ein Ort voller Originale. Jock Goldsmith, ein netter älterer Kauz, zeigt Besuchern gegen ein kleines Entgelt sein Dugout, seine Höhlenwohnung in Turleys Hill. Lifestyle im Untergrund führt die Goldschmiedin Barbara Gasch vor. Die gebürtige Darmstädterin wanderte vor 17 Jahren nach White Cliffs aus, gepackt von der Sehnsucht, Schmuck mit den strahlenden Steinen zu gestalten. 140 Dugouts sind das Jahr hindurch bewohnt. Die 200 ständigen Einwohner von White Cliffs, die ihre Streitigkeiten ohne Polizei untereinander regeln, haben seit einigen Jahren Strom, und allabendlich flackern nun auch hier die Fernsehschirme. Am Stadtrand führt der vollbärtige Bill Finney, einen Filzhut auf dem Kopf, Visionen der Zukunft vor. Mit riesigen Parabolspiegeln testet er hier neue Technologien zur Gewinnung von Sonnenenergie.

* **Menindee Lakes** Sieben natürliche und zwei künstlich angelegte Seen, über Kanäle mit dem Darling River verbunden, bilden eine Seenplatte, deren Oberfläche siebenmal größer ist als Sydney Harbour: die Menindee Lakes im Kinchega National Park.
Über 197 Vogelarten, Fischadler, Pelikane, Enten und Reiher, tummeln sich auf dem Wasser, waten zwischen abgestorbenen Baumstümpfen, Schilf und rasten an den Stränden.

* **Mutawinji Nationalpark** Überraschend grün inmitten der ausgedörrten Bynguano Range ist der 140 000 ha große Mutawinji National Park. Eigenartige Felsformationen umgeben das alte Lager der Aborigines. Hell heben sich unter vier Felsüberhängen große und kleine Handzeichnungen der Ureinwohner vom roten Gestein ab. Der Wanderweg durch den Homestead Creek endet vor zerklüfteten Felsen. Dunkel und kühl verstecken sich Wasserlöcher vor der Hitze in Felsnischen, tief genug für ein Bad.

** **Mungo Nationalpark** Siehe Seite 276

* **South Coast** Die Buchten, Flussmündungen und Steilküsten der South Coast erstrecken sich südlich von Sydney bis zum Nachbarstaat Victoria.
Wollongong ist mit 200 000 Einwohnern die drittgrößte Stadt von New South Wales. Die Schwerindustrie konzentriert sich rund um den künstlich angelegten Hafen Port Kembla. Hier befinden sich Australiens größtes Stahlwerk, eine Kupferschmelze und mehrere Maschinenfabriken. In den Stollen am nördlichen Stadtrand werden jährlich mehr als 8 Millionen t Kohle abgebaut.
Coolangatta am Nordufer des Shoalhaven ist die älteste europäische Niederlassung an der Küste und ein sehenswertes Museumsdorf. Ulladulla beliefert Sydney mit frischem Fisch. Weiße Sandstrände säumen die **Jervis Bay**. Wenige Kilometer nördlich von Batemans Bay beginnt der *Murramarang Nationalpark, in dem zahlreiche Zwergkängurus, aber auch die viel größeren Eastern-Grey-Kängurus leben. In *Batehaven lohnen das Muschelmuseum und der Birdland Animal Park mit Wombats, Koalas und australischen Vögeln einen Besuch. Einer der wichtigsten Häfen der Südküste ist Eden nahe der Grenze zu Victoria, das bereits 1818 als Walfangstation gegründet wurde. Sein Hafen an der Twofold Bay gehört zu den tiefsten Naturhäfen der Welt. Trotz vieler Proteste wird das Hinterland bis heute radikal gerodet. Das Harris-Daishowa-Werk am Südende der Bucht verarbeitet die Baumstämme zu Holzchips, die zur Papierherstellung bis nach Japan exportiert werden.

*** **Snowy Mountains/Mount Kosciuszko Nationalpark** Das höchste Gebirge des Kontinents gehört zum Bergrücken der Great Dividing Range, die sich von Australiens Ostküste in Queensland bis zu den Grampians in Victoria erstreckt. Höchste Erhebung ist der Mount Kosciuszko (2228 m). Diese alpine Landschaft, in der die Flüsse Snowy River, Murrumbidgee und Murray entspringen, ist im Sommer ein schönes Wander-, im Winter ein beliebtes Skigebiet. International berühmt wurden die Berge, die Banjo Paterson im 19. Jh. zu seiner Erzählung »Der Mann vom Snowy River« inspirierte, durch das riesige Snowy Mountain Hydroelectric Scheme: Für das Staudammprojekt des Snowy River, das Trinkwasser und Strom für Canberra garantieren soll, stellte man rund 100 000 Leute an, zwei Drittel davon aus 30 anderen Ländern. Im Jahr 1949 begannen die Bauarbeiten, 1974 waren 145 km Tunnelstrecke und 80 km Aquädukte fertiggestellt, die 16 Dämme und sieben Kraftwerke – zwei davon unterirdisch – miteinander verbinden.

** **Lord-Howe-Insel** Siehe Seite 316

Sport und Freizeit
* **Uralla** Um 1850 wurde in Uralla (2400 Einwohner, Region New England) Gold gefunden. Nahe der »Old River«-Schürfstellen gibt es mehrere »Fossicking Areas«, in denen Besucher die Möglichkeit haben, nach Gold zu schürfen. Auch in

Links: Dieser Schnee-Eukalyptus im Kosciuszko-Nationalpark war Opfer eines Brandes. Den Namen verdankt er den schneeballförmigen Blüten.

Ein australisches Wintermärchen

Mount Kosciuszko

Es muss nicht immer Skilaufen sein – auch Wandern am Mount Kosciuszko gehört zu den eindrucksvollen Erlebnissen. Nur rund sechs Autostunden von Sydney entfernt, liegt diese abwechslungsreiche Landschaft. Während sich an den baumlosen Ebenen der Nordhänge noch Sümpfe und einsame Gehöfte finden, regieren im Süden die schroffen und kargen Felsen. Höhlen und Kalksteinformationen locken am Berg ebenso wie Wildblumenwiesen. Ein besonderes Gewächs ist der Schnee-Eukalyptus mit seinen duftenden Blättern und der hell schimmernden Rinde, der selbst frostige Temperaturen überlebt. Besonders im Frühling, wenn die lilafarbenen Gänseblümchen mit ihrer Pracht die Hänge überziehen, lohnt sich eine Tour auf den höchsten Berg des australischen Festlands. Wer den

Wenn bis zu 3 m Neuschnee die Snowy Mountains von New South Wales bedecken, beweist Thredbo zu Recht seinen Ruf als »St. Moritz« der Antipoden. Das Dorf zu Füßen des Mount Kosciuszko (2228 m) gilt als exklusivster Wintersportort des Kontinents. Eine Besonderheit ist die gute Luft. Sie ist minzig, frisch und würzig, selbst bei klirrender Kälte. Schuld daran sind Snow-Gums, eine winterfeste Eukalyptusart, die Läden und Lodges hinter ihrem dichten Blätterdach versteckt, Pisten begrenzt und schöne Farbtupfer ins Winterweiß setzt.
Skiurlaub im eigenen Land ist für die Australier nicht nur ein sportlich-exklusives Vergnügen, sondern – vor allem – »very social«, sehr gesellig. Gewohnt wird nicht in Hotels mit internationalem Standard, sondern in individuellen Lodges mit komplett eingerichteter Gästeküche. Sobald die Sonne hinter den Bergen verschwunden ist, werden Käse, Kräcker und Wein hervorgeholt – als kleiner Imbiss zwischen Party und Piste.
14 Lifte erschließen rund um den höchsten Berg Australiens ein 480 ha großes Skigebiet in 1365 bis 2037 m Höhe. Als Austragungsort eines Weltcup-Rennens bewies Thredbo 1990, dass Downhill in Down Under durchaus etwas für Könner ist. Nur 10 Prozent aller Pisten snd blau markiert. 84 Prozent sind rote, mittelschwere Abfahrten, die übrigen schwarze Steilhänge. Die längste Abfahrt ist zugleich eine der leichtesten: Auf ihren fast 6 km von Karel's T-Bar bis zum Anfängerbereich Friday Flat überwindet die breite, von Bäumen gesäumte Allee 672 Höhenmeter.
Dienstag und Sonnabend lädt die einzige Flutlichtpiste Australiens ein, das Skivergnügen in den Abendstunden zu genießen. Nicht nur auf der Piste, auch beim Après-Ski ist in Thredbo Kondition gefragt. Während die einen in der Lounge Bar in aller Ruhe Cocktails genießen, tanzen andere im Keller-Nightclub bis in den Morgen hinein. In der Schuss-Bar steht allabendlich Live-Musik auf dem Programm, im Bistro eine Partie Pool-Billard. Trotz nächtlicher Partys zieht es die Gäste ungewohnt früh auf die Piste. Gestärkt mit einem »cooked breakfast« – dem englischen Klassiker aus Ei, Schinken und dicken Bohnen – herrscht hier schon morgens reges Treiben.
Ebenfalls im 6900 km² großen Mount Kosciuszko National Park liegt Perisher Blue, ein Zusammenschluss der vier Wintersportorte Blue Cow, Perisher Valley, Guthega und Smiggin Holes. Gemeinsam bilden sie eine 1250 ha große Skischaukel in 1640 bis 2034 m Höhe, erschlossen von 50 Liften und der Ski Tube: Dieser unterirdische Zubringer bringt die Skiläufer von Bullocks Flat hinauf zum Mount Blue Cow, dem Ausgangspunkt zahlreicher mittelschwerer und schwerer Pisten. Start und Ziel der Langläufer ist der Nordic Shelter. Mehr als 100 km Loipe beginnen hier.
Nur 9 km westlich davon liegt Charlotte Pass (1780 m): Der höchstgelegene und kleinste Skiort des Kontinents ist autofrei – eine Pistenraupe bringt Gäste und Gepäck hinauf zu den elf Lodges und zum Kosciuszko Chalet. Das ist ein schlossähnliches Berghotel mit bayrischem Flair und »Ski in, Ski out«-Service: Alle vier Lifte beginnen vor der Haustür. Anfänger werden wortwörtlich ins Schlepptau genommen.
Die Selwyn Snowfields (1492–1614 m) liegen als einziges Skigebiet am Nordrand des Nationalparks. Meist kommen die Gäste nur für einen Tag, um auf den 45 ha großen Schneefeldern ihre ersten Schwünge zu wagen – Hotels oder andere Unterkünfte fehlen daher. Ganz in der Nähe wurde mit dem Kiandra Snow Shoe Club 1878 der älteste Skiclub der Welt gegründet. Die ersten Skiläufer waren norwegische Bergarbeiter, die hier in Australiens höchstgelegener Goldmine arbeiteten. Um sich im Schnee besser fortbewegen zu können, banden sie sich Zaunlatten an die Stiefel. Im Winter 1859/60 starteten sie so zum ersten Skirennen.
Heute trainiert die australische Olympiamannschaft am Mount Buller (1600 m) im Bundesstaat Victoria. Nur knapp drei Autostunden von Melbourne entfernt, sind die 26 Lifts des 180 ha großen Gebietes besonders am Wochenende mehr als ausgelastet. Langläufer finden attraktive Loipen rund um den Mount Stirling. »Ski hard, play hard« ist das Motto von Falls Creek, dem wohl populärsten Wintersportort Victorias.
Seit der Eröffnung des Flughafens von Mount Hotham im Jahr 2000 sind die 90 Pisten, 22 Lifte und die steilen Tiefschneehänge des Mount McKay noch näher gerückt: Nur 21 Minuten beträgt die Flugzeit ab Melbourne, 47 Minuten ab Sydney. Die Hochebene von Bogong, mit 1996 m zweithöchster Gipfel des fünften Kontinents, ist Langläufern vorbehalten – mit 14 Loipen von 800 m bis 7,5 km Länge. Beim Kangaroo Hoppet tritt alljährlich am letzten Sonnabend im August die Läuferelite aus mehr als 20 Nationen zum Wettstreit über 42, 21 und 7 km an. Der Massenstart dieses Marathons auf Ski – wie der deutsche König-Ludwigs-Lauf Teil des World-Loppet-Wettbewerbes der Langläufer – zählt zu den Höhepunkten im Kalender von Falls Creek. Eine ungewöhnliche Skischaukel erschließt weitere 35 Pisten mit 96 km Länge. Alle 20 Minuten hebt ein Helikopter-Shuttle von Cloud 9 ab und bringt Gäste, Ski und Gepäck binnen sechs Minuten zum 1750 m hoch gelegenen Mount Hotham – bei fantastischer Aussicht auf die tief verschneiten Hänge von High Victoria.
An den Liften des von Architekten als alpenländisches Ensemble geplanten Resortdorfes Dinner Plain werden die Liftpässe von Falls Creek anerkannt. Mount Buffalo (1400 m) bietet Alpin-Anfängern einfache bis mittelschwere Abfahrten; die Langläufer finden hier durchaus

Gipfel erklettern will, der wählt zumeist den Main Range Walk. Während der Wind als kühle Erfrischung weht, erfreuen sich Wanderer an Panoramablicken über die karge Weite, die Wind und Wetter geformt haben, und

über kristallklare Gletscherseen. Auch Pferdetrekking oder Mountainbike-Touren bieten sich in dem knapp 7000 km² großen Nationalpark an; und auch die Forellen beißen hier oft an, sagt man.

herausfordernde Loipen. Touristisches Zentrum ist der nette Ort Tatra, rund viereinhalb Stunden von Melbourne entfernt. Klein und fein ist auch die Unterkunft vor Ort: Seit dem Jahr 1910 umsorgt das mehrfach ausgezeichnete Mount Buffalo Chalet seine Gäste auf höchstem Niveau. Mount Baw-Baw (1480 m), das südlichste und kleinste Skigebiet Victorias, ist trotz der Nähe zu Melbourne nicht überlaufen. Acht Lifte erschließen hier ein 37 ha großes Areal mit 25 leichten bis mittelschweren Abfahrten. Für Snowboarder wurde eigens ein separates Terrain mit Carvings, Halfpipes und natürlichen Hindernissen außerhalb der Skipisten eingerichtet.
Auch erfahrene Langläufer stellt das weitläufige Granitplateau des Nationalparks vor sportliche Herausforderungen.
Und selbst auf dem weitgehende unberührt belassenen Tasmanien wird Ski gelaufen. Das bekannteste Skigebiet der Insel liegt 50 km südöstlich von Launceston im Ben Lomond Nationalpark. Der kleine schneesichere Skizirkus mit seinen acht Liften ist aber wohl doch nur etwas für Einheimische, die an den Flanken des 1572 m hohen Legges Tor die Grundlagen des Gleitens üben.
Wenn auch am Mount Mawson einmal genügend Schnee gefallen ist, holen die Bewohner von Hobart ihre Bretter hervor und genießen das seltene Vergnügen an den Hängen ihres 1250 m hohen Hausberges.

Tief verschneit wähnt man den fünften Kontinent in seinen Urlaubsträumen eher selten, doch Skifahren ist bei den Australiern sehr beliebt.

New South Wales

High Country

Die raue Bergwelt des High Country lässt sich bei den Reynella Horseback Safaris hoch zu Ross entdecken. Wie einst der »Mann vom Snowy River« reiten die Gäste durch den Mount-Kosciuszko-Nationalpark über Stock und Stein, über Wiesen und durch kleine Flussläufe und lagern abends, romantisch und ganz im traditionellen Stil, am offenen Feuer. Den frisch ge-

der Umgebung von Glen Innes können Urlauber nach Edelsteinen suchen.

* **Dubbo** Im mittleren Westen von New South Wales lädt der **Western Plains Zoo, Australiens größtes Freigehege, zu einer zweitägigen »Zoofari« ein mit drei tierischen Entdeckungstouren am Nachmittag, Abend und frühen Morgen. Geschlafen wird in einer zeltartigen Lodge – umgeben von Elefanten, Löwen, Giraffen und Nilpferden. Im Western Plains Zoo leben mehr als 1000 Tiere aus allen Kontinenten außer der Antarktis.

* **Mount Panorama, Bathurst** Alljährlich Anfang Oktober dröhnt Motorenlärm auf dem idyllischen Rundkurs um den Mount Panorama. Startpunkt für das landesweit bekannte Serienwagenrennen »Toohey's 1000 Touring Car Race« über 1000 km ist Bathurst, 210 km westlich von Sydney. Außerhalb der Renntage ist der Rundkurs als einziger von Australien für passionierte Hobbyrennfahrer geöffnet. Geschichte und Glanzlichter des australischen Motorrennsports präsentiert das *National Motor Racing Museum an der Rennstrecke.

** **Sydney to Hobart Yacht Race** Die härteste Regatta der Welt beginnt traditionellerweise am 26. Dezember in Sydney und endet am 2. Januar in der tasmanischen Hauptstadt Hobart. Der Kurs führt über insgesamt 628 sm durch vier Abschnitte. Bis zu 10 m hohe Wellen begegnen den Skippern. 1998 starben sechs Segler beim Rennen durch die stürmische Bass Strait.

Die schmucken Jachten machen sich mit aufgeblähten Spinnakern auf den Weg von Sydney nach Hobart.

backenen »Damper«, das typische Brot, spült man mit »Billy tea« hinunter, geschlafen wird wie einst im »swag« – einem Schlafsack mit Gummihülle und Kopfkissen; und natürlich unter freiem Himmel. Die Mehrtagesritte beginnen an einer 809 ha großen Schaf- und Rinderfarm in Reynella. Mit etwas Glück lassen sich bei diesen erlebnisreichen Ausritten unterwegs auch »Brumbies«, kleine Wildpferde, beobachten.

Am Lake Burley Griffin in Canberra hat sich, unweit einiger anderer öffentlicher Gebäude, der Oberste Gerichtshof Australiens angesiedelt.

Australian Capital Territory

»Kamberra«, »Treffpunkt«, nannten die Ngunnawal-Aborigines das Gebiet, in dem 1911 auf halbem Weg zwischen Sydney und Melbourne Australiens Hauptstadt auf dem Reißbrett entstand. Um für die neue Kapitale Platz zu schaffen, wurden die Ureinwohner aus ihrer angestammten Heimat vertrieben. Spötter betiteln Canberra gerne als »seelenlose City« oder »beleuchtete Weide« – tatsächlich jedoch sprüht die Bundeshauptstadt im kühlen Hochtal, umgeben von über 1000 m hohen Bergen, vor Lebenslust und Kultur. Die in Form eines Dreiecks angelegte Metropole ist die einzige australische Großstadt, die nicht am Meer liegt. Um ihr aber dennoch einen Zugang zur See zu verschaffen, wurde dem Nachbarstaat New South Wales im Jahr 1915 ein Gebiet in der Bucht von Jervis abgekauft.

Australian Capital Territory

Australian War Memorial

Der wuchtige und markante Bau, mit mehr als einer Million Besuchern im Jahr das meistbesuchte Museum Australiens, wurde 1941, mitten im Zweiten Weltkrieg, eröffnet. Das Mahnmal ist nicht nur ein Soldatendenkmal für die 102 000 gefallenen australischen Soldaten in den Kriegen der Neuzeit, son-

Australian Capital Territory

Fläche: 2432 km²
Höchster Berg:
Bimberi Peak (1912 m)
Größter Stausee:
Lake Burley Griffin (7,2 km²)
Bevölkerung:
311 000 Einwohner
Hauptstadt: Canberra
(307 000 Einwohner)
Zeitzone: Eastern Standard Time
(MEZ + 9 Std.)

Umgeben von den Bergen Mount Aisle, Red Hill, Mount Pleasant und Black Mountain, liegt das Australian Capital Territory mit der Bundeshauptstadt Canberra auf dem 650 m hohen Plateau der Limestone Plains wie eine »Insel« in New South Wales. Ihren Namen erhielt die Hauptstadt von der Viehstation »Canberry«, die Joshua Moore 1824 gegründet hatte. Er verballhornt den alten Aborigines-Namen für das Gebiet – Kamberra: »Treffpunkt«.

Kulturelle Sehenswürdigkeiten
★ Old Parliament House
Der neoklassizistische Bau war von 1927 bis 1988 Sitz des Nationalparlaments. Seine Sitzungssäle für das Repräsentantenhaus (House of Commons) und den Senat (House of Lords) wurden nach Londoner Vorbild gestaltet. Heute beheimatet das strahlend weiße Gebäude die Sammlungen der National Portrait Gallery, die im Jahr 2002 eine Außenstelle für zeitgenössische Kunst am Commonwealth Place eröffnete. Vor dem alten Parlament richteten die Ureinwohner 1972 in einem Zelt ihre »Aboriginal Tent Embassy« ein – als symbolische Forderung für das Recht auf Land und Selbstbestimmung.

★★★ New Parliament House 1979 wurde am Capital Hill der Grundstein für ein neues Parlamentsgebäude gelegt, für das der New Yorker Star-Architekt Romaldo Giurgola die Pläne gezeichnet hatte. Nach acht Jahren Bauzeit wurde das mehr als eine Milliarde australische Dollar teure Prestigeprojekt eingeweiht. Über seinen 4700 Räumen, die größtenteils tief in den Capital Hill hinein gebaut wurden, weht von einem 81 m hohen Fahnenmast die australische Flagge. Doch der Mammutbau stellt als architektonische Metapher stellt den Menschen über die Politik: Auf einem großzügigen Grasdach können Bürger und Besucher rund um die Uhr flanieren und die Aussicht genießen. Den Zugang zum Bundesparlament schmückt das 196 m² große Mosaik »Meeting Place« des Aborigines-Künstlers Nelson Tjakamarra. In der Eingangshalle selbst symbolisieren 58 grüngraue Marmorsäulen einen Eukalyptuswald. Die »Great Hall«, in der alle Staatsbankette abgehalten werden, ziert ein 21 m langer Gobelin nach einem Gemälde von Arthur Boyd. Die anschließende Members' Hall ist Parlamentariern vorbehalten. Während der Sitzungsperioden gewähren Galerien im ersten und zweiten Stock werktags um 14 Uhr Einblicke auf die Debat-

dern mit einem umfangreichen Archiv, einer eigenen Bibliothek und der Kunstgalerie eines der größten Militärmuseen der Welt. Mehr als vier Millionen Ausstellungsstücke, darunter Hunderttausende Fotografien,

aber auch alte Flugzeuge, selbst ein rekonstruiertes japanisches Mini-U-Boot gehören zu den Exponaten des Memorial, dessen Besuch für viele Australier eine ernste, geradezu patriotische Pflicht ist.

ten im »House of Representative Chamber«, den Sitzungssaal der 148 Abgeordneten des Bundesparlaments.

* **Anzac Parade** Hinab zum Lake Burley Griffin führt die mit Eukalyptus-Bäumen gesäumte Anzac Parade. Diese Prachtstraße wurde 1965 zum 50. Jahrestag der Landung von australischen Streitkräften in Gallipoli (Türkei) angelegt.

* **Australian-American Memorial** An die Waffenbrüderschaft zwischen Australien und den Vereinigten Staaten von Amerika erinnert eine 79 m hohe Aluminiumpyramide, auf der ein Adler thront.

*** **National Gallery of Australia** Queen Elizabeth II. weihte im Oktober 1982 die größte Gemäldesammlung Australiens ein. Der kubische Betonbau präsentiert in elf Galerien auf zwei Etagen mehr als 100 000 Werke aus Asien, Afrika, Amerika, Europa und Australien. Zu den bedeutendsten weißen Künstlern des roten Kontinents gehören Sidney Nolan, Arthur Boyd, Tom Roberts und Albert Tucker. Das Aboriginal Memorial aus 200 Hollow Logs – ausgehöhlten Baumstämmen, die mit Totemzeichen der Raminging People bemalt sind – erinnert an die Ureinwohner, die im Zug der Landnahme durch die Europäer zu Tode gekommen sind. Der 2 ha große Skulpturengarten am Seeufer präsentiert klassische wie moderne Werke.

* **Government House** Australisches Staatsoberhaupt und offizieller Vertreter der englischen Krone ist der Generalgouverneur, der im Government House von 1891 im Botschaftsviertel Yarralumla residiert.

* **High Court** Über die Einhaltung der australischen Gesetze wacht das höchste Gericht Australiens, der High Court. Seine Architektur aus Beton und Glas erinnert ein wenig an einen Mogul-Palast.

* **Carillon Tower** Das fast 50 m hohe Glockenspiel auf Aspen Island ist ein Geschenk der britischen Regierung zum 50. Geburtstag von Canberra. Mittags spielen seine 53 Bronzeglocken bekannte Volkslieder. Der moderne Bau entstand nach Plänen der westaustralischen Architekten Cameron, Chisholm & Nicol.

* **International Flag Display** 80 Flaggen – von den Vereinten Nationen bis hin zu Fahnen all jener Länder, mit denen Australien diplomatische Beziehungen unterhält – wehen zwischen dem High Court und der Nationalbibliothek im Regierungsviertel.

* **Blundell's Farmhouse** Eines der ältesten Häuser der Stadt ist Blundell's Farmhouse, im Jahr 1858 im Stil der frühen Pioniertage erbaut.

*** **National Museum of Australia** Wie ein Puzzle aus mehreren Pavillons

Links oben: Das Alte Parlamentsgebäude im Vordergrund des neuen Gebäudes. Klare Linien prägen das National War Memorial (oben).

New Parliament House

Das moderne Gebäude liegt auf dem Capital Hill, nahe des Stadtzentrums. Es wurde 1988 eröffnet und umfasst in seinem Inneren 4700 Räume.

Ganz links: Blick in das weitläufige Hauptfoyer des Parlamentsgebäudes. Der »Große Saal« mit seiner modernen Ausstattung wird für Empfänge genutzt (links).

Australian Capital Territory

National Science and Technology Centre »Questacon«

Wer gern einmal einen Tsunami auslösen möchte, der sollte ins

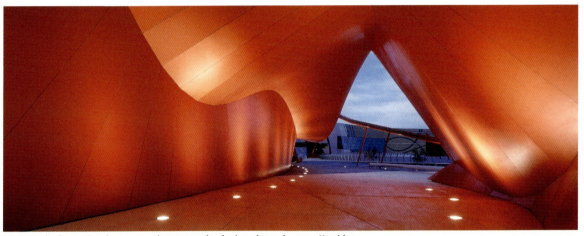

Ins australische Nationalmuseum gelangt man durch einen intensiv roten Korridor.

erstreckt sich seit dem Jahr 2001 das australische Nationalmuseum am Nordufer des Lake Burley Griffin auf der Acton-Halbinsel. Mit einem bunten Progamm an Hightech, Multimedia-Shows, Life-Vorführungen und spielerischen Aktivitäten wird der Streifzug durch die australische Geschichte zu einem anregenden Erlebnis für Jung und Alt. Sehenswerte Exponate sind etwa die landesweit größte Sammlung von Rindenzeichnungen der Ureinwohner, die Kleidung der Strafgefangenen, das Fell des ausgestorbenen tasmanischen Tigers sowie Materialien von den Olympischen Spielen 2000 in Sydney. Zu den Highlights gehört auch das drehbare Theater »Circa«, das die Besucher in die drei Hauptthemen des Museums – Land, Nation, Leute – entführt.

Die große, interaktive Landkarte Australiens, die von drei verschiedenen Ebenen aus betrachtet wird, zeigt die Spuren, die Entdecker und Siedler im Land hinterlassen haben. Zum Nationalmuseum gehören ferner ein Kino, eine Bibliothek, ein Museumsshop, ein Restaurant mit Aussicht auf den Lake Burley Griffin sowie ein Café, das auf den »Australischen Paradiesgarten« des Landschaftsarchitekten Richard Weller zeigt.

* **National Capital Exhibition** Am Regatta Point des Central Basin, in dessen Mitte die Fontäne des Captain Cook Memorial Jet 140 m hoch in den Himmel schießt, erzählt die National Capital Exhibition in Filmen und Ausstellungen die Entwicklung der Stadt.

* **National Library of Australia** Sechs Millionen Bücher und Zeitschriften, dazu Landkarten, Filme und Fotos, birgt der im Jahr 1968 errichtete »Tempel« der Nationalbibliothek am gegenüberliegenden Ufer – im Hauptlesesaal werden auch deutsche Zeitungen ausgelegt.

** **National Film & Sound Archive** Der Art-Deco-Sandsteinbau von 1929/30 ist ein Mekka für Medienfans: Alles, was in Australien auf Filmstreifen oder Tonträgern aufgezeichnet wurde, wird hier dokumentiert. Das Museum zeigt regelmäßig Tonaufnahmen ab 1890 sowie historische Film- und Fernsehausschnitte.

* **National Zoo & Aquarium** In Acrylglasröh-

Die National Library liegt am Lake Burley Griffin.

ren wandern die Besucher durch die Unterwasserwelt des Nationalaquariums, das 1989 am Scrivener-Staudamm eingeweiht wurde, hautnah vorbei an Haien und rund 500 anderen Bewohnern australischer Flüsse, Seen und der umgebenden Ozeane. Im benachbarten Zoo können auf Führungen Tiger gefüttert werden.

* **Royal Australian Mint** Seit ihrer Eröffnung 1965 wurden weit mehr als elf Milliarden Münzen in der Königlich Australischen Münzprägeanstalt im Stadtteil Deakin produziert. Wie das vonstatten geht, können Besucher von einer Galerie aus sehen. Die Geschichte des australischen Münzwesens erzählt ein kleines Museum.

* **Canberra Art Museum and Gallery** 1998 eröffnete am London Circuit das Canberra Art Museum and Gallery, das seit 2001 als Dauerausstellung »Reflecting Canberra« zeigt. Das Besondere: Die Sammlung wird kontinuierlich den aktuellen Entwicklungen angepasst. So zeigt ein Schwerpunkt die bis heute allerorten sichtbaren Folgen des verheerenden Buschfeuers von 2003.

* **Lanyon Homestead** Rund 25 km südlich der Hauptstadt Canberra wurde am idyllischen Murrumbidgee River ein historisches Farmhaus aus dem Jahr 1859 liebevoll wieder restauriert. Auf dem Anwesen wird der Alltag der Region vor der Gründung Canberras aufs Neue lebendig. Die 200 m entfernte Nolan Gallery präsentiert unter anderem die berühmte Porträtserie des Bushrangers Ned Kelly, den Sir Robert Nolan in Öl festhielt.

National Science and Technology Centre Questacon gehen. Das Wissenschafts- und Technikmuseum in Canberra (links) ist ein Paradies für Hobbyforscher. Kinder wie Erwachsene sehen hier, wie Blitze entstehen. Erdbeben werden ebenso simuliert wie Achterbahnfahrten. Sogar Luftgitarre können die Besucher spielen und zaubern die Töne aus einem Besen. Das kubistisch anmutende Gebäude ist ein Geschenk aus Japan. Anlässlich der 200-Jahr-Feier Australiens hatte der asiatische Staat das Haus errichten lassen, in dem sich heute das Museum befindet. Auf sieben Etagen werden nicht nur Wind und Wetter erklärt, sondern auch die Geschichte des Spielzeugs, sportliche Herausforderungen oder musikalische Phänomene. Großen Wert legt das Museum auf Experimentierstationen, deshalb sind viele Exponate interaktiv.

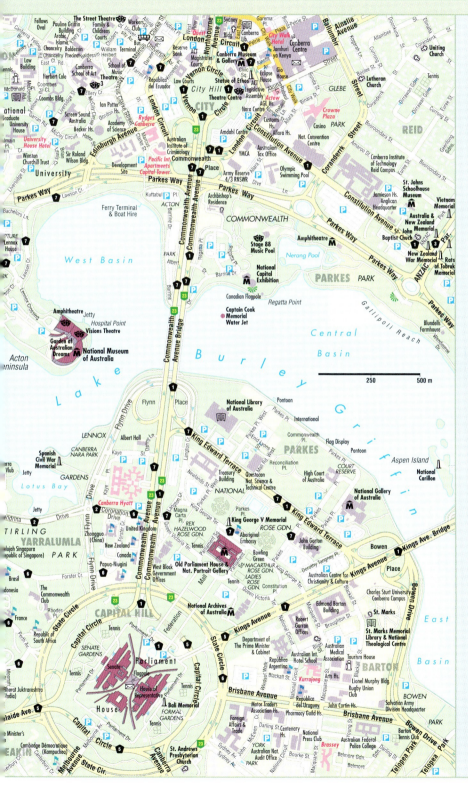

Canberra

Als sich Australiens Kolonien zum Commonwealth of Australia verbanden, stritten sich Melbourne und Sydney, welche Stadt die Hauptstadt werde. Kompromiss war eine Hauptstadt, gleich weit von beiden Städten entfernt.

Die Standortwahl fiel auf eine Ebene südlich von Yass in New South Wales. Am 1. Januar 1911 erwarb die australische Regierung formell das Gelände des Australian Capital Territory (ACT); am 12. März 1912 wurde Canberra als Bundeshauptstadt und Sitz der australischen Regierung offiziell gegründet. Den noch im selben Jahr initiierten, internationalen Wettbewerb zur Stadtgestaltung gewann der amerikanische Architekt Walter Burley Griffin (1876–1937). Sein Entwurf sah eine offene Gartenstadt vor.

Ihren Grundriss prägen konzentrische Kreise, strahlenförmige Achsen und ein See als Bindeglied zwischen dem Regierungsviertel Capital Hill im Süden und dem Stadtzentrum City Hill im Norden. Wegen des Ersten Weltkriegs und bürokratischer Hürden konnten erst 15 Jahre später, 1927, die Bundesregierung und das Bundesparlament von der Interims-Hauptstadt Melbourne nach Canberra umziehen. Die Bürger lockte die neue Hauptstadt anfangs kaum. Das änderte sich erst ab 1958 mit der Gründung der National Capital Development Commission. 1963 wurde der Molonglo River zum Lake Burley Griffin aufgestaut. Mit seinen Parkanlagen und Picknickplätzen, Rad- und Wanderwegen, Bootsverleihen und Ausflugsbooten bietet der See Erholungsflächen mitten in der Stadt. Seit dem 11. Mai 1989 besitzt auch das Hauptstadtgebiet wie die anderen Bundesstaaten eine eigene Regierung.

Australian Capital Territory

Tidbinbilla Nature Reserve

Im 4000 ha großen Naturschutzgebiet, 40 km südwestlich von Canberra, fressen Kängurus den Besuchern aus der Hand. Im ursprünglichen Buschland lassen sich auch Koalas, Wallabies, Emus und die scheuen Schnabeltiere in ihrer natürlichen Umgebung beobachten. In den Feuchtgebieten kann man entlang des Sanctuary Loop

Naturlandschaften und -monumente

✷✷ National Botanic Gardens Die mit 6000 Sorten größte Sammlung australischer Flora birgt der Botanische Garten, der 50 ha am Fuße des Black Mountain bedeckt. Ein Pflanzenlehrpfad der Aborigines führt durch typische Biotope des fünften Kontinents, zu dem auch ein künstlich angelegter »Rainforest Gully« mit Regenwäldern aus Queensland gehört.

✷ Namadgi-Nationalpark Mit 94 000 ha nimmt der Namadgi-Nationalpark fast 40 Prozent der Fläche des Australian Capital Territory ein – und damit fast alles, was nicht zum unmittelbaren Stadtgebiet von Canberra gehört. Mit sieben Gipfeln über 1600 m ist das bergige Waldgebiet, das an den Kosciuszko-Nationalpark von New South Wales grenzt, ein beliebtes, durchaus anspruchsvolles und forderndes Terrain für Buschwanderungen. Besonders die kargen Hochebenen im Westen und Südwesten sind schwer zugänglich. Im Nordwesten führt die Corin Road zur Staumauer Corin Dam am größten Stausee des Australian Capital Territory. Am Yankees Hat können sehenswerte und gut erhaltene Felsmalereien der Aborigines betrachtet werden.

Sport und Freizeit

✷ Heritage Festival Mit 1000 Vorführungen und 750 Konzertstunden ist das Heritage Festival jährlich im April das bedeutendste Event zur Tradition und Kultur des Australian Capital Territory.

✷ Old Bus Depot Markets Haushaltswaren, Holzmöbel, Keramik, Silber, Seide, Schmuck, Seide und Parfüms: Der sonntägliche Trödel-, und Kunsthandwerkermarkt in den ehemaligen Bushallen von Canberra gehört zu den beliebtesten Märkten des Landes. Kleine Stände verköstigen die Besucher mit exotischen Gerichten aus Äthiopien, Laos, Argentinien und Frankreich; Kuchen und Kaffeespezialitäten serviert »The Depot«.

✷✷ Telstra Towers Zwar war der Bau der Telstra Towers heftig umstritten, doch heute genießen Gäste und Einheimische gleichermaßen den 360-Grad-Rundblick auf Canberra und Umgebung, den die beiden Aussichtskanzeln und das Drehrestaurant des 195 m hohen

Main Trail, der durch verschiedene Lebensräume führt, weitere Tiere aus der Nähe beobachten. Auf dem Fishing Gap Trail kommt man an Bergeukalyptusbäumen vorbei. Die Tidbinbilla Deep Space Tracking Station, ein

Joint Venture zwischen Australien und den USA, verfolgt Weltraumflüge im All. Im Süden des Reservates bietet der Abenteuerpark »Corin Forest« Vergnügungen wie eine Bobbahn und eine Stahlseilrutsche.

Fernmeldeturms auf dem Gipfel des Black Mountain bieten.

* **Cockington Green Gardens** Seit fast 35 Jahren erfreut die Welt im Kleinen in Cockington Green, nur etwa 12 km nordwestlich von Canberra, die Besucher: Zum detailgetreu nachgebauten Modelldorf aus Großbritannien haben sich mittlerweile typische Bauten aus Australien und der ganzen Welt gesellt. Und mitten durch diese detailverliebte Miniaturwelt schnauft eine winzige historische Dampfeisenbahn und erinnert an gute alte Zeiten.

Im Namadgi-Nationalpark in den Australischen Alpen, der in etwa 45 km von Canberra erreichbar ist, ergießen sich die sehenswerten Gibraltar Falls.

Victoria

The Garden State: Im australischen Frühling gleichen weite Teile Victorias einem blühenden Garten. Melbourne mit seinen Museen, Parks und seiner modernen Architektur gilt als Kultur- und Veranstaltungshauptstadt Australiens. Die mehr als 300 km lange Great Ocean Road erschließt eine atemberaubend schöne Küstenlandschaft, und auch der wilde Osten von Victoria hat einen ganz eigenen Reiz. Aborigines lebten schon vor ungefähr 40 000 Jahren in dieser Gegend mit ihrem mitteleuropäisch bis mediterran geprägten Klima. Unterwegs fasziniert ein dicht gedrängtes Kaleidoskop wildromantischer Landschaften, zu dem auch die schroffen Felsen der Grampians gehören, die wilde Bergwelt im östlichen Hochland, das fruchtbare Tal des Murray und das sandig-rote Outback mit seinen Salzseen.

Die Zwölf Apostel liegen am westlichen Ende der weltbekannten Great Ocean Road an der Südküste Victorias und gehören zum Port-Campbell Nationalpark.

Victoria

Ned Kelly

»Mind you die like a Kelly, Ned!« (Stirb wie ein Kelly, Ned) soll ihn seine Mutter, die ebenfalls hinter Gittern saß, vor der Hinrichtung ermahnt haben. Berühmt wurden Neds letzte Worte: »Such is life.« (So ist das Leben.). Sein Leben war ein einziger Kampf um Gerechtigkeit auf einem Weg voller Schicksalsschläge: Ned Kelly wurde im Jahr 1854 in Beveridge,

Victoria

Fläche: 228 000 km²
Höchster Berg:
Mt. Bogong (1986 m)
Größter See:
Lake Corangamite (209 km²)
Bevölkerung:
5 Mio. Einwohner
Hauptstadt: Melbourne
(3,6 Mio. Einwohner)
Zeitzone: Eastern Standard Time
(MEZ + 9 Std.)

Victoria ist der kleinste und am dichtesten besiedelte Bundesstaat des australischen Festlands. Im Südosten des Kontinents liegend, grenzt er im Osten an New South Wales und im Westen an South Australia. Südlich von Victoria liegt die Insel Tasmanien. Vier Großlandschaften prägen den »Garden State«: das Murray-Becken im Norden, das südliche Bergland, die Great Dividing Range an der Grenze zu New South Wales und die schmale Küstenebene im Osten. Viehzucht, Weinbau, Obstkultivierung und Getreideanbau machen den Bundesstaat zum Garten des Landes. 1851 lösten Goldfunde bei Ballarat und Bendigo einen Goldrausch aus. Heute werden noch Braunkohle sowie Erdöl und Erdgas auf Bohrinseln in der Bass Strait gefördert.

Kulturelle Zentren

٭ Mildura Wie eine grüne Oase liegt Mildura (45 000 Einwohner) vor Steppe und Wüste. Die Bewässerungsprojekte der Mildura Irrigation Colony haben das rote Land in »Sunraysia« verwandelt – Australiens größten Produzenten von Rosinen, Zitronen und Orangen. 40 Prozent der Trauben für australischen Wein stammen von hier – und sorgten lange für den Ruf, nur Masse statt Klasse zu produzieren. Trentham Estate Winery beweist das Gegenteil: Das Weingut, das sich auf acht italienische Sorten spezialisierte, hat bereits mehr als 50 Medaillen auf internationalen Weinmessen gewonnen. Wer lieber Bier genießt: Im Workingmen's Club befindet sich die längste Kneipentheke der Welt – 27 Zapfanlagen drängen sich auf 90,8 m. Stefano de Pieri machte Mildura zum Mekka für Feinschmecker. Seine Fernsehshow »A Gondola on the Murray« zeigte, welche Gourmetgerichte sich mit Produkten aus Mildura zaubern lassen. Die Rezepte zum Nachkochen lieferte ein Kochbuch, die Gerichte zum Genießen sein Restaurant »Stefano's«, von den Kritikern der Gourmetbibel »The Age Good Food Guide« als bestes Restaurant des Landes ausgezeichnet. Eine Speisekarte gibt es hier übrigens nicht – die Gäste vertrauen Stefanos kulinarischen Inspirationen und essen, was er ihnen fünf oder sechs Gänge lang serviert.

٭٭ Echuca Um das Jahr 1873 waren mehr als 240 Raddampfer auf dem Murray River unterwegs. Echuca (12 000 Einwohner), am Zusammenfluss von Goulburn River und Murray gelegen, wurde Zentrum des Schiffbaus und wichtigster Binnenhafen Australiens. Dampfbetriebene Hafenkräne verluden damals jährlich Wolle und andere Waren im Wert von mehr als einer Viertelmillion Pfund (der australische Dollar wurde erst nach langjähriger Planung am 14. Februar 1966 eingeführt. Zuvor gab es das

nördlich von Melbourne, als ältester Sohn und drittes von acht Kindern in eine Familie irischer Emigranten geboren. Bereits als Zwölfjähriger musste er nach dem Tod seines Vaters als Ernährer der Familie die Schule verlassen. Die wahre Geschichte von Ned Kelly und seiner Gang ist die eines australischen Nationalhelden, den die sozialen Missstände im 19. Jh. zum Banditen gemacht haben. Schon als Junge gerät Kelly auf die schiefe Bahn, ist aber zugleich Opfer ungerechter Strafen. Als Robin Hood des Outback gibt er den Armen. Ned Kellys letzte Stunde schlug in Melbourne, wo er am 11. November 1880 gehängt wurde. Das Old Melbourne Goal ist eine Wallfahrtsstätte für Kelly-Fans. Hier sind sein Revolver, seine Totenmaske und der Hinrichtungsblock ausgestellt. Sein Skelett wurde im Jahr 1978 von Souvenirjägern gestohlen.

In den Erweiterungsbauten der Bendigo Art Gallery sind originelle Skulpturen zu bestaunen.

Die St.-Kilian-Kirche in Bendigo beeindruckt durch ihre filigrane Holzkonstruktion im Innern.

Pfund wie in Großbritannien). Dampfeisenbahn und erste Automobile machten dem Aufschwung ein Ende.
1920 war der Hafen bankrott, die Werft ohne Arbeit. Die Stadt vergaß ihren Fluss. Heute ist das **Hafenviertel, seit 1975 unter Denkmalschutz, die Touristenattraktion des Ortes: der gesamte Kai hat sich in ein riesiges Freiluftmuseum der Flussschifffahrt verwandelt. Hölzerne Treppen führen hinunter zur weltweit größten Flotte von Schaufelraddampfern. Historische, in Echuca gebaute Raddampfer wie P.S. Pevensey und P.S. Adelaide liegen hier neben dem Paddlesteamer P.S. Emmylou – optisch ein Raddampfer aus der Blütezeit der Flussschifffahrt, tatsächlich erst in den Jahren 1980 bis 1982 erbaut. Alt ist einzig die Dampfmaschine von 1906, die unter Deck mit Holz befeuert wird.

* **Rutherglen** »Sydney may have a big harbour, but Rutherglen has a great port«: Das Schild an der Straße zeigt, wie stolz die Bewohner der Region auf ihre kraftvollen Likörweine »Muscat« und »Tokay« sind, die rund um Rutherglen (1900 Einw.) und Wahgunyah am Ufer des Murray angebaut werden. Ursprünglich war Rutherglen aber wie die Nachbarorte Yackandandah und Beechworth eine Bergwerksstadt auf der Suche nach Gold. Die Förderung erwies sich jedoch als schwierig und kostspielig – so setzten die Bewohner auf flüssiges Gold: eben die goldgelben, schweren Likörweine. Schon 1897 errangen diese »stickies« beim Pariser Weinsalon ihre erste Goldmedaille. Rasch entwickelte sich Rutherglen zum größten Weinanbaugebiet Victorias. Noch heute können viele der regionalen Winzer, die längst auch ganz hervorragende Rot- und Weißweine anbauen, familiäre Wurzeln bis in jene Zeit vorweisen.

** **Bendigo** Dank der reichen Goldfelder entwickelte sich Bendigo (98 000 Einwohner) zwischen 1851 und 1870 zu einer der größten Städte Victorias. Vom Glanz der Goldgräberzeit zeugt bis heute das besterhaltene *Ensemble viktorianischer Architektur in Australien, das sich im Zentrum rund um den Alexandra-Brunnen erhebt. Viele Architekten waren Deutsche. Goldmines Hotel (1872) wurde nach Plänen von Wilhelm C. Vahland errichtet; den Vorgängerbau des heutigen Shamrock-Hotels entwarfen Vahland und Robert Getschmann. An die Vergangenheit als Bergbaustadt erinnern im Rosalind Park ein ausrangierter Förderturm, der heute als Aussichtsplattform dient, und die bis 1954 betriebene *Central Deborah Gold Mine, heute ein beeindruckendes Bergbaumuseum. Auf den Goldfeldern arbeiteten auch viele Chinesen. Sie haben mit dem Joss-House, einem Tempel für den Gott Kuan Kung am Emu Point in Nord-Bendigo, und dem Golden Dragon Museum (Bridge Street) ihre Spuren hinterlassen. Die *Bendigo Art Gallery zeigt australische Gemälde sowie Werke britischer und europäischer Künstler von der Kolonialzeit bis heute, und neuerdings auch aufregende Skulpturen.

Großes Bild: Nahe Echuca gleitet ein Raddampfer auf dem Murray River dahin. Der längste Fluss Australiens mündet bei Adelaide ins Meer.

Victoria

»Go for Gold«

Am 12. Februar 1851 entdeckte Edward Hargraves in einem See in der Nähe von Bathurst das erste Gold Australiens, einen 40-kg-Nugget. Aus Angst vor Zuständen wie beim kalifornischen Goldrausch sollte der Fund zunächst geheim gehalten werden. Doch nach weiteren Funden bei Ballarat, Bendigo, Castlemaine und anderen Orten Victorias wurde das Land vom Goldfieber gepackt. Goldschürfer und Glücksritter aus aller Welt strömten nach Australien und ließen die Einwohnerzahl bis zum Jahr 1862 auf 1,2 Millionen explodieren. Die eingewanderten Goldsucher mussten

Historischer Straßenzug in Ballarat, einstiges Zentrum des Goldrausches.

* **Hepburn Springs, Spa Country** »Spa Centre of Australia« steht auf dem Ortsschild. Auf den ersten Blick deutet nichts daraufhin, dass Hepburn Springs die Wiege der australischen Wellness-Bewegung ist. Bereits 1836 wurden in der Kleinstadt inmitten der viktorianischen Macedon Ranges die meisten Mineralquellen des Kontinents gefunden: 42. Rasch hatte man die wichtigsten Quellen eingefasst, mit Pumpen versehen und mit einem Wegenetz verbunden – der Kurbetrieb war geboren. Das viktorianische Badehaus, 1895 im tief eingeschnittenen Spring Creek unmittelbar neben Soda-, Sulphur- und Locarno-Quelle erbaut, beherbergt heute neben zwei Thermalbecken mit Jet-Düsen ein modernes Hydrotherapie-Zentrum. Schwebe-Tanks, Lounge-Chairs mit Jet-Düsen, Vichy-Duschen und diverse Bäder prägen das Angebot seines Day Spas. Zum Spa Country gehört auch das Nachbarstädtchen Daylesford mit seinen sehenswerten Kunstgalerien wie der Convent Gallery und dem Luxushotel Lake House.

* * * **Ballarat** Ballarat (80 000 Einwohner), 112 km nördlich von Melbourne gelegen, ist die berühmteste Goldstadt Australiens. Als hier 1851 die ersten Nuggets gefunden wurden, verwandelte sich die Kolonie Victoria über Nacht zu einem Abenteuerland für Glücksritter aus aller Welt. Heute ist Ballarat eine lebendige Kleinstadt mit viktorianischen Bauten wie dem prachtvoll renovierten *Her Majesty's Theatre, üppigen Gärten, einem sehenswerten Wildlife Park und dem beliebtesten Freilichtmuseum Australiens: *Sovereign Hill. Mehr als 100 Statisten in historischen Kostümen stellen am alten Standort der Goldgräbersiedlung den Alltag um 1850 nach. Juwelier und Blechschmied, Töpfer, Bäcker und Kerzenzieher arbeiten in ihren Werkstätten. Traditionelle Hotels und kleine Geschäfte, die authentische Souvenirs aus jener Zeit verkaufen, säumen die staubige Hauptstraße. Neben dem Chinesenlager, wo die Glücksritter aus dem fernen Osten in Zelten nächtigten, liegen die Schürfgebiete. Waschechte »Digger« zeigen Groß und Klein, wie das Gold mit einer Pfanne aus dem Wasser gewaschen wird. Von Mai bis September erzählt allabendlich das Sound & Light-Spektakel »Blood on the Southern Cross« die Geschichte der Eureka Stockade, des Aufstandes der Goldschürfer. Ihre Fahne war das Southern Cross, eine blaue Flagge mit weißem Kreuz und den fünf Sternen des Himmelsbildes »Kreuz des Südens«. Das Kunst- und Kultur-Zentrum *»Kirrit Barreet Aboriginal Art Gallery« lädt ein zu einer faszinierenden Entdeckungsreise in die Kultur der Ureinwohner Australiens – von bildender Kunst über Multimedia bis zum Schauspiel. Im Fokus steht der örtliche Wathaurong-Stamm. Zum Komplex gehören ein Café, ein Kulturtreffpunkt, ein Museumsshop und ein Ökozentrum.

* * * **Melbourne** Siehe Seite 116

* * **Walhalla** Zur Zeit des Goldrauschs war Walhalla in den Viktorianischen Alpen eine blühende Grenzstadt mit mehr als 2500 Einwohnern, zehn Hotels, sieben Kirchen und drei Brauereien. Aus der tief unter der Stadt liegenden Goldmine Cohens Reef wurden ab 1862 mehr als 75 Tonnen Gold gefördert. 1914 wurde die Mine aufgegeben. Doch das Bergdörfchen ist heute keine tote »Geisterstadt«, sondern springlebendig. Seine – immerhin stolze – 18 Einwohner sorgen immer mal wieder für Schlagzeilen – wie Michael Leaney, der das historische Star Hotel zum Boutiquehotel restaurierte, oder der einzige Kaufmann der Stadt, der landesweit Berühmtheit erlangte, weil er im Jahr 2000 die Olympischen Spiele von Sydney mit einer Schere boykottierte: Da er den Hype um die Spiele ablehnte und sie auch finanziell für überdimensioniert hielt, schnitt er aus allen Zeitungen, derer er habhaft werden konnte, die Berichte zu den Olympischen Spielen mit der Schere heraus. (Bei einer Tasse Tee erzählt derselbe Kaufmann übrigens immer wieder gern, wie Walhalla als letzter Ort des Landes 1998 endlich den lang ersehnten Stromanschluss erhielt.)
Mit viel Engagement haben Ehrenamtliche die historische Schmalspurbahn *Walhalla Goldfields Railway restauriert. Dreimal täglich ruckelt der Nostalgiezug von Walhalla über acht Brücken und Schienen, die dicht am Fels verlaufen, in 20 Minuten zur Thomson Station.

* **Geelong** Die zweitgrößte Stadt Victorias (186 000 Einwohner) nach Melbourne schmiegt sich an die Corio Bay und ist Standort der Deakin University. Die Wirtschaft der Stadt prägen Maschinenbau, Ölraffinerien, Textilherstellung und die hier ansässigen Ford-Werke. Hauptattraktion des Hafen-, Handels- und Industriezentrums ist das *National Wool Museum mit seinen umfangreichen und ausführlichen Sammlungen zur Vergangenheit und Gegenwart der Wollverarbeitung von Geelong. Aus den alten Pollern der Yarra Street Pier schuf die Künstlerin Jan Mitchell 104 farbenfrohe Figuren, die zum Wahrzeichen der Waterfront wurden: Dabei handelt es sich um zwei Meter hohe »Bollards«, die die Geschichte der Stadt erzählen – von den frühen Koori-Aborigines bis zu den Badenixen, Ruderteams und Rettungsschwimmern um das Jahr 1900. Östlich der Stadt beginnt schließlich die berühmte Great Ocean Road.

Morgendämmerung an der Cunningham Pier, dem Wahrzeichen im Hafen von Geelong: Innen überrascht das moderne nüchterne Design einer Event-Location mit funktionalen Räumen (rechts).

hohe Lizenzgebühren zahlen, besaßen kein Wahlrecht und durften nicht kandidieren, da sie kein Land besaßen. Als dann 1854 ein Goldsucher von Polizisten getötet wurde, kam es in Ballarat zur »Eureka Stockade«, dem einzigen bewaffneten Aufstand der Bürger in Australien gegen die Macht des Staates, der rücksichtslos überhöhte Schürflizenzen eintrieb. Mit dem Ersten Weltkrieg endete der Goldrausch. Doch immer wieder gab es Versuche, die historischen Goldfelder neu zu beleben. Erfolg versprechend ist besonders das Jericho Project. Bei Probebohrungen in der Region Walhalla-Woods Point wurde man inzwischen fündig.

Melbourne

Das Nebeneinander von hell illuminierten historischen Gebäuden und modernen Wolkenkratzern ist besonders in der Abenddämmerung beeindruckend. Der Yarra mündet hier in die Port-Phillip-Bucht.

Die Küstenstadt wirkt im nächtlichen Glitzerspektakel und den vom Meer aufsteigenden Nebelschwaden geradzu mystisch.

Victoria: Melbourne

Königliches Ausstellungsgebäude und Carlton-Gärten

Für die Weltausstellungen in den Jahren 1880 und 1888 gebaut, gehört das Ensemble, seit 2004 Weltkulturerbe der UNESCO, zu den bedeutendsten historischen Anlagen Australiens. Gemeinsames Ziel der seit 1851 in verschiedenen Städten ausgerichteten Weltausstellun-

Das Atrium ist »die« Attraktion am Federation Square: ein Gebäude aus Stahl, Glas und Zink, originell ineinander verschachtelt …

Melbourne
In der alten (1901–1927) Hauptstadt Australiens pulsiert das Leben rund um die Uhr.

Die Metropole am Yarra gilt als Schmelztiegel der Kulturen und wurde bereits mehrfach vom renommierten Londoner Wirtschaftsblatt »The Economist« zur »lebenswertesten Stadt der Welt« erwählt. Über jenen Bahngleisen, die bislang die geschäftige City von den Parkanlagen des Yarra trennten, entstand im Jahr 2002 auf 3,6 ha das neue Herz der Metropole: der ***Federation Square**, gepflastert aus Steinen der Kimberleys, bebaut mit einem kühnen Kulturkomplex, dessen Dreiecke aus Zink, Glas und Sandstein auf der Fassade ein spektakuläres Puzzle bilden. Hinter der mehrfach ausgezeichneten Architektur verbergen sich das ***Ian Potter Centre NGV Victoria** mit einer

Das neue Melbourne Museum ist eine architektonische Ikone.

einzigartigen Sammlung australischer Kunst von den Aborigenes bis zur Pop Art, das *Australian Centre of the Moving Image (ACMI) mit Ausstellungen zur Kinogeschichte, das *Australian Racing Museum, die Studios des Multi-Kulti-Senders SBS, mehrere Geschäfte sowie ein Dutzend Restaurants, Cafés und Bars, die zu den angesagtesten Locations der Stadt gehören. Die terrassierte Plaza ist Treffpunkt, Bühne der Straßenkünstler und schönster Aussichtspunkt der City. Gen Norden spiegelt sich der neugotische Kirchenbau der *St. Paul's Cathedral in den Glasfassaden des Central Business Districts (CBD). Gen Süden verbindet die Southbank Esplanade Kunst und Kommerz. Das Westende begrenzen die **National Gallery of Victoria** mit internationaler Kunst und die weiße Stahlspitze des *Victorian Arts Centre, im Osten erhebt sich der Vergnügungskomplex des *Crown Casino – eines der größten Spielkasinos der Welt. Flussaufwärts säumen ausgedehnte Parkanlagen wie die *Royal Botanical Gardens den Yarra, flussabwärts schippern Ausflugsboote nach **Williamstown**, einst Mittelpunkt des Melbourner Seehandels. Am Horizont weisen Baukräne zu den *Docklands, wo eine neue riesige Wohnlandschaft mit Promenaden, Marinas und Restaurants auf einem einstigen Hafenareal entsteht.
Kostenlos und herrlich nostalgisch ist eine Sightseeing-Tour auf Rädern: Werktags von 10 bis 18 Uhr rattert die **City Circle Tram alle zehn Minuten in einem großen Rechteck um die Innenstadt und passiert dabei zahlreiche Sehenswürdigkeiten. In 40 Sekunden saust ein Lift zum **Rialto Towers Observation Deck im 55. Stock des 253 m hohen Rialto Tower. Leistungsfähige Ferngläser und interaktive Zoomkameras holen

gen (heute EXPO) war und ist es bis heute, über neue Errungenschaften in Wissenschaft und Technik auf der ganzen Welt zu informieren. Von 1851 bis 1915 fanden über 50 solche Veranstaltungen statt. Dafür wurden oft Gebäude errichtet, die großen Einfluss auf die Architektur ihrer Zeit ausübten. Für Melbourne entwarf Joseph Reed das Königliche Ausstellungsgebäude, die Gärten wurden von William Sangster neu gestaltet. Ersteres besteht aus Ziegeln, Holz, Stahl und Schiefer. Der Reeds-Stil orientiert sich an byzantinischen, romanischen und Renaissanceelementen. Der ca. 25 ha große Park mit zwei kleinen Seen beherbergt auch noch ein Kino, einen Kinderspielplatz in Form eines Irrgartens und das Melbourne Museum. Die Carlton-Gärten sind ein bedeutendes Beispiel der Landschaftsgestaltung im Gardenesque-Stil des 19. Jhs.

… und gleich daneben die gotische Pracht der St.-Pauls-Kathedrale in vollendeter Symmetrie.

hinter den Panoramascheiben Details heran. Auf zwei Aussichtsbalkonen lässt sich der Kick der Höhe open-air erleben. Zurück im Erdgeschoss präsentiert eine Multimediashow Glanzlichter von Melbourne und Victoria.
Das ***Melbourne Museum**, größter Museumskomplex der Südhalbkugel, vereint unter seinem futuristischen Dach unter anderem die Bunjilaka-Galerie, die sehr anschaulich und ebenso ergreifend vom Leidensweg der Ureinwohner Australiens erzählt, sowie die *Gallery of Life, die zu einem Streifzug durch Victorias Flora und Fauna einlädt. Bald darauf erhebt sich das einzige UNESCO-Weltkulturerbe der Stadt: das ***Royal Exhibition Building** mit den umliegenden Carlton-Gärten, siehe Seite 120.
Am Yarra entführt **Scienceworks** in die Sternenwelt der südlichen Hemisphäre. Das **Melbourne Aquarium** erschließt die Tiefen des südlichen Ozeans mit Mördermuscheln, Seedrachen und farbenprächtigen Korallen. Der **Royal Melbourne Zoo** ist der älteste (1862) Tierpark des Kontinents. Von Dezember bis Februar mischen sich beim Twilights-Festival Jazz, Swing, Rock und Pop in das Brüllen der Löwen und Kreischen der Affen.
Melbourne ist Trendsetter aus Tradition. Anders als Sydney gründeten nicht Sträflinge die Stadt, sondern der Brite John Batman. Namensgeber für die schnell wachsende Siedlung wurde der damalige britische Premierminister Lord Melbourne. Ab 1852 brachte der Goldrausch wöchentlich fast 2000 Einwohner ins Land. Ihr Schicksal erzählt das **Immigration Museum**, das einlädt, sich selbst einmal in den engen Kojen eines Dreimasters zu betten. Die Neubürger aus aller Welt brachten ihre Traditionen, Geschäfte, Küche, Kunst und Lebensart mit nach Melbourne und schufen einen pulsierenden Schmelztiegel, der flächenmäßig sogar London übertrifft.
Das bunte Völkergemisch aus 140 Nationen beschert Melbourne eine Vielfalt ethnischer »Dörfer«. Wer hier Lust hat, mal in ein »anderes Land« zu reisen, der braucht sich nicht in den Flieger zu setzen, sondern einfach in die Tram und ruckelt auf alten Schienen in eine fremde, doch gar nicht ferne Welt.
Um das Jahr 1950 brachten Italiener Australiens erste Espressomaschine nach Melbourne und begründeten eine Kaffeekultur, für die die Stadt bis heute berühmt ist. *Lygon Street wurde zur »Via Veneto« der Antipoden. Kalabrien und Apulien tragen seitdem ihre Konkurrenz im Kochtopf aus und belegen Tisch an Tisch den breiten Gehweg, auf dem Studenten der nahe gelegenen Melbourne University flanieren.

Der Tower des Arts Centre und das Theatres Building sind Teil des Victorian Arts Centre.

Königliches Ausstellungsgebäude und Carlton-Gärten in Melbourne

Die prachtvollen Innenräume werden für große Ausstellungen genutzt wie hier im Rahmen der 16. Internationalen Gartenschau. Abends finden hier auch regelmäßig Kunst- und Kulturevents statt.

Der Springbrunnen vor dem Haupteingang des Royal Exhibition Building ist einer der drei Brunnen, die vom Bildhauer Joseph Hochgurtel geschaffen wurden.

Victoria: Melbourne

Cheers!

Im Jahr 1886 errichteten die Brüder Foster in Melbourne eine Brauerei für untergäriges Bier. Ihr Gerstensaft wurde zu einem Welterfolg. Heute ist »Foster's« weltweit das Synonym für australisches Bier. Die Kultbiere der Einheimischen braut ihre Tochter Carlton & United: das malzige Victoria Bitter, liebevoll »VB« genannt, und Melbourne Bitter. Foster's

Spanien liegt an der Johnston Street. Die Griechen machten *Lonsdale Street zum »Greek Precinct« – Melbourne ist die drittgrößte »griechische« Stadt der Welt. Im Osten der Innenstadt markiert ein bunter Torbogen an der Little Bourke Street den Beginn von *Chinatown. Wo um 1880 Opiumhöhlen, Bordelle und chinesische Kramläden standen, versteckt sich zwischen Thai Chi, Tantra und Asien-Tand das beste fernöstliche Restaurant der Stadt: ***Flower Drum. In einer Seitengasse hält das *Hofbräuhaus mit Kassler und Kraut deutsches Volksgut hoch.

In den viktorianischen Strandvillen von **St. Kilda haben Juden ihre neue Heimat gefunden.

Im nächtlichen Chinatown.

den. In den Schaufenstern der Acland Street locken Kuchenkreationen aus Sahne und Schokolade, Nuss und Nougat, Karamell und vielerlei Früchten. Melbournes Szene-Mekka ist die **Brunswick Street. Hier gibt es Thai-Küchen, Sushi-Bars, Gyros-Tempel, schummrige Weinbars, rockige Pinten, trendige Restaurants mit innovativer australischer Küche, Boutiquen von schräg bis schrill, edel bis Avantgarde, Lesben, Schwule, Lebenskünstler: Auf einer Meile versammelt Brunswick Street die Szene der Stadt. Hinter knallbunten Fassaden sitzt die Cyber-Generation ge-

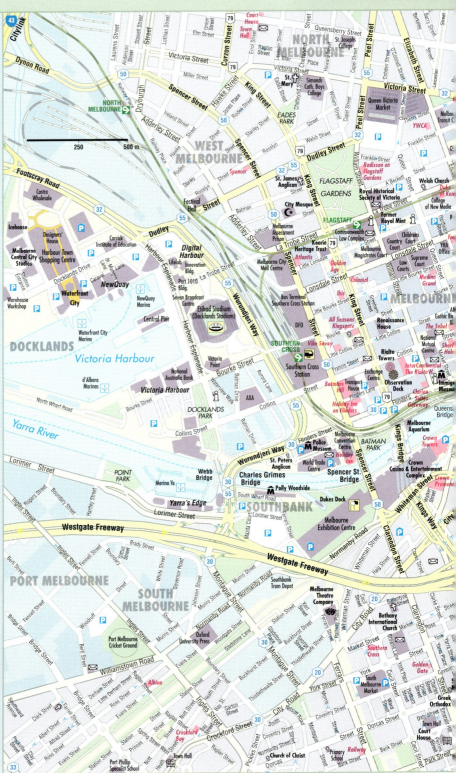

ist offizieller Sponsor der Formel-1-Rennen und Titelsponsor der »Association of Surfing Professional's Men's World Tour«. Zu den aromatischeren Sorten gehören das naturtrübe Coopers Pale Ale, das würzige Fat Yag, das erdig-blumige James Squire sowie die beliebten tasmanischen Produkte Cascade Premium & James Boag's Premium. Australiens Biermaße sind ein Kapitel für sich. Ausgeschenkt wird in acht Glasgrößen, jede mit regionalen Eigennamen. In Victoria werden gezapft: Jug: 1,140 l, Imperial Pint: 0,575 l, Pint: 0,568 l, Schooner: 0,425 l, Pot: 0,285 l, Glass: 0,200 l, Small Glass: 0,170 l, Pony: 0,140 l. Das durchschnittliche Bier in Australien ist meist von minderer Qualität, eiskalt, jedoch sehr bekömmlich. Die hochwertigeren Biere hingegen können durchaus in der Champions League des Gerstensaftes mithalten.

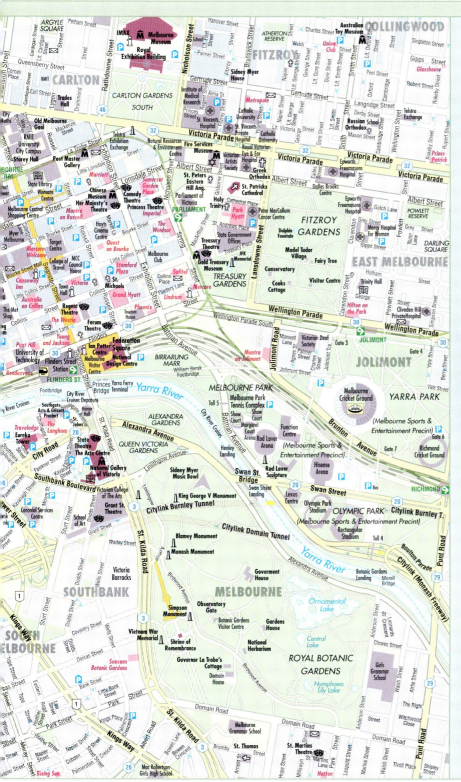

mütlich mit den letzten Fans von Flower Power bei Caffè Latte, Mojito oder VB – Victoria Bitter. Mit Begeisterung entspannen sie sich bei einer »retail therapy«, einer ausgiebigen Shoppingtour. Sie stöbern in den Flagship Stores von Melbourner Modemachern wie Scanlan & Theodore oder Alannah Hill, besuchen die großen Kaufhäuser David Jones und Myer, bummeln durch viktorianische Einkaufspassagen wie **The Block und wandeln durch die einstige Hauptpost *GPO, heute ein edler Shoppingtempel in Weiß mit 60 Geschäften von funky bis fein. Kitsch und Kleidung, kulinarische Köstlichkeiten aus aller Welt, Fleisch und Fisch, Souvenirs, Schuhe und

Victoria Market Building.

vieles mehr gibt es seit 1878 tagtäglich auf dem zum Teil offenen, zum Teil überdachten ***Victoria Market, mit mehr als 70 000 m² der größte Wochenmarkt der südlichen Halbkugel.
Legendär ist die Sportbegeisterung der Melburnians. Im Morgendunst joggen sie auf dem »Tan«, der Traditionsrunde im Albert Park; am Wochenende tummeln sie sich auf Jetskis und Jachten in der Port Phillip Bay. Sportliche Top-Events wie der Formel-1-Grand Prix, Australian Open (Tennis) und der Melbourne Cup (Pferderennen) sind Höhepunkte im Sportkalender.

Victoria

Mallee
Die seenreichen Nationalparks Wyperfeld und Hattah-Kulkyne und die Überschwemmungslandschaften des Murray River prägen den Norden der Mallee.

Naturlandschaften und -monumente

✶✶ Murray River Wie die Rainbow Serpent im Aboriginal Dreaming schlängelt sich Australiens längster Fluss rund 2530 km von den Snowy Mountains zum Southern Ocean: der Murray. Vor mehr als 40 000 Jahren jagten und lagerten die Ureinwohner an seinem Ufer. Um 1830 kamen die ersten europäischen Pioniere. Der Murray wurde ihre Lebensader, bewässerte ihre Felder, transportierte ihre Güter. Australiens Fluss der Legenden entspringt 40 km vor dem höchsten Berges des Landes, dem 2228 m hohen Mount Kosciuszko. Der junge Fluss ist in den Australischen Alpen ein Abenteuerland für Adrenalinsüchtige mit Whitewater Rafting, Wildnis-Wanderungen und Fliegenfischen. Im weiteren Lauf bildet er auf 2000 km fast die gesamte nördliche Grenze Victorias zum Nachbarstaat New South Wales. Im äußersten Nordwesten Victorias schlängelt er sich durch wüstenähnliche Landschaften. Nach 2520 km mündet der »Mighty Murray« in Südaustralien bei Adelaide ins Meer. Entlang seines Laufes versorgt ein ausgeklügeltes Bewässerungssystem Weingärten, Weizenfelder, Gemüsekulturen und Obsthaine mit Wasser, das in riesigen Seen wie Lake Hume aufgestaut wird. Nackte Baumskelette ragen aus den Fluten – uralte Stämme, die wegen der ätherischen Eukalyptusöle nicht vermodern. Am Mulwala-Stausee startet alljährlich im Dezember der Murray River Marathon nach Swan Hill. Das australische Sportevent unterscheidet sich deutlich von seiner historischen Vorlage: Es wird nicht gelaufen, sondern im Kanu gepaddelt – und statt rund 42 km misst die Strecke für Profis und Amateure 404 km.

✶✶✶ High Country Im Nordosten des Bundesstaates erheben sich die Viktorianischen Alpen, deren höchste Gipfel fast 2000 m erreichen. Mehr als 400 markierte Wanderwege durchziehen die Gebirgsregion, die im Frühjahr ein Teppich blühender Wildblumen überzieht. In der kalten Jahreszeit ist das High Country ein beliebtes Wintersportgebiet mit bekannten Skiorten wie Dinner Plain, Mount Hotham, Falls Creek, Mount Buller und Mount Buffalo. Die Great Alpine Road windet sich aussichtsreich vom Gebirge zum Meer. Auf die Berglandschaften des Alpine National Park mit Victorias höchsten Gipfeln – Mount Bogong (1988 m) und Mount Feathertop (1922 m) – folgen erst wildromantische Flusstäler, dann die weite Ebene von Omeo, einer ehemaligen Goldgräberstadt. Bei Porepunkah zweigt eine kurvenreiche Straße zum ältesten Nationalpark Victorias ab, dem 310 km^2 großen Granitplateau des **✶Mount Buffalo National Park** mit dem berühmten Mount Buffalo Chalet von 1910, das zu den schönsten Hotels Victorias gehört.

✶✶✶ Grampians National Park Gen Osten fallen die parallelen Gebirgswände aus rotem Sandstein steil in die Ebene, gen Westen neigen sich die Grampians sanft zu den Weiden und Feldern hinab. Wind und Wasser haben bizarre Felsskulpturen geschaffen; als breites Band donnern die **✶✶MacKenzie Falls** zu Tal. Die

Das Kontrastprogramm liefert der *Big Desert Wilderness Park: Dünen aus hellem Sand und rote Wüste. Im *Murray Sunset Park 60 km westlich von Ouyen leuchten die Salzseen der Pink Lakes in Schattierungen von Rosa bis Lila. Demnach wundert es nicht, das diese Wildnis auch Sunset Country genannt wird – flache Halbwüstenlandschaften unter himmelblauen Horizonten, soweit das Auge reicht. Zerzaustem Mallee-Gestrüpp und Mallee-Gummibäumen, die seit 1000 Jahren mit ihren Wurzelsystemen noch Feuchtigkeit aus der Wüste zu gewinnen verstehen, verdankt diese Region auch ihren Namen. Trotzdem überraschen Fauna und Flora mit ihrem Artenreichtum. Viele ungewöhnliche Tiere sind hier beheimatet wie etwa Dornteufel und Bartagamen (Echsen) oder auch muntere Kleinnager wie Mitchells Hüpfmaus.

grandiose Berglandschaft, die ihren Namen von ihrem schottischen Pendant erhielt, gleicht einem riesigen botanischen Garten. Viele der ungewöhnlichen Pflanzen und Tiere Australiens sind hier heimisch. In den Baumwipfeln der Eukalypten schlummern Koalas; in der Dämmerung grasen Herden von Kängurus. Jedes Frühjahr überzieht ein Teppich blühender Wildblumen die archaische Urlandschaft – ein wunderschöner Anblick. »Gariwerd« nannten die Koori-Aborigines ihre Heimat und schmückten Höhlen und Überhänge mit Malereien. Mehr als 4000 Felszeichnungen wurden bislang entdeckt.

Trotz sengender Hitze grünt die viktorianische Alpenlandschaft (rechts); eine Stahlbrücke überspannt den Murray River (oben).

Grampians Nationalpark

Bekanntester Aussichtspunkt der Grampians ist die Felskanzel »The Balconies«. Ihr Name passt: Wie Balkone ragen die zwei Vorsprünge über den Abgrund (unten).

Ein Eukalyptusbaum hat sich wie eine Brücke über den MacKenzie Creek gespannt. Die hohe Luftfeuchtigkeit lässt hier die Vegetation sprießen.

Koala, das australische Symboltier

Koalas (Phascolarctos cinereus) werden bis zu 82 cm groß, haben ein silbergraues, wolliges Fell und eine Greifhand mit nadelspitzen Krallen. Mit dem Teddybär sind diese Tiere weder designgeschichtlich noch evolutionsbiologisch verwandt. Sie sind zwar friedfertig und werden oft sehr zutraulich – mit übertriebenen Zärtlichkeitsbekundungen sollte man jedoch mit Blick auf ihre Krallen Zurückhaltung üben. Außerhalb Australiens kann man Koalas kaum halten, weil sie von den vielen Eukalyptusarten nur etwa 20 fressen. Ein erwachsener Koala benötigt pro Tag zwischen 600 und 1250 g Blätter. Diese sind zwar sehr wasserreich (bis 67 Prozent), weshalb Koalas vermutlich niemals trinken, aber bekömmlich ist diese Blattkost nicht. Zunächst sind die Blätter sehr schwer zu verdauen. Dazu hat der Koala mit 2,5 m den längs-

ten Blinddarm unter allen Säugetieren. Symbiontische Kleinstlebewesen schließen dort die Zellulose auf. Vor allem die jungen Blätter enthalten Blausäureverbindungen, die ausgesprochen giftig sind. Deshalb fressen die Koalas gerne bestimmte Erden, um so die Gifte unschädlich zu machen. Früher wurden Koalas wegen ihres weichen Fells gejagt; heute aber sind die Tiere unter strengsten Schutz gestellt.

Great Ocean Road: Australiens Highway 1

Zerklüftete Felsküste und verträumte Fischerdörfer liegen am Rande der Great Ocean Road. Der berühmteste und vielleicht auch schönste Highway des Landes führt knapp 250 km lang von Torquay nach Allansford und offenbart eine große Bandbreite an Landschaften, bis hin zum Regenwald. Doch rund um Torquay steht das Meer im Mittelpunkt. Die Bucht gehört zu den besten Surfrevieren Australiens, hier lauern Wassersportler auf die nächste Welle. Tatsächlich verwöhnt der Ozean die Wellenreiter mit einer üppigen Brandung. Am bekanntesten ist hier wohl das Örtchen Bells Beach, es gilt als Surfer-Mekka der Welt. Hier hat auch schon Hollywood-Schauspieler Patrick Swayze im Film »Gefährliche Brandung« seine perfekte Welle gefunden. Sogar ein Surfmuseum gibt es hier – viel interessanter aber ist der Rip Curl Pro Cup. Er gilt als ältester

Für viele Australier ist die kurvenreiche Straße bis heute Symbol des gewonnenen Kampfes gegen eine unerbittliche Natur. Hier stemmt sich der Fünfte Kontinent gegen die wilde Küste, künden steile Klippen vom Kampf mit den Gezeiten, von Gefahr und Verlust.

Weit vor der Brandung schaukeln die Wellenreiter auf ihren Brettern im Wasser und warten auf die perfekte Welle. Ihr dicker Neoprenanzug schützt nur wenig vor dem 16 Grad kalten Southern Ocean. Plötzlich springen sie auf ihre Bretter und tanzen mit rasantem Tempo über die meterhohe Dünung. Noch ein letztes Mal gleiten sie durch den Wellentunnel, tauchen durch die Woge hindurch und paddeln mit ihrem Board auf das offene Meer zurück, während die Brandung am *Bells Beach ausläuft. Die Bucht ist ein weltberühmter Wallfahrtsort für Surfer aus aller Welt. Hier trafen sich Keanu Reeves und Patrick Swayze im Kinoklassiker »Point Break« zum surfenden Showdown, hier tragen alljährlich zu Ostern die besten Wellenreiter der Welt ihre Meisterschaften aus – was dem Strand in der Szene den Beinamen »Hells Beach« einbrachte.

Im nahen Torquay schlägt das Herz der australischen Surfindustrie. Hier stellen Shops und Niederlassungen der Branche gut die Hälfte der Betriebe, gehören Boards zum Business Look und erinnert das *Surfworld-Museum in seiner Hall of Fame an Stars wie Jason Polakow, der nur wenige Kilometer vom Bells Beach wohnt. Torquay ist auch das Tor zur State Road 100, der »Great Ocean Road«. 320 km lang folgt die Panoramastraße den Steilklippen aus Sandstein, die den Southern Ocean vom hügeligen Hinterland mit uralten Regenwäldern und tosenden Wasserfällen trennen. Nur mit Pickel und Schaufel schlugen rund 3000 Soldaten in den Jahren 1919 bis 1932 die Traumstraße etappenweise in den Fels – eine Arbeitsbeschaffungsmaßnahme für die Heimkehrer aus dem Ersten Weltkrieg, die zugleich eine bis dahin nur per Schiff erreichbare Region erschloss. Lorne zum Beispiel war schon 1879 ein beliebter Badeort gut betuchter Gäste aus Melbourne, die per Schiff am Pier anlegten und im *Grand Pacific Hotel, dem ältesten Badehotel Victorias, logierten. Sie promenierten auf der Mountjoy Parade, die heute Szene-Boutiquen und Cafés säumen, und ließen, streng nach Geschlechtern getrennt, beim »lawn bowling« stilvoll die schwarze Kugel über den akkurat gekappten Rasen rollen. Zwischen Apollo Bay und Princeton schlängelt sich die Great Ocean Road dramatisch durch den Regenwald des *Otway Nationalpark. Unter uralten Eukalyptusriesen recken sich Baumfarne fast 5 m hoch, stürzen Wasserfälle über Granitfelsen und plätschern idyllische Minibäche unter umgestürzten Stämmen, die sich Orchideen und der australische Ameisenigel Echidna teilen. Rot leuchtet der Schopf des seltenen Königspapageis aus dem urzeitlichen Grün. Mitten durch die Wipfel des Regenwaldes führt der 600 m lange *Fly Tree Top Walk.

Den spektakulärsten Teil der Steilküste, der zu Recht den Namen *Shipwreck Coast trägt, schützt der Port-Campbell-Nationalpark. Mehr als 200 Schiffe

Surfwettbewerb der Welt. Man sagt, das Surfen wurde an diesem Strand erfunden. Wer von hier aus die Great Ocean Road weiter fährt, der passiert die Shipwreck Coast mit ihren langen Stränden, kommt vorbei an den Felsformationen »Twelve Apostles«, die wie Felsnadeln aus dem Wasser ragen, und später an Wasserfällen sowie eindrucksvollen Vulkanformationen. Insgesamt wird das Bild grüner gen Ende der Strecke.

liefen an ihren Riffs auf Grund. Tragische Berühmtheit erlangte der Untergang der Loch Ard. Am Morgen des 1. Juni 1878 zerschellte der Dreimaster im dichten Nebel an der 100 m hohen Wand von Mutton Bird Island. Nur zwei der 54 Passagiere überlebten: Tom Pearce (18) schwamm mit Eva Carmichael (17), die sich im Nachthemd an einen Schiffsbalken geklammert hatte, in die kleine Bucht, die heute den Namen des Unglückseglers trägt, an Land, kletterte mit letzter Kraft die steilen Klippen hinauf und folgte Pferdespuren, die ihn zur Schaffarm Glenample Homestead brachten. Pearces heroische Tat machte die beiden zum Liebespaar des Jahrhunderts. Zum Wahrzeichen der Great Ocean Road wurden die **»Zwölf Apostel«: Fast 65 m hoch ragen die sand- bis ockerfarbenen Felsen aus den stürmischen Fluten, die seit Jahrtausenden am weichen Kalkstein nagen und sie längst auf eine weniger biblische Zahl reduzierten. Die Kraft von Wind und Wellen hat Schluchten ins Land geschlagen, riesige Höhlen ausgewaschen und Kamine geschaffen, durch die das Meer seine Wogen presst und singt. Unablässig brandet der Kreislauf von Aufbau und Zerstörung: Am 15. Januar 1990 stürzte die *London Bridge ohne Vorwarnung ins Meer. Die Besucher des natürlichen Brückenbogens, plötzlich auf einem Felsdorn im Ozean isoliert, mussten per Helikopter gerettet werden. In Australien erzählt man sich gern, auch dabei habe es sich um ein Liebespaar gehandelt, und wenn diese Geschichte von einem Mann erzählt wird, dann macht er an dieser Stelle vielleicht eine kleine Pause, um anklingen zu lassen, warum der Felsbogen wohl eingestürzt sein könnte. Das Liebespaar sei zwar verheiratet gewesen, fügt er dann hinzu, nur leider nicht miteinander – weshalb die beiden fremd Liebenden über ihre Bilder in den TV-News wohl weniger erfreut gewesen seien als über ihre luftige Rettung. Erst dann fügt er noch einen viel prosaischeren Grund für den Einsturz hinzu: Bei Dreharbeiten für einen Auto-Werbespot könnte das ohnehin von Erosion gebeutelte fragile Felswerk einen Schaden erlitten haben, der zu dem besagten Ereignis führte.

Im Mai und September wird die stürmische See zur Kinderstube der Southern-Right-Wale. Im alten Walfängerort Warrnambool, der seine Vergangenheit im *Flagstaff Hill Maritime Museum idyllisch verklärt, lassen heute die 18 m langen und 95 Tonnen schweren Säuger beim »whale watching« am Logan's Beach und mit Ausflugsbooten die Kassen klingeln.

Eine letzte Bucht, dann endet die Great Ocean Road in *Port Fairy. Das Fischerstädtchen am River Moyn hat seinen Kolonialcharakter in die Gegenwart gerettet. Mehr als 50 historische Gebäude betreut hier der National Trust – darunter auch das Caledonian Inn, das 1844 als erster Pub Victorias Alkohol ausschenken durfte.

Großes Bild: In der Abenddämmerung leuchtet die von Wind und Brandung ausgewaschene Sandsteinküste bernsteinfarben. Im Sprühnebel der Gischt verwaschen sich die Konturen. **Oben:** Die Bucht rund um Torquay ist ein Surferparadies.

Great Ocean Road: Australiens Highway 1

Die Great Ocean Road zieht sich rund 250 km entlang der australischen Südküste zwischen Geelong und Warrnambool und bietet grandiose Ausblicke wie hier auf zwei der »Zwölf Apostel«.

Eine der auffälligsten Formationen ist die sogenannte »London Bridge«. Durch eine Laune der Natur wurde die Felsenbrücke einst vom Festland getrennt.

Victoria

Mornington Peninsula

Ein beliebtes Naherholungsziel der Hauptstädter ist die Mornington Peninsula (links). Die Ostküste der Port Philip Bay säumen Strände für Surfer, die

Typische Kleidung, Waffen und Werkzeug der Koori zeigt das *Brambuk Living Aboriginal Cultural Centre in Halls Gap. Ein Netz von Wanderwegen mit 160 km Länge durchzieht das Gebirge. Das Angebot der 50 Routen reicht von kleinen Spazierwegen unter einer Stunde bis zu Mehrtagestouren. Populärstes Wandergebiet ist die *Wonderland Range südwestlich von Halls Gap mit den Pinnacles und dem Grand Canyon. Stellenweise anstrengend ist der Aufstieg zum höchsten Gipfel, dem 1168 m hohen Mount William.

* **Bellarine Peninsula**
Die Halbinsel an der Port Phillip Bay bildet das westliche Gegenstück zur Mornington Peninsula, zu der Fährverbindungen bestehen. Die ausgezeichneten Sandstrände und vielfältigen Wassersportmöglichkeiten machen die Halbinsel zu einem beliebten Ausflugsgebiet.

** **Yarra Valley** Eine Autostunde von Melbourne entfernt erstreckt sich im Nordosten Victorias ältestes Weinbaugebiet: Yarra Valley. 1838 hatten die Ryrie Brothers auf Yering Station die ersten Weinstöcke des Landes gepflanzt – heute produzieren 55 Winzer in den weiten, sanft gewellten Tälern rings um Yarra Glen samtig weiche Chardonnays, Sauvignon Blancs, pfeffrig-beerigen Shiraz, sowie Schaumweine von Weltruf. Die Schilder vor den Rebhängen gleichen einem Who's Who der besten australischen Winzer: Michelton, Fergusson, De Bortoli und Domaine Chandon – sie laden hier zur Weinprobe ein.

* **Dandenongs** Im Sherbrooke Forest in den Dandenongs, einem Mittelgebirge im Osten von Melbourne, wachsen die höchsten Eukalypten Australiens: Königs-Eukalypten, auch Mountain Ashes genannt. Der mit 83 m höchste Baum Victorias steht in der Nähe von Marysville in den Yarra Ranges. Bei Olinda liegt *William Rickett's Sanctuary. Mit Baumskulpturen, die Aborigines-Motive aufgreifen, schuf sich William Rickett seinen eigenen Kunstpark im Wald. Vom höchsten Gipfel Mount Dandenong (633 m) bietet sich ein schöner Blick auf Melbourne.

** **Baw-Baw-Nationalpark** Selbst Europäer können aus diesem Namen heraushören, wofür er möglicherweise steht: Baw Baw soll in der Sprache der Aborigines Echo heißen. Tatsächlich hallt auf diesem Hochplateau an manchen Stellen die Stimme hervorragend wider. Im Sommer lockt die von Heide und Schnee-Eukalypten umgebene Ebene viele Wanderer. Dem typischen Tier der Region aber werden sie schwer begegnen – der vom Aussterben bedrohte, mausgroße Hörnchenbeutler lebt zwar in abgestorbenen Eukalyptusbäumen, ist aber nachtaktiv. Im Winter wird die Region zum beliebten Skiparadies.

** **Phillip Island** Weniger als zwei Autostunden trennen die pulsierende Metropole Melbourne von einer »Naturinsel«, die ihrem Anspruch mehr als gerecht wird: Phillip Island. Alljährlich am 24. September treffen hier die Mutton Birds ein und bauen ihre Nester in den goldenen Sanddünen von *Cape Woolomai, dem höchsten Punkt der Insel. Surfer nennen das Meer hier »Magic Lands« – die Wellen hinter dem

Westküste lädt zum Baden ein. Hauptort der Halbinsel ist Frankston (51 000 Einwohner). In Sorrento starten Bootstouren, bei denen Gäste mit Delfinen, Robben oder Seeschildkröten schwimmen können. Zum Aussichtspunkt Arthur's Seat führen eine Straße und ein Sessellift hinauf. Die Sandbuchten, steilen Felsklippen und alten Befestigungsmauern am äußersten Zipfel der Halbinsel schützt der *Point Nepean National Park. Point Nepean ist der südlichste Punkt von »The Rip«, einem gefährlichen Seegebiet an der Einfahrt zu Port Phillip. Im hügeligen Landesinneren verstecken sich kleine, feine »Boutique Wineries« – die Mornington Peninsula gehört zu den jüngsten und wachstumsstärksten Weinbaugebieten Australiens. Einen guten Ruf genießen die Tropfen von Dromana-Estate, Elgate Park, Hinckinbotham Winemakers und Stoniers.

wilden Strand gehören zu den besten Australiens. An der zerklüfteten Westspitze lebt die größte Kolonie australischer Seehunde. Bis zu 16 000 Tiere kommen zur Brutzeit zwischen Oktober und Dezember zu den Seal Rocks und bringen ihren Nachwuchs zur Welt. Auch zahlreiche Koalas leben wild in den Baumwipfeln der Eukalypten. Ganz sicher zu sehen sind die wuscheligen Säuger im Koala Conservation Centre, das auch verletzte Tiere wieder gesund pflegt. Weltweit berühmt ist die Insel jedoch für ihre Pinguin-Parade. Pünktlich zur Dämmerung watscheln die winzigen Frackträger zu ihren Schlafplätzen an Land. Rund 60000 Tiere leben in der Region, doch die Zahl der Zwergpinguine, die sich abends den Touristen zeigen, schwankt je nach Wetter und Jahreszeit. Der Rekord liegt bei 2700 Tieren in einer Stunde. Rekordverdächtig auf Phillip Island ist auch der *Moto GP der 500er-Klasse: Seit 1920 werden auf dem 20-km-Rundkurs von Phillip Island Motorradrennen ausgetragen – heute donnern die Maschinen beim Island Classic (Januar), der Superbike World Championship (März), der Australian Superbike Championship (September) und dem Australian Motorcycle Grand Prix (Oktober) über die Traditionsstrecke. Am Visitor Centre beginnen Führungen über den Rennring, den besonders Sportliche auch mit einem Pushbike (Liegerad) abradeln können.

*** **Wilsons Promontory Marine National Park (Prom)** Siehe Seite 288

** **Gippsland** Östlich vom Wilsons Prom schließt sich Gippsland mit seinen Nationalparks Baw-Baw und Tarra-Bulga an. Dichte Wälder und idyllische Farmen prägen die Region, die selbst unter Australiern noch recht unbekannt ist. Höhlenfreaks ziehen beim Städtchen Buchan unter die Erde, wo es die Royal Cave und die Moon Cave zu entdecken gibt. In East Gippsland liegt die verwunschene Seenlandschaft der *Gippsland Lakes. Als in der letzten Eiszeit die Landbrücke zwischen Victoria und Tasmanien in den Fluten versank, hinterließ sie ein System untereinander verbundener Flüsse und Seen, das nur in der Nähe von Lakes Entrance Zugang zum offenen Ozean hat. Gen Westen trennt ein 40 m hoher Dünenstreifen die Seen vom Meer, das hier auf den längsten Strand Australiens brandet: den **Ninety Mile Beach – 145 km feinster Sand für Surfer, Spaziergänger, Sonnenanbeter und Angler, die ihre Haken nach Snapper und Merlan auswerfen. Lake Wellington, Lake Victoria und Lake King sind untereinander mit Kanälen verbunden und lassen sich per Segeljacht oder Motorboot entdecken – Leihboote gibt es bei Riviera Nautic und Metung Cruisers. In Metung starten auch beeindruckende Halbtagestörns auf dem Lake King hin zur Landspitze bei Lake Entrance.

Sport und Freizeit
** **Murray River** Zwischen Swan Hill, Echuca und Mildura ist der Murray fest in der Hand der Badenixen, Hobbyangler und Freizeitkapitäne. Wer mit dem Hausboot

Oben: Eine Märchenlandschaft wie gemacht für Elfen, Feen und Faune: In den Baw-Baw Ranges zeigt die Natur Australiens ihr sanftmütiges Gesicht.

Dandenong Ranges Nationalpark

Der Sherbrooke Forest, 40 km östlich von Melbourne, gehört mit seinen Rieseneukalypten und Baumfarnen zu den sogenannten kühlen Regenwäldern mit dichtem Unterholz.

Nebelschwaden tauchen den Eukalyptuswald in ein geheimnisumwobenes Licht fast wie in einem Fantasy-Film. Da und dort bestimmen Baumfarne die Szenerie.

Victoria

Belgrave

Sie pufft und raucht, die kleine Dampfeisenbahn Puffing Billy gehört zu den Wahrzeichen von Belgrave. Eine Fahrt mit dem museumsreifen Stück durch

Bei Mildura am Murray River haben Pelikane einen idealen Lebensraum gefunden.

auf dem Murray schippern möchte, braucht noch nicht einmal einen Sportbootführerschein. Auch das Anlegen ist ganz leicht: Mit dem Schwung der Strömung rutschen die Schiffe auf den Strand und werden mit einer Leine an einem Eukalyptusbaum vertäut.
Im Innern überraschen diese schwimmenden Eigenheime mit eher ungewohnter Optik und Ausstattung: Alles erinnert an eine gediegene Villa an Land – es gibt eine voll eingerichtete Küche samt Mikrowelle und Waschmaschine, ein geräumiges Schlafzimmer; selbst die Ledergarnitur im Wohnzimmer fehlt keineswegs. Das Upper Deck verführt zum Faulenzen. Neben dem Jacuzzi stehen Sonnenliegen; auf dem Grill garen hummerartige Murray Crays, Dorsch und Barsch. Bis zu zehn Personen haben auf solchen Hausbooten Platz.

★★ Howqua Dale Die Finessen der Haute Cuisine stehen auf dem Programm von Kochkursen, die Marieke Brugman und andere australische Starköche in Howqua Dale veranstalten, dem sogenannten »Gourmet Retreat« von Sarah Stegley und Marieke Brugman am Fuß der Viktorianischen Alpen. Die ehemalige Farm der Eltern Stegleys zählt heutzutage zu den australischen Top-Adressen für Luxusurlaub auf dem Lande: sechs geschmackvoll mit Antiquitäten ausgestattete Zimmer in einem weiß gekalkten Bauernhaus. Im Jahr 1984 gründeten Marieke und Sarah hier ihre »Residential Cooking School«. Sie ist nichts für unbedarfte Hobbyköche, die wissen wollen, wie Spaghetti al dente oder ein Filet zartrosa gelingt. Wer in Howqua Dale rund 1000 australische Dollar für ein Cooking School Weekend hinblättert, das Freitagabend mit einem »Get-together« bei Wein und Kerzenschein beginnt, der will seine kulinarischen Fähigkeiten mit der alles entscheidenden Finesse versehen.

★★ Healesville Bereits seit 1934 gibt es das *Healesville Sanctuary im Yarra Valley. Die Außenstelle des Melbourne Zoo hat sich auf australische Tiere spezialisiert. Der Koala ist nur einer von 200 Arten, die hier bewundert werden können. Dazu gehört auch das Schnabeltier, der scheue Platypus.
*Victoria's Open Range Zoo in Werribee im Südwesten von Melbourne versetzt die Besucher in eine offene australische Graslandschaft, die sich die einheimische Fauna mit Tieren der afrikanischen Steppe teilt. In der fast kreisförmigen *Port Phillip Bay bei Melbourne sind wild lebende Delfine heimisch, die hier ihre Jungen aufziehen. In Sorrento auf der Mornington Peninsula starten von Oktober bis April die *Polperro Dolphin Swims, vierstündige Bootsfahrten. Das Besondere: Sobald die erfahrene Crew Delfine gesichtet hat, können die Gäste mit Schnorchel und Tauchanzug mit den Meeressäugern zusammen schwimmen.

★★ Great Western Wer Wein liebt, sollte in Great Western, einem winzigen Dorf am Western Highway westlich von Ararat, bei einer Führung in den Keller von »Seppelt's« hinabsteigen. Sägemehl bedeckt den Boden der langen, schummrigen Gänge, um Feuchtigkeit zu binden. Als feiner Flaum überzieht Schimmel die alten Flaschen und Wände. 1,7 Millionen Flaschen lagern in den unterirdischen Gewölben – vor allem Sekt, der zum Großteil noch per Hand gerüttelt wird, aber auch Shiraz, Pinot Noir, Chardonnay und Sauvignon Blanc. Hinter einer wappengeschmückten Tür liegt der Privatkeller des früheren australischen Premiers Frazer, der unter dem großen Kronleuchter gerne mit Gästen die guten Tropfen des Hauses genoss. Baumeister des Weinkellers waren Goldgräber. Hier wird die Weinverkostung zu einem authentischen Erlebnis.

Der Koalabär, mit seinem silbergrauen Fell, findet vor allem auf Eukalyptusbäumen reichlich Nahrung. Mit seiner Nase erschnuppert er die richtige Reife der Blätter.

138

Schluchten und Regenwald sollten sich Touristen nicht entgehen lassen. Die 24 km lange Strecke führt in die grüne Umgebung des Vorortes, vorbei an üppig bewachsenen Hängen und dichten Eukalyptuswäldern. Botanische Attraktion des Sherbrooke Forest sind die Magnolien, die hier wild wachsen und farbenfroh blühen. Zurück in Belgrave verströmt das Örtchen Kleinstadtatmosphäre. Galerien und Buchantiquariate locken zum Stöbern und prägen die Stimmung im Ort. Dazwischen befinden sich viele Cafés und Fair-Trade-Läden, denn die Bewohner von Belgrave mögen alternatives Leben. Und auch in der Stadt ist die Natur nicht weit: Mit dem Belgrave Lake Park ist ein Schutzgebiet nah der Stadt entstanden. An dem 1893 künstlich errichteten See fühlen sich nicht nur seltene Vogelarten wohl, sondern auch das Schnabeltier.

Für Tasmanien typisch sind die von Steilstufen umgebenen grünen Hochflächen, die zu den Küsten hin abfallen.

Tasmanien

Wildnis im Westen, »Altengland« im Osten: Auf der grünen Berginsel Tasmanien zeigt sich Australien von ganz anderen Seiten. Die größte australische Insel ist zugleich das kleinste Bundesland des Kontinents, ein Viertel davon wird als UNESCO-Weltnaturerbe geschützt: schroffe Berge, wilde Küsten, dichte Wälder und sandige Buchten. Die weniger als 500 000 Einwohner leben vorwiegend entlang der Küste – in der quirligen Hauptstadt Hobart, dem britisch wirkenden Launceston, dem Fährhafen Devonport und den vielen kleinen Orten, die Ruhe und Beschaulichkeit ausstrahlen. Manche Gebiete auf Tasmanien sind so einsam, dass einige Zoologen immer noch hoffen, dort könnte der Tasmanische Beutelwolf (Thylacinus cynocephalus) überlebt haben. Das letzte bekannte Exemplar starb 1936.

Tasmanien

In der Strafkolonie

Im »Modellgefängnis« Port Arthur (rechts) »testete« England ein neues Bestrafungskonzept: Die Häftlinge wurden nicht mehr ausschließlich physischem Drill, sondern auch einer völligen Isolation unterzogen. 23 Stunden lang hausten sie bei Sprechverbot in winzigen Zellen. Beim einstündigen »Freigang« in Ketten versperrten Masken die Sicht. Viele der Häftlinge, die in Port Arthur harte Zwangsarbeit leisten mussten, überlebten den Aufenthalt nicht. An Flucht war nicht zu denken: Die Halbinsel umgibt an drei Seiten eine eiskalte, tosende See, in der es von Haien

  Tasmanien

Fläche: 68 401 km²
Höchster Berg: Mount Ossa (1617 m)
Tiefster See: Lake St. Clair (200 m)
Bevölkerung: 477 900 Einwohner
Hauptstadt: Hobart (195 500 Einwohner)
Zeitzone: Eastern Standard Time (MEZ + 9 Std.)

Die 250 km breite, oft sehr stürmische Bass Strait trennt »Tassie«, wie die Insel liebevoll genannt wird, vom australischen Festland. Rund ein Viertel von Tasmanien ist als UNESCO-Weltnaturerbe ausgewiesen, 40 Prozent der Fläche sind durch 17 Nationalparks geschützt. Die Insel, annähernd so groß wie Irland, durchziehen zahlreiche zerklüftete Gebirgsketten, die meistens von Nordwest nach Südost verlaufen und häufig als Steilküsten am Meer enden. Auf diesen von »Tiers«, Steilstufen, umgebenen Hochebenen entspringen die drei wichtigsten Flüsse der Insel: Derwent, Tamar und Gordon River. Die vielen Fluss-Systeme und Seen verstärken die Unzugänglichkeit der Landschaft. Manche Gebiete sind noch so einsam, dass Wissenschaftler immer wieder Tiere entdecken, die bis dato unbekannt waren – und Pflanzen aus der Vorzeit überleben konnten: Die ältesten Pollen der Huon-Kiefer lassen sich beispielsweise 135 Millionen Jahre zurückverfolgen.

Kulturelle Zentren

★★ Stanley Stanleys Wahrzeichen ist »The Nut« – ein unerwartet aus dem flachen Küstenland aufragender, 152 m hoher Tafelberg. Im Jahr 1826 gründete hier die Firma Van Diemen's Land einen Fischereihafen; 1832 richtete das Unternehmen im nahen Anwesen Highfield House seinen ersten Firmensitz ein. In der historischen Kleinstadt mit alten Cottages und einer Post, die neben Briefmarken auch ein Bett anbietet, hat ein bekannter Holz-

Wildromantische Landschaft im Nationalpark Franklin Gordon Wild Rivers.

künstler seine Werkstatt-Galerie: Mark Bishop, der aus dem Holz von Huon-Kiefern, Eukalypten oder Myrte Schalen, ungewöhnliche Tische und Skulpturen, aber auch ganze Einrichtungen fertigt.

★ Devonport Die geschäftige Fährstadt an der Mündung des Mersey River an der Nordküste ist Heimathafen der täglich durch die Bass Strait nach Melbourne schippernden Passagier- und Autofähre »Spirit of Tasmania«. Als Museum geöffnet ist das ehemalige Wohnhaus des einzigen australischen Premierministers, der aus Tasmanien stammte: Joseph Lyons.

wimmelt. Den nur 100 m breiten Landriegel bei Eaglehawk Neck schützten Kettenhunde. 1853 wurde die Anlage zur Nervenheilanstalt umgebaut, 1877 aber aus Kostengründen geschlossen. 1897 zerstörte ein Buschfeuer viele Gebäude. Von den einst mehr als 60 Bauten der Gefängnisanlage sind heute 30 restauriert. Die neogotische Convict Church, 1837 erbaut und eine der schönsten Ruinen auf dem Gelände, wurde nie geweiht.

Er ließ Home Hill nach seiner Hochzeit 1916 erbauen und lebte dort – mit einer Unterbrechung von fünf Jahren – bis zu seinem Tod 1939.

* **Launceston** »Very britisch« wirkt Launceston. Kolonialkirchen und Villen im viktorianischen und georgianischen Stil prägen die zweitgrößte Stadt Tasmaniens (65 832 Einwohner). Sie entstand im Jahr 1805 an dem Zusammenfluss von North Esk und South Esk River, die zusammen das breite Tal des Tamar River bilden. Einige der Wohnsitze, die wohlhabende Weizen- und Wollhändler einst in Launceston errichteten, verwöhnen heute als luxuriöse Bed & Breakfast-Quartiere die Besucher. Am Sonntag flanierten die Händler früher mit der Familie im viktorianischen Park an der *Cataract Gorge, einer wildromantischen Schlucht mit reißendem Fluss, farnbewachsenen Lichtungen, Schwimmbad und Sessellift am südwestlichen Stadtausgang. Die ehemaligen Eisenbahnwerkstätten im Stadtteil Inveresk wurden in den letzten Jahren zu einem sehenswerten *Kulturzentrum umgebaut, das in einigen Hallen noch die alten Werkstätten zeigt. Ebenfalls auf dem Gelände befinden sich das **Queen Victoria Museum and Art Gallery mit Sammlungen kolonialer Kunst sowie das *National Automobile Museum of Tasmania mit Vehikeln von einst und heute. Die Werke zeitgenössischer Künstler sind im *Macquarie-Haus am Civic Square zu sehen, das außerdem die Holz-Design-Ausstellung »Tasmanian Wood Collection« beherbergt. Eine viel besuchte Attraktion ist die *Penny Royal World, ein kommerzielles »Freilichtmuseum« mit einer Wassermühle, einer Windmühle, einer Schießpulverfabrik und einer Kugelgießerei. Im historischen Tamar Hotel wird Launcestons berühmtestes Getränk gebraut: Boag Beer. Wie der Gerstensaft genau hergestellt wird, schildert gegenüber das *Boag Centre for Beer Lovers. Das Tamar-Tal säumen Weingüter wie Strahlynn, Rosevears Estate oder Pipers Brook, die hervorragenden Pinot Noir, Chardonnay und Riesling anbauen. Zurück in Launceston lassen sich diese edlen Tropfen im Stillwater Restaurant genießen, das schon mehrfach als bestes Restaurant der Insel ausgezeichnet wurde.

* **Deloraine** Die historische Kleinstadt am Meander River veranstaltet alljährlich Anfang November Australiens größte Messe für Kunsthandwerk, die *»**Tasmanian Craft Fair**«. Mehr als 200 Kunsthandwerker aus Tasmanien und anderen Bundesstaaten zeigen vier Tage lang in den Galerien und Geschäften der Stadt ihre schönsten Stücke: Arbeiten aus Silber, Holz, Seide und Ton, feine Kalligrafien, handgezogene Kerzen und geflochtene Körbe. Alle Ausstellungsorte verbindet ein kostenloser Shuttle-Bus-Service. Eine kulinarische Spezialität der Region ist Leatherwood Honey – Honig aus dem Nektar der immergrünen Lederholzbäume, die im 25 km westlich gelegenen *Mole Creek Nationalpark wachsen.

** **Strahan** Der Fischerort am Rand des abgeschiedenen Hafen Macquarie Harbour an der Westküste ist Ausgangspunkt für Ausflüge in den 440 000 ha großen **Franklin Gordon Wild Rivers National Park, das Herzstück der **Tasmanian Wilderness World Heritage Area.
Das *Strahan Wharf Centre erzählt mit Schautafeln und Exponaten die Lokalgeschichte. Die Vergangenheit der im Hafen gelegenen Sträflingsinsel **Sarah Island** wird bei Theateraufführungen der Round Theatre Company wieder lebendig.
Strahan ist umgeben von Wildnis, die ihren Namen noch wirklich verdient. Die wilde Schönheit des Franklin River und seiner Zuflüsse lässt sich beispielsweise bei einer Rafting-Tour erleben – diese Wildwasserstrecke zählt zu den schwierigsten der Welt. Gemütlicher und weniger gefährlich sind Bootsfahrten auf dem Unterlauf des Gordon River.

* **Hobart** Siehe Seite 146

Großes Bild: Auf einer rund 10 km langen Halbinsel liegt zu Füßen von »The Nut« der kleine Ort Stanley.

Australian Convict Sites

Ende des 18. Jh. begann Großbritannien mit der Verschiffung von Strafgefangenen auf den fünften Kontinent. Zum Weltkulturerbe erklärt wurden elf – von einst Tausenden – Strafgefangenenlagern der früheren »Sträflingskolonie Australien«. Im Jahr 1786, nach der Niederlage im amerikanischen Unabhängigkeitskrieg, hatte Großbritannien seine bis dato auch zur Auslagerung von Strafgefangenen genutzten Kolonien in Nordamerika verloren. 1788 stachen deshalb elf mit Sträflingen beladene Schiffe in See, die Monate später in der Bucht des heutigen Sydney vor Anker gingen. Weitere Schiffe folgten, und schließlich waren es Zehntausende von Sträflingen, die den Aufbau des Landes vorantrieben, indem sie erste Rodungen vornahmen sowie viele Häuser, Straßen und ganze Siedlungen errichteten. Viele Sträflinge blieben nach ihrer

Freilassung als Siedler im Land und wurden so zu Vorfahren der heutigen australischen Bevölkerung europäischen Ursprungs. Die elf Lager befinden sich rund um Sydney, in Tasmanien, auf Norfolk Island und in Fremantle. Sie verdeutlichen das Konzept der Rehabilitation von Strafgefangenen durch Arbeit am Aufbau der Kolonien – was auch nachhaltigen Einfluss auf Strafmodelle in Europa und Amerika hatte.

Tasmanien: Hobart

Salamanca Market

Er gehört zu den beliebtesten Märkten in Down Under: Salamanca Market in Hobart sollten Besucher auf keinen Fall verpassen. Zwischen den Sandsteinhäusern im Kolonialstil verströmt der Markt eine quirlige Atmosphäre. Jeden Samstag bauen hier vor allem Kunsthandwerker ihre Stände auf und verkaufen handgefertigte Kostbarkeiten und Alltägliches. Von selbst gestrickten Socken und Pullovern über Lampen, Kinderspielzeug aus Holz, bunten Taschen oder Töpferwaren reicht das Angebot. Auch Blumen (rechts), Gemüse und Obst werden angeboten. Und wer genug

im Gewühl unterwegs war, macht gegenüber im Park eine Pause. Obwohl der Stadtteil Salamanca für seinen Markt besonders bekannt ist, lohnt es sich hier auch mal abends in eine Bar zu gehen. Das Viertel hat eine sehr lebendige Musikszene und besonders gut ist sie im Salamanca Arts Center zu erleben. In dem Hof swingen und jazzen die Gäste selbst bei niedrigen Temperaturen, dann glühen dort wärmende Kohlebecken.

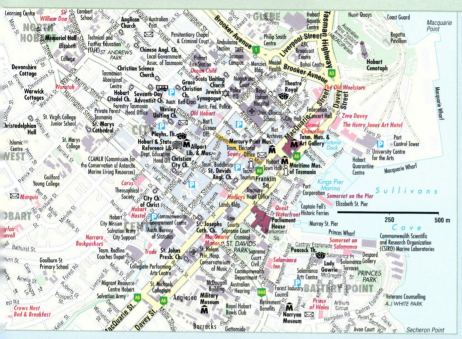

Hobart
Für die Tassies ist Hobart »simply the best« – in ihren Augen vereint die Hauptstadt das Beste, was Australien zu bieten hat.

Schon die Lage ist beneidenswert: Am Fuß des Mount Wellington mit seinen 1271 m Höhe, 20 km flussaufwärts am buchtenreichen Derwent River, liegt die Hauptstadt einer Insel, die von den Australiern liebevoll als »under down under« verspottet wird: Tasmanien.
Die kleine Kapitale mit dem großen Naturhafen ist geformt und geprägt vom Wasser. Ihre Vorstädte folgen dem Lauf des Derwent River und die City drängt sich um die Docks des Sullivan's Cove. In den Kaischuppen des einstigen *Elisabeth Pier bietet heute ein Hotel aus jedem seiner Zimmer Panoramablicke auf die historische Hafenbucht. Das benachbarte Restaurant serviert unter anderem wunderbaren Fisch und Meeresfrüchte frisch vom Kutter.

Neben einem historischen Segler, der am Constitution Dock festgemacht hat, frühstückt eine Gruppe in ihren Seekajaks. Auf einer Persenning liegt eine Frischhaltebox, gefüllt mit Schoko-Muffins und Sandwiches. Auf dem Nachbarboot füllt ein Mann die Kaffeebecher. Sie sind im Morgengrauen von der Sandy Bay hierher gepaddelt und haben den Sonnenaufgang auf See erlebt. Auf ihrem Rückweg sah die Gruppe als kleine bunte Punkte die großen Versorgungsschiffe der Antarktis-Stationen. Diese Schiffe kommen hier in der Ferne vorbei, und noch immer trennen über 4000 km See Tasmanien vom nächsten Festland gen Süden. Dann drehte die Gruppe ab und paddelte zur breiten *Tasman Bridge. Anfang Januar ist sie der schönste Schauplatz, wenn im Hafen von Hobart die Sieger des Sydney-Hobart-Yacht-Race erwartet werden. Die 628 sm lange Strecke gilt als härteste Hochseeregatta der Welt. Sie verlangt dem Material und der Mannschaft viel ab. Von kleinen 9-Meter-Jachten bis hin zu eleganten Maxi-Jachten gibt es für die zahlreichen Zuschauer viel zu sehen, die dem Ereignis beim Start in Sydney ebenso beiwohnen wie der Zielankunft in Hobart am 2. Januar. Auch als Lohn der Mühen lockt danach das jährlich mehr als 200 000 Besucher an Hobarts Hafenrand bringende siebentägige Festival *»A Taste of Tasmania« mit Verkostungen, Vorträgen und Präsentationen einheimischer wie internationaler Starköche, Winzer und Feinkosthersteller.

Das ganze Jahr hindurch lädt die **Cascade Brewery zur Besichtigung der ältesten Brauerei Australiens. Sehr beliebt ist auch der Besuch bei *Cadbury's: Während der Führung durch die Schokoladenproduktion darf probiert werden.
Die Restaurierung des Altstadtviertels am Westufer des Hafens hat der Stadt ihr historisches Herz zurückgegeben. Im 19. Jh. sorgten Walfänger, Händler, Soldaten und Beamte für geschäftiges Treiben in den Speicherhäusern aus Sandstein. Heute florieren in den alten Wohn- und Warenhäusern – ab 1818 größtenteils von Sträflingen erbaut – Ateliers, Antiquitätenläden, Cafés, Kneipen und Boutiquen. Jeden Samstag Abend treffen sich hier die Einheimischen.

Vom Salamanca Place führen Kelly's Steps hinaus zu den kolonialen Cottages von **Battery Point: kleine Hütten aus georgianischer Zeit, Kleinode mit Butzenscheiben und blank geputzten Kupferklinken.
Nicht weit davon entfernt liegt *Arthur's Circus, ein sehenswerter Kreis alter Arbeiterhäuschen rund um eine zentrale Grünfläche. Samstags um halb zehn Uhr am Abend veranstaltet der National Trust eine Führung durch Battery Point. Erste Station ist das *Narryna Van Diemen's Land Folk Museum. Das älteste Volkskundemuseum des Landes hält mit Briefen, Bildern und Mobiliar die Erinnerung an die ersten Siedler wach. Das älteste durchgehend bewohnte Gebäude Australiens steht in der Macquarie Street 40 und gehört heute zum **Tasmanischen Museum. *Theatre Royal ist das älteste Theater des Kontinents, *Anglesea Barracks sind die ältesten Kasernen Australiens, und am Wrest Point eröffnete Hobart schon bald, nachdem das Glücksspiel legalisiert wurde, Australiens erstes Kasino. Einmal mehr hatte die kleine Kapitale als Erste die Zeichen der Zeit erkannt. Empfehlenswert sind die verschiedenen Wanderwege hinauf zum Mount Wellington, den Hausberg von Hobart. Oben angekommen hat man einen großartigen Blick auf die gesamte Umgebung.

Bild links oben: Hobart am weitläufigen Derwent River, im Hintergrund sieht man die Tasman Bridge; Fischerboote im Victoria Dock (darunter).

Tasmanien

Tasmaniens Tierwelt

Die Fauna Tasmaniens weist einige Besonderheiten auf, denn sie ist deutlich urtümlicher als die Pflanzenwelt. Über die Hälfte der australischen Landtiere gehört zur Ordnung der Beuteltiere, und hier lebt noch der nachtaktive Beutelteufel, meist auch Tasmanischer Teufel genannt. Das zu den Beuteltieren zählende Tier ist etwa 80 cm lang und von stämmiger Statur. Es hat ein dunkles Fell, ein Furcht einflößendes Gebiss (links) und gibt kreischende Laute von sich. Wie der Tasmanische Tiger wurde auch der Beutelteufel, der »teuflisch« knurren kann, beinahe ausge-

** Richmond Geballte Geschichte bietet die 25 km nordöstlich von Hobart gelegene Nostalgiestadt. Wahrzeichen des 760-Einwohner-Ortes ist die Richmond Bridge über den Coal River, von Sträflingen im Jahr 1825 erbaut. Die nahe St. John's Church (1859) ist das älteste katholische Gotteshaus in ganz Australien. Historische Häuser säumen auch die Bridge Street, die Hauptstraße der Mini-Stadt. Wie Hobart wohl um 1820 ausgesehen haben mag, zeigt das Old Hobart Historic Model Village.

Weitere sehenswerte »historic towns« sind Oatlands, rund 55 km nördlich von Richmond, und Ross, nur etwa 10 km südlich von Campbell Town in dem welligen Bauernland der Midlands gelegen.

Naturlandschaften und -monumente

* Flinders Island Die größte Insel der Furneaux-Gruppe nordöstlich von Tasmanien in der Bass Strait bietet eine ganze Menge Natur pur. Im Südwesten der Insel schützt der 39,5 km² große ***Mount Strzelecki Point National Park** die vielfältige Flora und Fauna rund um den 750 m hohen, gleichnamigen Höhenzug. Bei Emita an der Westküste waren in den Jahren 1829 bis 1834 135 Aborigines interniert. An ihre Siedlung erinnert die Wybalenna Historic Site.

* King Island Zusammen mit Flinders Island ist die Insel vor der Nordwestspitze Tasmaniens ein sichtbares Überbleibsel der ehemaligen Landbrücke zum australischen Festland. Ihren Namen erhielt sie von Governor King, der das Eiland 1798 entdeckte. Die rauen Gewässer ringsum und die mit hoher Geschwindigkeit durch die Bass Strait fegenden Stürme der »Roaring Forties« ließen immer wieder Schiffe zerschellen und Legenden entstehen: 57 Wracks wurden im Lauf der Zeit vor der Westküste entdeckt.

Gourmets schätzen die hervorragenden Milchprodukte und delikaten Käsesorten der Insel.

* Mount-William-Nationalpark Rund 140 km nordöstlich von Launceston locken einsame Strände, ausgedehnte Eukalyptuswälder und der 216 m hohe Mount William die Besucher in den Nationalpark an der Nordostspitze Tasmaniens. Auf dem Forester Kangaroo Drive kann man tasmanische Riesenkängurus beobachten, für deren Schutz der Park vorwiegend eingerichtet wurde. Mehr als 100 verschiedene Vogelarten machen den Park aber auch zu einem Paradies für Ornithologen, und mit etwas Glück kann man hier sogar den (nachtaktiven) Tasmanischen Teufel sehen.

* Dismal Swamp Mit ziemlich hohem Tempo geht es auf einer 110 m langen Rutsche hinab zum Dismal Swamp. Die 600 ha große Karstsenke 30 km nordwestlich von Smithton verbindet spannungsreich Natur und Kultur: Inmitten von Blackwood-Bäumen, Farnen und gurgelndem Untergrund interpretieren Skulpturen, Bilder und Installationen von Aborigineskünstlern Flora und Fauna des ungewöhnlichen Biotops.

*** Cradle-Mountain Lake St. Clair Nationalpark Siehe Seite 310

*** Freycinet-Nationalpark Bereits im Jahr 1916 wurde der 168 km² große Freycinet-Nationalpark auf der gleichnamigen Halbinsel gegründet, die an der Nordostküste Tasmaniens die raue Tasmanische See von der ruhigen Great Oyster Bay trennt. Typisch für Freycinet sind auch die rötlich bis pink schimmernden, steil ins Meer stürzenden Granithügel. Ein 27 km langer Rundweg erschließt die unterschiedlichen Landschaften des Schutzgebietes, das die schönste Bucht der Insel birgt: Wineglass Bay – vor dem Traumblick auf die Bucht mit weißem Sand steht der einstündige Aufstieg zum Berg Amos.

*** Mount-Field-Nationalpark Im Winter lockt

rottet. Gleiches gilt leider auch für das Wallaby (links). Im Gegensatz zu den australischen Küstenregionen sind an den rauen Küsten Tasmaniens nicht selten auch Zwergpinguine zu beobachten (Mitte).

er Skifahrer, im Sommer Wanderer an: Der Mount-Field-Nationalpark, 80 km nordwestlich von Hobart gelegen, ist zu allen Jahreszeiten sehr beliebt. Der Nationalpark teilt sich in zwei Zonen. Im tiefer gelegenen Bereich beginnt der kurze und bequeme Spazierweg zu den malerischen Russell Falls.
Interaktiv ist der *Tall Trees Walk, der spannend die vielen Facetten der 70 bis 80 m hohen Königseukalypten erklärt. Etwa 16 km die Schotterstraße hinauf, liegt der Parkplatz für das Skigebiet von Mount Field. Hier führt eine leichte Wanderung um den See Lake Dobson, in dem Schnabeltiere leben.

* **Huon Valley** Ein knackiggrüner Apfel begründete um das Jahr 1900 Tasmaniens Ruf als »Apple Island«: Granny Smith. Zentrum des Apfelanbaus ist neben dem Tamar-Tal das Huon Valley, wo das National Apple Museum neben Fotografien und Fahrzeugen aus der Blütezeit des Apfelanbaus mehr als 500 Apfelsorten präsentiert.

** **Bruny Island** 40 km südlich von Hobart setzt eine Autofähre in 20 min von Kettering nach Bruny Island über. Nord- und Südteil der dünn besiedelten Doppelinsel verbindet »The Neck«, eine 5 km lange und nur 50 m breite Landzunge mit Straße, Sandstrand und einem wunderschönen Dünengürtel, in dem Pinguine ihre Nester bauen. North Bruny Island prägen Felder, Weiden und lichter Baumbestand. South Bruny Island ist deutlich hügeliger und dichter bewaldet.
In der Peppermint Bay starten die Bruny Island Charters zu dreistündigen Eco Cruises entlang der Steilküste, auf der Pelzrobben, Pinguine und Delfine zu sehen sind. In den Nischen der höchsten Klippen Tasmaniens brüten Austernfischer und Silbermöwen; auf Felsdornen breiten Kormorane ihre Flügel zum Trocknen aus. Den Südteil der Insel nimmt der South-Bruny-Nationalpark ein.

*** **Southwest-Nationalpark** Siehe Seite 312

Sport und Freizeit
* **Tamar Valley** Seit den 1970er-Jahren produzieren kleine Kellereien im Tamar-Tal bei Launceston ausgezeichnete Tropfen. Den Weg zu den 21 Winzern dieser Region weist die 65 km lange *»**Tasmanian Wine Route**«. Die Rundfahrt folgt dem Westufer des Tamar durch Obsthaine und Weingärten bis zu Piper's Brook Vineyards, überquert dann südlich von George Town über die weit geschwungene Batman's Bridge den Fluss und führt schließlich am Ostufer wieder zurück nach Launceston.

* **Mole-Creek-Nationalpark** Durch die beiden Höhlen Marakoopa Cave und King Salomons Cave im Mole-Creek-Nationalpark führen mehrmals täglich Ranger. Touren durch noch nahezu unerschlossene Höhlen veranstaltet Wild Cave Tours aus Caveside.

** **Rund um Cradle Mountain** Klare Bergseen, tiefe Schluchten und ausgedehnte Wälder charakterisieren diese Region. Der *Overland Track durch den Cradle-Mountain Lake St. Clair-Nationalpark gehört zu den schönsten Weitwanderwegen des roten Kontinents. Die 83 km lange Route ist perfekt ausgeschildert und lässt sich an sieben Tagen bewältigen. Angeboten werden auch geführte Touren, bei denen man nur mit Tagesrucksack wandert und abends nach einem Drei-Gänge-Menü in einer privaten Hütte schläft. Mitten in der Wildnis des Cradle-Mountain-Nationalparks verwöhnt das Waldheim Alpine Spa der Cradle Mountain Lodge mit Wellness nach tasmanischer Art: Der Whirlpool blubbert über einem Bachlauf, vom Ruheraum der Sauna öffnet sich ein Panoramablick auf die Bergwelt ringsum. Bei Massagen oder Bädern werden ausschließlich einheimische Produkte verwendet.

Unter dem Regenbogen erstrahlen die Berge im Freycinet-Nationalpark im Abendlicht besonders schön (oben).

Mount Field Nationalpark

Offener Berg- und Callidendrous-Regenwald prägen diesen Park. Im Callidendrous-Wald dominieren auf dem fruchtbaren Boden unter anderem Myrten, Akazien, Farne und Moose.

Der zweistündige Waterfall Walk, ein Rundweg, führt vorbei an den Russell Falls, weiter zu den Horseshoe Falls und zu den Lady Barron Falls.

Nationalpark Bay of Fires

Dieses Farbspiel sucht seinesgleichen: türkisblaues Wasser, umgeben von rostroten Felsen und davor schneeweißer Sand. Auch wenn es scheint, als hätten die von Flechten knallorange gesprenkelten Felsen (unten, rechts) der Bucht ihren Namen gegeben, so waren es doch die Feuer der Aborigines, die der Seefahrer Tobias Furneaux im Jahre 1773 bei der Entdeckung der Bucht gesehen hat. Er taufte sie Bay of Fires. Die 25 km lange Bucht ist geprägt von ihren Farben: Üppig grüne Hänge reichen fast bis an den Strand und enden dort in blendend weißem Sand. Von Wind und Wasser glatt geschliffene Granitfelsen liegen wie große Murmeln am Strand. Selbst wenn sie immer wieder zu den schönsten Stränden der Welt gekürt wird, tummeln sich hier erstaunlich wenig Touristen. Das liegt auch daran, dass sie nicht vollständig mit Straßen-

anschluss versehen ist. Urlauber genießen hier im dünn besiedelten Nordosten Tasmaniens die Einsamkeit, schauen in den Lagunen Krebsen beim Sonnenbad zu oder setzen sich eine Taucherbrille auf und schnorcheln im flachen Wasser durch die Bucht. Und wer wieder Menschen um sich möchte, der macht sich auf zur Siedlung »The Gardens«. Hierher führt eine Straße und es gibt Möglichkeiten zum Camping.

Die Flinders Ranges ist eine der ältesten Landschaften der Erde, ihre Entstehung begann vor 500 Millionen Jahren.

South Australia

Nichts hat das Bild von South Australia so geprägt wie die vor Hitze flimmernden Weiten des Outbacks und die zerklüfteten Bergketten der Flinders Ranges. Doch South Australia hat weitaus mehr zu bieten: das Kulturangebot der quicklebendigen Hauptstadt Adelaide, die faszinierenden Küstenlandschaften von Kangaroo Island, Coorong und der Eyre Peninsula sowie ein Dutzend erlesener Weinbaugebiete, die Spitzenweine produzieren. South Australia ist zwar der trockenste Staat des gesamten Kontinents, aber die anmutig geschwungenen Weinberge des Barossa Valley, die grünen Parks in Adelaide und die farbenfrohen Wildblumenmatten der Flinders Ranges erinnern an europäische Landschaften als an eine Wüste.

South Australia

 South Australia

Fläche: 984 343 km²
Höchster Berg:
Mount Woodroffe (1435 m)
Größter See: Lake Eyre
(9500 km²)
Bevölkerung:
1,52 Millionen Einwohner
Hauptstadt: Adelaide
(1,1 Millionen Einwohner)
Zeitzone: Central Standard Time
(MEZ + 8,5 Std.)

South Australia ist der trockenste Staat von Australien und besteht zu 60 Prozent aus Wüstenland. Hauptwasserader ist der Murray River, der 80 km südlich von Adelaide in den Great Southern Ocean mündet. Die trockenen Landesteile im Norden und Westen, die an das Northern Territory und Western Australia angrenzen, gehören den Ureinwohnern, den Aborigines. South Australia grenzt an der Nordostspitze an New South Wales und im Osten an Victoria. Dieser australische Bundesstaat ist außerordentlich reich an Bodenschätzen – so ist zum Beispiel die Olympic Dam Mine im Norden eine der weltweit größten Minen für Kupfer, Uran, Gold und Silber.

Kulturelle Zentren
✱✱ Coober Pedy Coober Pedy wirkt auf den ersten Blick vielleicht wie ein verwüstetes Schlachtfeld. Wellblechhütten, aufgeworfene Erdhügel und zerstörte Zäune bedecken das Terrain. Gnadenlose Hitze zwingt die Bewohner in den Untergrund, hin zu den Schätzen der Erde: Rund um den auch durch die Kultfilmreihe »Mad Max« bekannten Outback-Ort lagern die weltweit größten Vorkommen an weißen Opalen. Die Hälfte der 3500 Einwohner aus 50 Nationen lebt in Wohnungen unter der Erde. In diesen »Dugouts«, meist von den Bewohnern selbst mit Schaufel und Pickel in den Stein geschlagen, bleiben die Temperaturen Tag und Nacht konstant – und bieten so Schutz vor der sengenden Sonne und den kalten Wüstennächten. Die Aborigines nannten den Ort »Kupi Piti« – was in ihrer Sprache »Weißer Mann im Loch« bedeutet. Überirdisch befinden sich nur einige Tankstellen, Supermärkte, Sozialwohnungen für Aborigines und ein Golfplatz mit ölbesprühtem Sand als Green. Selbst die Kirche hat sich mit ihren Gewölbe ins Erdreich verzogen. Die über 250 000 offenen Ausgrabungsschächte, die nicht immer gesichert sind, und ungezählte Abraumhalden verleihen Stadt und Region den Charakter einer Mondlandschaft. Dementsprechend macht auch die nahe gelegene »Moon Plain« ihrem Namen alle Ehre: Schier endlos weit erstreckt sich diese flache, von Abermillionen kleiner Steine übersäte »Mond-Ebene« – für die cineastisch gewünschte Endzeitstimmung von Mad Max war dies gerade die richtige Kulisse.

✱ Andamooka Kleiner und weniger touristisch als Coober Pedy ist das Opaldorf Andamooka rund 600 km nördlich von Adelaide am Westufer des Lake Torrens, wo Opale nicht nur aus der Erde geschürft, sondern auch im Tagebau gewonnen werden. 1969 wurde in dem 470-Seelen-Ort der größte

Breakaways Reserve

Wer die Mad-Max-Filme gesehen hat, dem kommt diese Kulisse sicherlich bekannt vor. Hier machte sich in dem Hollywoodstreifen Weltuntergangsatmosphäre breit. Die merkwürdigen Felsformationen am Übergang zwischen Bergen und Flachland bildeten damals die ideale Kulisse für eine Endzeitstimmung. Wer heute ins Breakaways Reserve kommt, den beeindruckt vor allem das Licht- und Schattenspiel der Hügel. Bei Sonnenuntergang, wenn sich die Felsen von Braun in glühendes Rot verwandeln, lohnt sich ein Ausflug in den Park. Für die Aborigines ist dieser Ort ein wichtiger Schauplatz ihrer Traumzeit und kommt in ihren Legenden und Erzählungen vor. Obwohl die Region auf den ersten Blick so karg wirkt, findet sich hier viel Leben – ausdauernde Pflanzen ebenso wie angepasste Tiere.

Opal der Welt gefunden, der heute im Bergbaumuseum von Sydney zu bewundern ist: die 6843 kg schwere »Wüstenflamme von Andamooka«. Legendär ist auch der in den Farben Rot, Blau und Grün schimmernde, 203 Karat (40,6 g) schwere »Andamooka Opal«, den die Regierung zusammen mit Brillanten in eine Halskette setzen ließ und der englischen Königin Elizabeth II. bei ihrem ersten Besuch (1954) in Australien schenkte. Besser bekannt ist er deshalb als »Queen's Opal«. »Kultureller« Höhepunkt im Jahreslauf ist das Andamooka Festival Ende September bis Anfang Oktober, das Wettsuchen nach Opalen und ein Schubkarrenrennen über 32 km veranstaltet.

* **Port Augusta** Die Stadt an der Spitze des Spencer Golf bildet zusammen mit Port Pirie und Whyalla das »eiserne Dreieck« – das Industrierevier Südaustraliens. Für wirtschaftlichen Aufschwung sorgten vor allem das Kohlekraftwerk des State Electricity Trust – und die Touristen. Für sie ist die Kleinstadt mit 20 800 Einwohnern, in der die Züge des Ghan und des Indian Pacific halten und der Explorer's Highway nach Darwin beginnt, das »Tor zum Outback«.
Einen guten Einstieg in das weite Hinterland gibt das *Wadlata Outback Centre. Das Zentrum beherbergt auch die Zentrale des »Royal Flying Doctor Service«: Das sind die – im wörtlichen Sinn – »fliegenden Ärzte«, die die Bevölkerung des Outback medizinisch per Flugzeug versorgen. Auch die »School of the Air«, die die Schüler im Outback via Funk und Internet unterrichtet, hat in Port Augusta ihren Sitz. Einmalig ist die längste Briefträgerrunde der Welt, *The World's Longest Mail Run. Jeden Freitag startet hier die Maschine zu einer viertägigen Tour, auf der Besucher beim Verteilen der Post im Outback mithelfen können. Nördlich der Stadt präsentieren der *Australian Arid Lands Botanic Garden die überraschend vielfältige Flora der trockenen Lebensräume dieses Landes.

* **Ceduna** Die westlichste Stadt Südaustraliens ist die letzte große Siedlung vor der Nullarbor-Wüste – die nächste Ortschaft, Norseman, liegt 1234 km entfernt in Western Australia. Was auf der Karte wie kleine Siedlungen wirkt, sind lediglich Tank- und Wasserstationen mitten in der Wüste. In dem 4 km entfernten Hafen von Thevenard werden Salz, Getreide und Kalkstein umgeschlagen. Gourmets schätzen vor allem die Austern der Denial Bay und Streaky Bay, Surfer lieben die mächtigen Wellen, die an die goldgelben Strände von Spoggies und Cactus Beach branden. 34 km nordwestlich von Ceduna hält die Overseas Telecommunication Earth Station mit riesigen Parabolspiegeln via Satellit Kontakt zur restlichen Welt – wie, das wird auf Führungen erläutert.

* **Adelaide** Siehe Seite 162.

Oben links: In und um Coober Pedy gibt es Tausende Opalminen. Die Erde ist geradezu durchlöchert und die Abraumhügel erstrecken sich im Umkreis der gesamten Stadt. Auch die orthodoxe Kirche von Coober Pedy liegt unter der Erde (oben rechts).

Die Feuersteine von Down Under

Opale

Wer nach Australien reist, kommt meistens mit einem Feuerstein wieder nach Hause. Der Opal ist der Edelstein Down Unders. Mehr als 95 Prozent aller Opale der Welt werden in Australien gefunden. Ihr charakteristisches Schillern in allen Farben (rechts, ganz rechts) hat schon bei den Aborigines zu Mythen geführt. Nach ihrem Glauben wachsen sie dort, wo einst ein Regenbogen die Erde berührt hat. Fasziniert von den Edelsteinen sind bis heute die Einwanderer. Manche Teile des Landes sind wie von übergroßen Maulwürfen zerwühlt, rund um Coober Pedy leben sogar viele Menschen in den einstigen Stollen und verbringen ihr Leben mit der Suche nach dem perfekten Stein. Tatsächlich kann ein Fund Tausende von Euros bringen. Am wertvollsten sind die schwarzen Opale, weil sie am seltensten

Der deutsche Geologe Johann Menge entdeckte 1849 die ersten Opale in South Australia, 1887 stolperte dann das Pferd eines Kängurujägers in White Cliffs, New South Wales über den Halbedelstein. Nach weiteren Funden in Victoria und Queensland war die Gier der Glücksritter nicht mehr aufzuhalten: Mancher Schatzsucher wird binnen Tagen zum Millionär. Andere rackern sich ein Leben lang vergeblich ab, wieder andere schürfen nur zum Zeitvertreib. Wer sich auf »Noodeling« spezialisiert hat, der durchsucht Abraumhalden nach Opalsplittern. In Lightning

Nur im Sitzen kann hier gearbeitet werden.

Ridge lag einst ein 80 g schwerer schwarzer Opal von bester Qualität im Abfall.
Selbst nach den Steinen zu schürfen wird »Fossicking« genannt. Ein weltweit anerkannter Profi ist Ron Foord. Auf den hintereinander gehängten, frei schwingenden Eisenleitern klettert er 10 m tief in seinen Schacht in White Cliffs. Sein Arbeitsplatz: eine 3 mal 4 m große nur 1,60 m hohe Öffnung. Sein Werkzeug: Stemmeisen und Hammer. »Das Gestein ist extrem hart, wie Beton«, erzählt der gelernte Schlachter. Bereits an seinem ersten Tag hat er dort Kristallopale gefunden. »Eigentlich wollte ich nur vier Jahre bleiben – jetzt sind es schon 32«, erzählt Ron und leuchtet mit seiner Taschenlampe die Felswand entlang. Schmale Adern, wenige Millimeter hoch, funkeln in Grün und Blau. Mit konzentrierter Vorsicht bricht der Schürfer die Opale aus dem Kalkstein. Die sind »ideal für Doubletten«: Geschliffen, mit schwarzem Onyx oder einer Opalschicht ohne Einschlüsse unterlegt sowie in Silber gefasst, liegen sie als Ohrschmuck, Kettenanhänger oder Ring in den Vitrinen seines Shops »Top Level Opals«. Preiswerter sind »Triplets«, bei denen ein zusätzliches Quarztop das Farbenspiel der hauchdünnen Opalschicht auf der hellen oder dunklen Trägerschicht verstärkt. Gestützt durch Exporte nach Europa und Japan haben Ron und seine Frau Donna ihr Auskommen gefunden. In ihrem Dugout, der selbst gegrabenen Höhlenwohnung herrschen konstant 22 Grad Celsius, draußen ist es bei 40 Grad im Schatten deutlich heißer.

80 Prozent aller Kristallopale, in denen die leuchtenden Gelb-, Grün- und Rotpartikel wie in transparenten Alabaster eingebettet sind, werden in Coober Pedy gefunden. In der größten Opalstadt der Welt konkurrieren Glücksritter aus allen Nationen mit professionellen Unternehmen, die mit turmhohen Spezialbohrern ein Loch von rund 1 m Durchmesser bohren, das Bohrgut auf seine Opalhaltigkeit untersuchen und sortieren. Verspricht der Bohrbefund Erfolg, wird mit einer Gesteinsfräse ein Querstollen geschnitten und das anfallende Material mit einem riesigen Saugrohr nach oben befördert. Unter UV-Licht sichtet man die Felsbrocken dann.

Die opalführende Schicht, oft nur wenige Zentimeter dick, liegt in Coober Pedy rund 10 bis 15 m unter der Oberfläche. Schauminen verraten, wo und wie Opale gefunden und abgebaut werden. Rings um die Minenschächte boomt der Opaltourismus: Opalschleifereien, Opalschnitt-Demonstrationen und viele Juweliere. Auf einem Hügel thront »The Big Winch« – die große Winde – und bietet nicht nur die größte Ausstellung von Opalen, sondern auch die beste Aussicht auf die Opalstadt, deren einziger Baum sich ebenfalls auf dem Hügel erhebt: Er wurde aus Alteisen zusammengeschweißt. In Coober Pedy flüchteten die Bewohner vor der Hitze in den Untergrund. Sie bummeln durch die Underground Gallery des Desert Cave Hotels und stöbern im Underground Bookshop von Peter Caust. Droben auf dem Friedhof ruhen die Gebeine des deutscher Opalschürfers Karl Pratz.

Bild rechts: Auch wenn die Maschinen den Vortrieb unterstützen, ist die Arbeit in den Opalminen hart.

sind, im Gegensatz zum weißen Opal, der sich häufig hier finden lässt. Die Australier huldigen dem Edelstein mit Festivals und einem Museum in Lightning Ridge, wo die Besucher eine Schürflizenz erwerben können.

Coober Pedy

Coober Pedy wird gern die australische Hauptstadt der Opale genannt. Die Schutthalden reichen bis zum Horizont und schaffen eine eigenartige Landschaftsstruktur.

In der ungewöhnlichen Szenerie der Abraumhalden von Coober Pedy werden immer wieder Filme gedreht.

South Australia: Adelaide

Central Market

Adelaides Central Market bietet seit 1870 täglich frisches Obst und Gemüse, Käse, Fisch und Meeresfrüchte sowie Backwaren in einer Vielfalt und Qualität an, die Feinschmecker schwärmen lässt (Bilder rechts). Probieren ist an vielen Ständen erlaubt. Kleine Cafés und Bistros laden für einen Snack zwischendurch ein. In der Markthalle gibt es auch die be-

Adelaide
Die Hauptstadt von South Australia ist ein englisch geprägtes Idyll, umgeben von Parks und durchzogen vom Torrens River.

Fast 70 Prozent der Bevölkerung des Bundesstaates leben in der Hauptstadt von South Australia, die sich selbst stolz »Festival City« nennt. In jedem »geraden« Jahr (2006, 2008, 2010 etc.) feiern mehr als eine Million Besucher im März mit dem ***Adelaide Festival of Arts** das größte Kulturfest im asiatisch-pazifischen Raum. Herzstück des Events ist das futuristische *Festival Centre, das 1974 im Elder Park zwischen dem Torrens River und der North Terrace errichtet wurde. Für den Vorplatz dieses markanten weißen Baus gestaltete der Stuttgarter Künstler Otto Herbert Hajek kunterbunte, abstrakte Plastiken.

Dass Adelaide bis heute so übersichtlich ist, verdankt die Stadt Oberst William Light. Der General-Landvermesser des ersten Gouverneurs der Kolonie nahm sich Siziliens Catania als Vorbild und legte Australiens erste Stadt, die nicht aus einer Sträflingssiedlung entstand, im Jahr 1836 als Rechteck aus breiten und schmalen Straßen an, eingebettet in einen Ring schöner Parkanlagen. Mitten durch die Stadt verläuft der *Torrens River, an dem auch der Botanische Garten und das Festival Centre liegen. Am Elder Park beginnen Ausflugsfahrten auf dem Fluss, die nach 6 km vorbei an Grünanlagen entlang des Ufers am *Zoo enden. Die noble **North Terrace ist Adelaides Kulturmeile. Riesige Walskelette hinter Glaswänden künden vom ***South Australian Museum**, das auf fünf Stockwerken mit mehr als 6000 Exponaten die Natur- und Kulturgeschichte des Bundesstaates dokumentiert. Mit mehr als 3000 Exponaten birgt die ebenfalls in diesem Museum untergebrachte **Aboriginal Cultures Gallery** die weltgrößte Sammlung von Alltagsgegenständen und Werkzeugen der Aborigines. Hinter dem Komplex erzählt das modern gestaltete **Migration Museum** die Geschichte der Einwanderung nach Südaustralien, die deutsche Siedler maßgeblich prägten.

Ihren Ruf als Stadt der Kunst und Kultur verdankt Adelaide zudem der benachbarten, im Jahr 1881 gegründeten ***Art Gallery of South Australia**, die mit rund 20 000 Gemälden, Drucken und Zeichnungen eine der größten Sammlungen australischer Kunst birgt. Sehenswert ist die umfangreiche Kollektion von Punktmalereien (»Dot Paint«) der Western Desert Aborigines. Ebenfalls an der vornehmsten Straße der Stadt liegen die Monumentalbauten weltlicher Macht. Das *Parliament House prunkt mit einer monumentalen Front aus Granit und Marmor sowie korinthischen Säulen. Das *Government House, ältestes öffentliches Gebäude der Stadt und Residenz des Gouverneurs von Australien als Vertreter der englischen Königin, umgibt eine ausgedehnte Gartenanlage. Nicht weniger als 40 Zimmer, allesamt zwischen 1846 und 1870 gestaltet, gehören zum *Ayers House, dem einstigen Wohnsitz des siebenfachen südaustralischen Premierministers Sir Henry Ayers, nach dem Ayers Rock benannt wurde. Geradezu winzig klein dagegen ist die **Holy Trinity Church** (1838), die älteste anglikanische Kirche Südaustraliens. Die

Alte Gebäude zieren den Colonial District von Adelaide.

Adelaide liegt am Saint-Vincent-Golf und viel Grün prägt die Stadt.

*Jam Factory for Contemporary Craft and Design schräg gegenüber an der viel befahrenen Montefiore Road gilt seit mehr als 30 Jahren als eine der führenden Produktionsstätten und Ausstellungsflächen für zeitgenössisches australisches Kunsthandwerk – mit einem Laden auch in der Rundle Mall Plaza vertreten.

Australiens ältestes Kulturzentrum im Besitz der Ureinwohner, das *Tandanya National Aboriginal Institute, versteckt sich in einer 100 Jahre alten Nebenstation eines E-Werks in der Grenfell Street. Welche Pflanzen die Aborigines als Medizin, Nahrungsmittel und Baumaterial nutzten, verrät auch der Tappa Mai Trail im **Botanischen Garten**. Das Museum of Economic Botany präsentiert Nutzpflanzen aus aller Welt. Das restaurierte Palmenhaus von 1875 kontrastiert spannungsreich mit dem ultra-modernen Bicentennial Conservatory, dem größten Gewächshaus der Südhalbkugel. Ebenfalls im Botanical Garden liegt das *National Wine Centre of Australia. Im Schaufenster der australischen Weinindustrie begleiten interaktive Multimedia-Exponate den Besucher bei seiner Zeitreise durch die Vergangenheit, Gegenwart und Zukunft der australischen Weinproduktion. In der Verkostungshalle werden Weine aus ganz Australien angeboten.

Seit 1915 kommen allabendlich »Pie Carts« in die Stadt und stellen sich vor der Hauptpost

rühmten Frog Cakes, die die Bäckerei Balfours 1922 »erfand«: winzige Kuchen aus Biskuitteig mit Crème, überzogen mit grünem Zuckerguss. Zum Traditionslook haben sich längst Modefarben und Sondereditionen gesellt. So schmecken die Frog Cakes heute neben Grün nicht nur in Weiß und Pink, sondern auch leuchtend rot – an Weihnachten. Zu Ostern verwandeln sich die Frösche dann allerdings in gelbe Küken.

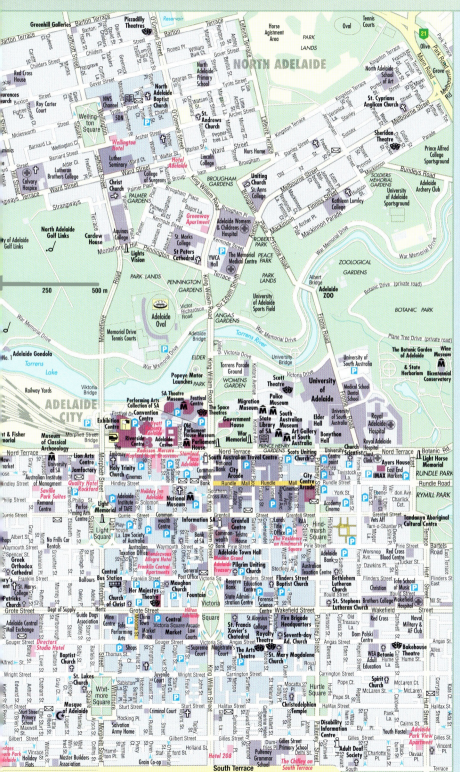

(GPO) in der Franklin Street oder an der North Terrace vor der SkyCity Adelaide auf. Die Imbisswagen servieren einen kulinarischen Klassiker: »Pie Floaters« – einen Teller grüne Erbsensuppe, in denen ein Fleischpie schwimmt, der mit einem Klecks Tomantenketchup verziert wird. Dazu schmeckt ein »Sparkling Ale« aus Adelaide,

Die Adelaide-Arkaden.

gebraut von der letzten australischen Brauerei in Familienbesitz: Coopers.
Das Stammhaus von Haigh's, der ältesten Schokoladenfabrik Australiens, liegt am Eingang der *Rundle Mall, 1976 als erste Fußgängerzone des Kontinents eröffnet. Auf 500 m² Fläche drängen sich 600 Geschäfte und 15 Passagen, nur wenige davon so luxuriös wie die nostalgische *Adelaide Arcade. Gen Osten geht die Einkaufsstraße in die *Rundle Street über, die Modeboutiquen, Internetcafés, In-Bars und Restaurants zum Szene-Treff machen. Besser Betuchte bevorzugen zum Shopping die *Melbourne Street in North Adelaide, dem Wohnviertel der In-People, Galerien, Boutiquen und Lokale. Seit dem Jahr 1929 rattert eine nostalgische Tram in einer halben Stunde vom Victoria Square zum Badevorort *Glenelg, der in den letzten Jahren ein neues Aussehen erhalten hat und heute in der Strandzone einer mondänen Großstadt am Meer gleicht.

163

Adelaide

Großes Bild: Vom Pavillon im Elder Park blickt man hinüber auf die Skyline der Stadt mit dem modernen Gebäude des Festival Centre.

Im Jahr 1881 gegründet, beheimatet die Art Gallery of South Australia eine der interessantesten Sammlungen des Landes. Zudem ist sie in sehenswerten Räumlichkeiten angesiedelt.

South Australia

Dingo
Sie sehen aus wie Hunde (rechts), benehmen sich aber wie wilde Tiere: Der vor Jahrtausenden verwilderte Haushund stromert fast über den gesamten Kontinent – sehr zum Ärger der Tierzüchter, allen voran die Schäfer. Sie waren es auch, die darauf bestanden, dass ein mehr als 5000 km langer Dingo-Zaun errichtet wird. Wurde ein Wildhund auf der falschen Seite

Naturlandschaften und -monumente

*** Outback Das südaustralische Outback gehört zu den letzten Gebieten der Erde, die noch nahezu unberührt sind. In der endlosen Weite trifft man auf die unterschiedlichsten Landschaften: karge Steinwüsten, glitzernde Salzseen, gewaltige Sanddünen, ausgedorrte Flussläufe (Creeks) mit mächtigen Eukalyptusbäumen, die riesige Äste abgeworfen haben, Oasen mit Palmen und heiße Quellen. Tagsüber können die Temperaturen bis auf 50 °C klettern, nachts bis an die Frostgrenze fallen. Niederschläge sind selten, doch wenn sie kommen, verwandeln sie das Land für kurze Zeit in einen bunten Blütenteppich.

Auf dem durchgängig geteerten Stuart Highway, der Adelaide mit Darwin verbindet, ist die Fahrt durch das Outback ein sicheres Abenteuer. Die Offroad-Pisten verlangen aber Geländewagen und Erfahrung. Als Einstieg in ein Outback-Abenteuer eignet sich der 615 km lange ***Oodnadatta Track**, der Marree, rund 700 km nördlich von Adelaide, mit Marla am Stuart Highway verbindet. Benannt wurde die breite Piste nach dem Örtchen Oodnadatta, das mit dem Pink Roadhouse eine der berühmtesten Servicestationen entlang der Strecke besitzt. Direkt an den Treck grenzt auch die Anna Creek Station, mit 34 000 km² eine der größten Rinderfarmen der Welt.

Mehr Vorbereitung und Erfahrung im Outback erfordert der ***Birdsville Track**. Die ehemalige Viehtreiberroute, auf der auch der Great Australian Cattle Drive wiederbelebt wurde, verbindet Marree mit Birdsville in Queensland. Die 514 km lange Piste führt durch »Gibber«-Steinebenen und wellenförmige Dünen ins Herz der Simpson Desert. Ebenfalls eine Piste nur für Profis ist der 480 km lange ***Strzelecki Track** von Lyndhurst nach Innamincka. Nach mehreren 100 km Fahrt bieten entlegene Lokale Abwechslung von der Einsamkeit des Outback. Südaustralische Ikonen sind der Pub William Creek und das historische Prairie-Hotel in Parachilna, das »Feral Food« vom Feinsten serviert: Känguru, Emu, Krokodil und Barramundi, garniert mit Früchten, Kräutern sowie Gewürzen aus dem Busch. Wie landestypische Gerichte auch aussehen könnten, zeigt der Pub von Blinman mit seinem Sieben-Gänge-»Menü«: Meatpie und ein Sixpack Bier.

Mitten in der Simpson Desert sprudelt eine der größten und aktivsten artesischen Quellen in Australien: ***Dalhousie Hot Springs**. Die Thermalquellen bieten nicht nur Tieren ein Refugium. Nach einer langen Autofahrt waschen sich viele Outback-Reisende hier den Staub vom Körper und entspannen im heißen Thermalwasser, während sie mit der Hand lässig die Mücken vertreiben. Die Quellen gehören zum ***Witjira Nationalpark**.

112 km nördlich von Innamincka erstreckt sich das Seensystem der ****Coongie Lakes**, eine Oase für 20 000 Wasservögel aus 150 Arten, eine Vielzahl von Fischen wie Desert Rainboy Fish, Brassen, Streifen- und Flussbarsche sowie mehr als 300 Pflanzenarten – wie gesagt: alles mitten in der Wüste!

1947 wurde der Ort Woomera als Versuchsstation für militärische Raketen gegründet. Unter anderem testete man hier die von der European Launcher Development Organisation entwickelte »Europa«. Bis zum Jahr 1982 war dieser Ort für die Öffentlichkeit nicht zugänglich. Etwa 83 km nördlich von Woomera entstand Roxy Downs als

des Zauns gesichtet, war er zum Abschuss freigegeben. Seit jeher haben die Australier ein ambivalentes Verhältnis zu dem vor langer Zeit eingeführten Tier. Einerseits sind Dingos wichtiger Bestandteil der Aborigines-Kultur, andererseits haben sie schon Kinder getötet und werden bis heute gejagt. Typisch für Dingos sind ihr scheues Verhalten, ihr breiter Kopf mit spitzer Schnauze und die Stehohren. Sie verständigen sich hauptsächlich durch Heulen miteinander. Ihr größter Feind ist nicht der Mensch, sondern der Hund, mit dem sich die Dingos verpaaren. So durchstreifen mehr und mehr Dingo-Hund-Hybriden den Kontinent.

Versorgungssiedlung für die Mine Olympic Dam. In der Wüstenoase mit Flughafen starten montags, donnerstags und samstags Übertagebesichtigungen des Bergbaubetriebs. Rund 9 Mio. t Erz werden jährlich in Olympic Dam gefördert, das hauptsächlich Kupfer, Uran, Gold und Silber enthält.

∗ Lake Eyre Nationalpark Mit 9500 km² ist Lake Eyre nicht nur der größte Salzsee, sondern mit 15 m unter dem Meeresspiegel auch der tiefste Punkt Australiens. Seit der Entdeckung 1841 führte er dreimal Wasser – doch wenn er sich füllt, übertreffen seine Fluten den Salzgehalt des Meerwassers um das Neunfache. Auf der fast 3 m dicken Salzschicht gelang Sir Donald Campbell am 17. Juli 1964 ein Geschwindigkeitsrekord zu Land: Sein Bluebird-Gasturbinenwagen erreichte 648,72 km/h. Beim Versuch,

Der lange Höhenrücken nördlich von Wilpena Pound.

seinen eigenen Geschwindigkeitsrekord zu brechen, starb der damals 46 Jahre alte Campbell, als er mit Tempo 483 km/h über den englischen Lake Coniston jagte. Seine Leiche wurde erst im Jahr 2001 entdeckt, 34 Jahre nach seinem Tod. Rund um den Salzsee erstreckt sich der 12 880 km² große Lake Eyre Nationalpark. Am Südufer befinden sich Feuerkeile der Aborigines im Sand.

∗∗ Wilpena Pound Das kreisrunde Hochtal ist das Herzstück der Flinders Ranges: ein riesiges Amphitheater, umragt von Quarzithügeln und spitz aufragenden Gipfeln. Aus der Luft erinnert der Wilpena Pound an einen Meteoriten-Krater – tatsächlich entstand er bei der Auffaltung der Flinders Ranges. Durch die Talsohle des Wilpena Pound führen gut ausgeschilderte Wanderrouten.

Bild oben: Gregory Creek am Oodnadatta Track. Der Track ist kaum als »Straße« zu bezeichnen und besteht aus Sand, Kies und Schotter.

Lake Eyre Nationalpark

Der Warburton River, der nur zeitweise Wasser führt, mündet von Osten in den Salzsee Lake Eyre.

Nur zu seltenen Gelegenheiten sammelt sich Wasser im Salzsee, der mit 17 m unter dem Meeresspiegel der tiefste Punkt Down Unders ist.

Wilpena Pound

Blick aus dem Flugzeug auf den Wilpena Pound: Nur aus der Luft ist die Einzigartigkeit dieser amphitheaterähnlichen geologischen Form derartig gut erkennbar.

Die Flinders Ranges erstrecken sich von Port Pirie über 430 km bis zum Lake Callabonna. Wahrzeichen dieser Bergkette ist der Wilpena-Pound, der nur durch eine schmale Schlucht erreichbar ist.

Delikatessen aus dem Outback

Buschküche im Gourmetrestaurant

Die Küche der Aborigines, die im 18. Jh. so manchen europäischen Siedler der sogenannten »First Fleet« vor dem Hungertod bewahrte, geriet während der Kolonialzeit immer mehr in Vergessenheit. Erst Mitte der 1980er-Jahre begann ihre Renaissance: 1987 gründete Vic Cherikoff, ein Wissenschaftler der Sydney University, mit seiner Firma »Bush Tucker Supply of Australia« das erste Unternehmen, das die Lebensmittel der Ureinwohner kommerziell vertrieb. Heute begeistern die Ingredienzen aus dem Busch die besten Köche des Landes. Zu den sterneverdächtigen Vorreitern gehören Jennice Kersch und ihr Bruder Raymond, die bereits seit 1981 in ihrem modern-vornehmen Restaurant »Edna's Table« mitten im Ge-

Frisch geerntete Cashew-Nüsse.

Auch die Früchte des Palmfarns sind essbar.

»Buschessen« ist alles, was wild gesammelt und gejagt werden kann: Krokodil, Känguru, Wallaby, Wasserbüffel und Emu, aber auch Goanna, Possum und Schlange. Im tropischen Norden wird Barramundi im Meer gefangen, an der Südküste der delikate »Whiting«. Sehr beliebt sind auch die »witchetty grubs« – fette Käferlarven, die zwischen den Wurzeln bestimmter Akazienbüsche leben. Roh schmecken die eiweißhaltigen »Trüffel des Outback« unangenehm ölig. In heißer Asche geröstet, begeistert ihr Aroma aus Mandeln, Garnelen und Käse die Gourmets. Die Marrons, Krustentiere aus West-

schäftsviertel von Sydney auf höchstem Niveau mit authentischer Buschküche den Gaumen kitzeln. Preiswertere Entdeckungsreisen durch die kulinarischen Schätze des Outbacks bieten die Restaurants des Red Ochre Grill in Cairns und Alice Springs, das Red Ochre Restaurant in Adelaide sowie das Melbourner Aborigines-Restaurant Flamin' Bull, das mit einem Glossar beim »Übersetzen« der Speisekarte hilft.

australien, gelten unter Feinschmeckern als beste Langusten der Welt. Ähnlich delikat sind Yabbies – Süßwasser-Krustentiere.
Aus Tasmanien kommen Abalones, Napfschnecken, die auch sehr gern verspeist werden.
Von den rund 20 000 australischen Pflanzenarten ist jede fünfte genießbar. Kommerziell angebaut wird bis heute nur die Macadamia, die bekannteste australische Nuss. Doch auch die Nüsse der Pandanuspalme und die Bunya-Nüsse aus Queensland mit ihrem typischen Rumaroma werden von den Ureinwohnern seit mehr als 50 000 Jahren verzehrt. Die Schale der Busch-Kokosnuss ist fast so hart wie die der »echten« Kokosnuss. Doch statt Fruchtfleisch und Milch ist im

Inneren nur das kleine Fruchtsäckchen genießbar. Die pfirsichartigen Quandongs aus Südaustralien werden gerne zu Chutneys und Konfitüre verarbeiten. Mango-Chutneys begleiten oft die Emu-Pastete, Buschtomaten – kleine Beeren mit intensivem Geschmack – geben Risotto die richtige Würze, dunkelrote Illawara-Pflaumen garnieren das magere Känguru-Steak.
Australischen Spinat brachte Kapitän James Cook 1770 mit nach Europa. Während dieser »Meerfenchel« heute in der französischen Küche einen festen Platz hat, ist er in seiner Heimat vergessen.
Verfeinert werden die Speisen mit einer Vielzahl fremdartiger Kräuter und Gewürze, zu denen Pfefferblatt, Anismyrte, die Blüten des Flaschenbaums und die Samen der australischen Akazie gehören, die in Kuchen, Eis und Süßspeisen Verwendung finden. Wilde Limetten sowie Lemon Aspen liefern Zitronengeschmack, an Äpfel erinnern die wilden Cranberries, die in Südaustralien entlang der Coorong Peninsula wachsen.
Die dem Hibiskus ähnelnden Blüten der wilden Rosella verbinden die Geschmacksnoten von Waldbeeren und Rhabarber, während Clove Lillipilli mit seinem Nelkenduft Assoziationen an die Weihnachtszeit weckt.
Mitten im australischen Busch gedeihen schließlich auch einmalige Vitaminbomben: Die Billy-Goat-Pflaume enthält 50-mal so viel Vitamin C pro Gramm wie eine Orange, die Kakadu-Pflaume aus den Kimberleys sogar die 120-fache Dosis.

Bild rechts: Zwei Aboriginies Mädchen haben eine Langhalsschildkröte erwischt. Diese Schildkröten eignen sich gut zum Verzehr, allerdings werden sie nur in der Trockenzeit gefangen. Oben links: Geschälte Nüsse vom Palmfarn.

173

South Australia

Dog Fence

Quer durch Australien verläuft der längste Zaun der Welt. Der rund 5300 km lange »Dog Fence« erstreckt sich von der Ostküste Queenslands bei Brisbane bis nach Ceduna nahe der Great Australian Bight und teilt bis heute den Kontinent in das Land der Rinderzüchter im Norden und den Süden der Schafzüchter. Doch nicht die Trennung der Viehbestände,

Viele Fluss-Eukalypten haben sich im Flinders Ranges Nationalpark angesiedelt.

Die Wanderziele sind Hills Homestead, Wangarra Lookout, Arkaroo Rock, Malloga Falls und Mount Olsen Bagge.

*** Flinders Ranges Nationalpark

250 km nördlich von Adelaide erhebt sich leuchtend rot eine der ältesten Landschaften der Erde: die bis zu 120 Millionen Jahre alten Flinders Ranges – Südaustraliens Tor zum Outback. Ihren Namen erhielt sie vom englischen Seefahrer Matthew Flinders, dessen Vorschlag es auch zu verdanken ist, dass der Kontinent seit dem Jahr 1817 offiziell Australien heißt. Höchster Gipfel der 430 km langen Bergkette zwischen Port Pirie und Callabonna ist der St. Mary's Peak (1175 m) – der Aufstieg ist anstrengend, aber lohnend. Durch die Flinders Ranges zieht sich der *Heysen-Trail. Die 1500 km lange Fernwanderroute beginnt in der Parachilna Gorge im Flinders Ranges National Park und schlängelt sich gen Süden, bis sie bei Cape Jervis auf den Southern Ocean trifft. Zu den schönsten Schluchten gehören die wildromantische Brachina Gorge und die Chambers Gorge mit Badestellen und uralten Felsgravuren der Aborigines. Sie erzählen die Geschichte von zwei »Valnaapa« – Ältesten – die Wasser und Kupfer schufen, bevor sie in den Himmel aufstiegen und zu Wolken wurden.

Wer Südaustraliens größtes Gebirge auf eigene Faust entdecken will, sollte einen Geländewagen mieten – die schönsten Routen liegen allesamt abseits der geteerten oder gut planierten Straßen. Zwischen April und Oktober schnauft die mehr als 100 Jahre alte Dampfeisenbahn *»Pichi-Richi-Railway« auf den Schienen des legendären Ghan von Quorn via Wooshed Flat nach Port Augusta und zurück. 66 km nördlich liegt das Landstädtchen *Hawker, mit Eisenbahnanschluss, Hotels, Motels und Campingplätzen ein wichtiger Service-Stützpunkt in den nördlichen Flinders Ranges.

Die nördliche Verlängerung der Flinders Ranges bilden die **Gammon Ranges**. Da sie weniger stark erodiert sind, wirken sie schroffer und kantiger. Das 610 km² große *Arkaroola Wilderness Sanctuary ist ein privates Naturschutzgebiet. Reg und Griselda Sprigg legten es im Jahr 1968 auf dem Gelände einer einstigen Schaffarm an. Etwa 160 Vogelarten und das scheue Ringschwanz-Felsenkänguru leben hier. Abends lockt eine Tour über den nächtlichen Himmel – das Arkaroola Astronomical Observatory von Doug Sprigg besitzt das größte private Teleskop von Australien und wird selbst von der NASA gelegentlich genutzt.

* Clare Valley

Mehr als 30 Kellereien mit Direktverkauf, Eukalyptuswälder und Weinberge prägen das Weinbaugebiet Clare Valley, 140 km nördlich von Adelaide, rund um den Hauptort Clare (2600 Einwohner). Das Tal ist für seine Weißweine bekannt. Der 27 km lange Riesling-Trail führt vorbei an zahlreichen Weingütern von Clare nach Auburn. Ältestes Weingut des Tals ist Sevenhill Cellars, das Jesuiten 1848 gründeten. Östlich von Clare lohnt ein Abstecher nach *Mintaro, ein winziges Dorf mit vielen Gebäuden aus der Zeit um 1850.

Es entstand, als bei Burra Kupfer entdeckt wurde und täglich mehr als 100 Maultiergespanne, die das Metall in Konvois nach Adelaide brachten, hier vorbeizogen. Heute liegt Mintaro, 1984 als State Heritage Area unter Denkmalschutz gestellt, abseits des Durchgangsverkehr und lässt sich so in aller Ruhe gut zu Fuß erkunden. Das klassizistische Herrenhaus Martindale Hall, heute ein Hotel, wurde 1879 von einem englischen Aristokraten für seine Zukünftige errichten – doch als der Bau stand, löste sie die Verlobung in letzter Minute. Auch in Burra lebt das Ambiente einer Bergbausiedlung aus der Kolonialzeit bis heute fort. Wer der Heritage Passport Tour folgt, entdeckt die kleinen Straßen der Pioniere, Cottages, Kirchen, Museen, das Gefängnis und die Monster Mine.

** Barossa Valley

Mit seinen idyllischen Orten, seinen Rebhängen in sanft gewellten Hügeln und seinen hervorragenden Weinen, die schon seit Jahrzehnten Weltruf genießen, ist das Barossa Valley, 50 km nordöstlich von Adelaide, ein beliebtes Ausflugsziel der Hauptstädter und Pflichtprogramm für die meisten auswärtigen Gäste. Mehr als 50 Weingüter mit Direktverkauf laden in dem 40 km langen und 3 bis 12 km breiten Tal zur Weinprobe, häufig ergänzt durch Keller- oder Weinbergführung. Zu den bekanntesten Weingütern zählen Orlando's Wines mit ihrer Weltmarke Jacob's Creek, Penfold's, Yalumba, Peter Lehmann und Wolf Blass. Ganz im Süden liegt Sandy Creek. Eine kleine Stichstraße führt zum *Whispering Wall Reservoire, dessen Staumauer für ein akustisches Phänomen berühmt ist: Was hier geflüstert wird, ist auf der 140 m entfernten Gegenseite noch immer deutlich zu verstehen. Als Tor zum Barossa Valley

sondern ein von den Aborigines aus Südostasien in den Norden eingeschleppter Wildhund gab vor mehr als 100 Jahren den Ausschlag für den Bau der 1,5 bis 2 m hohen Barriere aus Maschendraht und Holz: der Dingo. Dringt er erst einmal in eine Herde ein, reißt er in der Regel nicht nur ein Schaf, sondern tötet gleich mehrere Tiere. Wer den Zaun beschädigt oder vergisst, das Tor zu schließen, muss mit hohen Geldstrafen rechnen.

gilt jedoch *Lyndoch mit dem schlossartigen Weingut **Chateau Yaldara**. In Tanunda, 1843 von deutschen Lutheranern als »Langmeil« gegründet, präsentiert das *Barossa Tourist and Wine Centre den Weinbau und die Geschichte des berühmten Tals. 1918, mitten im Ersten Weltkrieg, wurde der damalige Ort Gnadenfrei in Maranga umbenannt. Auf dem Gelände der nahen Seppeltsfield Winery treffen sich alljährlich im Mai Ballonfahrer aus allen Teilen des Landes zur *Hot Air Balloon Regatta. Im Norden des Barossa Valley folgt Nuriootpa, wo Penfold's seinen »Kaiserstuhler« produziert und Maggie Beer die kulinarischen Traditionen des Tals zelebriert. In ihrem »Farm Shop« am Barossa Valley Way gibt es die kulinarischen Kleinode der wohl bekanntesten Köchin des Kontinents auch für daheim. Berühmt ist Beer vor allem für ihre Pheasant Paté, Pfauen-Pastete. Auf südaustralische Spezialitäten konzentriert haben sich auch zwei Läden in Angaston: der South Australia Company Store und die Angas Park Fruit Company. Unterwegs lohnt ein Abstecher zum *Mengler Hill Lookout mit Panoramablicken über das Weinbaugebiet. Um höchste Genüsse für Gaumen und Kehle dreht es sich ebenso beim **Barossa Vintage Festival**, das alle zwei Jahre ab Ostermontag sieben Tage lang zum Ende der Weinlese gefeiert wird. Darsteller in alten Trachten beleben den »Ziegenmarkt«, Weinproben, Kunstausstellungen und ein Straßenumzug mit mehr als 100 Wagen begleiten das zweitgrößte Festival des Bundesstaates South Australia.

Deutsche Lutheraner besiedelten ab 1838 das Barossa Valley. Kurz danach begann die Weinbaugeschichte des Tals, das heute zu den größten Anbaugebieten des Landes zählt.

Flinders Ranges Nationalpark

Landstraße bei Sonnenuntergang durch die Razorback Ridge in den Flinders Ranges. Die meisten Straßen im Park sind auch für normale Autos gut zu befahren.

Die Flinders sind ein Mekka für alle, die Buschwanderungen mögen. Die beste Zeit dafür ist von Mai bis Oktober, wenn die Temperaturen angenehm sind.

Die Beuteltiere

Die Entwicklungsgeschichte der australischen Beuteltiere (Tüpfelkuskus unten, Opossum rechts, Baumkänguru ganz rechts) reicht bis zu 150 Millionen Jahre zurück, als Australien durch das Auseinanderbrechen des Urkontinents Gondwana isoliert wurde, sodass sich die Beuteltiere anders als in Asien und Südamerika ohne Konkurrenz zu den plazentalen Säugetieren ungestört entwickeln konnten. Am bekanntesten sind der Koala und das Riesenkänguru. Daneben entstanden insgesamt rund 250 weitere Arten, die ökologische Nischen besetzten und beinahe alle denkbaren Lebensformen entwickelten: Es gibt Fleisch- und Pflanzenfresser, Baum- und Bodenbewohner, Gräber, Gleitflieger, gepanzerte und weichhäutige Formen. Gemeinsam ist ihnen das Fortpflanzungsmuster: Im Gegensatz zu den plazentalen Säugetieren, deren

Embryonen stets von einer Plazenta ernährt werden und fertig entwickelt zur Welt kommen, werden Beuteltiere als hilflose Embryonen geboren, die im Beutel der Mutter heranwachsen, bis sie außerhalb dieses Schutzraumes überleben können. Auch die Größenunterschiede sind groß: von wenigen Zentimetern Körperlänge bei den Beutelmäusen bis zu 1,70 m beim Grauen und beim Roten Riesenkänguru.

Das Riesenkänguru

Es ist das Symboltier Australiens – das Känguru. Mit seinem langen Schwanz und den langen Hinterbeinen, aber den stark verkürzten Vorderfüßen hat das Tier einen ganz eigenen Körperbau. Doch typisch ist sein Beutel, in dem sein nur zwei Zentimeter großer Embryo nachreift. Das Kleine wandert vom Geburtskanal direkt in den Beutel, klammert sich an einer Zitze fest und bleibt nun noch rund 240 Tage im Beutel. Wenn sie rund 150 Tage alt sind, schauen die Kleinen das erste Mal aus dem Beutel heraus. Das größte Beuteltier der Erde kann fast bis 1,70 m groß werden und bis zu 55 kg schwer. Rote und Graue Riesenkängurus können bis zu 12 m weit springen und kommen fast in ganz Australien vor. Zu sehen sind sie tagsüber dennoch kaum, da sie sich in der Hitze meistens unter schattigen Bäumen aufhalten und erst wieder in der Abend-

kühle zum Fressen erscheinen. Weder das Graue noch das Rote Riesenkänguru haben Fressfeinde in Australien. Wenn die Kängurus angegriffen werden, stellen sie sich auf ihren kräftigen Schwanz, richten sich auf und verjagen den Angreifer mit kräftigen Schlägen ihrer starken Hinterbeine. Zu den häufigsten Todesursachen zählen aus diesem Grund auch eher Verkehrsunfälle, aber auch Angriffe von Dingos auf Jungtiere.

South Australia

Hahndorf

Zahlreiche Straßen mit alten Bäumen, typisch deutsche Fachwerkhäuser und lutherische Kirchen mit spitzen Türmen bestimmen das Bild von Hahndorf, der zweitältesten deutschen Siedlung in Australien. Die Ortschaft liegt malerisch eingebettet zwischen Reben und Erdbeerfeldern, aber auch die in Australien üblichen Eukalyptusbäume stehen hier. Natür-

*Adelaide Hills

Nur wenige Kilometer östlich von Adelaide beginnt das Hügelland der Adelaide Hills, bevorzugter Wohnort wohlhabender Hauptstädter und Naherholungsgebiet. Beliebte Ausflugsziele sind der Windy Point in Belair und der 727 m hohen Mount Lofty, die beide fantastische Ausblicke auf Adelaide bieten – besonders eindrucksvoll ist hier das Lichtermeer am Abend.

Zahlreiche Dörfer in den »Hills« wurden von Deutschen gegründet, die wie Lobethal noch mit ihren Namen an ihre Vergangenheit erinnern. Australiens zweitälteste deutschstämmige Siedlung ist *Hahndorf, 30 km östlich von Adelaide. 187 Lutheraner aus Ostpreußen, die vor religiöser Verfolgung von Hamburg nach Adelaide geflüchtet waren, hatten hier 1837 ein 150 ha großes Gebiet erhalten. Nur wenige Kilometer außerhalb der Siedlung, die heute ein Bilderbuchdorf ist, lebte und arbeitete der gebürtige Hamburger Sir Heinrich Heysen (1877–1968). Sein Anwesen »The Cedars«, heute ein Museum, atmet noch die Gegenwart des Landschaftsmalers: Im Atelier steht ein unvollendetes Werk auf der Staffelei; im Wohnzimmer seiner Villa liegt ein Buch aufgeschlagen am Kamin. Heysens Ansichten der Flinders Ranges und einige Aquarelle des australischen Buschs sind auch in der Hahndorf Academy ausgestellt.

*Mount Gambier

Ganz im Südosten des Bundesstaates, nur wenige Kilometer von der Grenze zu Victoria entfernt, ragt der erloschene Vulkan Mount Gambier aus der von Schafzucht, Milchwirtschaft und Weizenanbau dominierten Ebene. Unter den vier Kraterseen ist besonders der **Blue Lake** berühmt – zwischen November und März wechselt der 97 m tiefe See jeweils seine Farbe von trübem Grau zu leuchtendem Kobaltblau. Das Phänomen ist leicht geklärt: Die steigenden Wassertemperaturen sorgen dafür, dass sich die Kalkpartikel im Seewasser zusammenziehen, die alles sichtbare Licht außer Blau binden. Wenn sich das Wasser abkühlt, lösen sich die Partikel wieder – und der See wird langsam wieder graugrün. Der gleichnamige Ort Mount Gambier ist ein typisches Landstädtchen ohne nennenswerte Sehenswürdigkeiten.

*Naracoorte Caves

Die zwischen 18000 und 170000 Jahre alten Fossilien ausgestorbener Beuteltiere in der **Victoria Cave von Naracoorte** im Südosten Südaustraliens gehören zu den bedeutendsten prähistorischen Funden der Welt. Die Höhle wurde daher bereits 1984 von der UNESCO zum Weltnaturerbe der Menschheit erklärt. Ungewöhnliche Tropfsteinbildungen bergen die Alexandra Cave und die Blanche Cave 11 km südöstlich. Die nahe Bool Lagoon steht als Feucht- und Vogelbrutgebiet von internationaler Bedeutung unter dem Schutz der Vereinten Nationen.

*Murray River Region

Der Murray River ist mit 2520 km nicht nur der längste, sondern auch einzige schiffbare Fluss Australiens. Ein beliebter Ausgangspunkt für Hausboot-, Raddampfer- und Ausflugsfahrten auf Australiens Fluss der Legenden ist Murray Bridge, wo 1879 die erste Brücke über den Murray errichtet wurde. Zu den ältesten Siedlungen entlang des Flusses gehört Mannum. Im Jahr 1854 erbaute Kapitän Randell mit der »Mary Ann« hier den ersten Schaufelraddampfer auf dem Murray. Erhalten ist heute nur noch der riesige Heizkessel – er schmückt den Park am Flussufer. Der Paddlesteamer PS Marion, 1898 auf der örtlichen Werft erbaut, berichtet heute als Museum von der Blütezeit der Flussschifffahrt. Rund 25 km flussabwärts von Murray Bridge biegt der Murray im rechten Winkel nach Süden ab. Hier erzählt das *»Old Tailem Town« bei Tailem Bend mit 70 sorgsam restaurierten Gebäuden, die teilweise hierher versetzt wurden, vom Leben im ausgehenden 19. Jh. Sehenswert ist auch das Museumsdorf *Loxton Village in Loxton mit mehr als 30 Gebäuden aus den ersten Jahren der Murray-Siedler. Zu den ältesten und größten Siedlungen am Fluss gehört auch Renmark. Etwas außerhalb präsentiert *Ruston's Rose Garden 50 000 Rosen aus mehr als tausend Arten – der Garten ist damit die

lich gibt es hier deutsche Souvenirs, und es stehen in jedem Lokal deutsche Gerichte auf der Karte – wem all das noch nicht reicht, der komme zum »Schützenfest« im Januar, wenn deutsches Brauchtum in Hahndorf seinen Höhepunkt erlebt. Hahndorf wurde im Jahr 1839 von protestantischen Einwanderern aus Ostpreußen gegründet. Der Name leitet sich von Kapitän Hahn her, der den ostpreußischen Ankömmlingen bei der Suche nach Land geholfen hatte. Seit 1988 steht Hahndorf in seiner Gesamtheit unter Denkmalschutz. Durch die beeindruckenden Adelaide Hills fährt man dann weiter ins rund 30 km entfernte Adelaide.

größte Rosenshow der Südhalbkugel. Doch nicht Blumen, sondern Wein, Zitrusfrüchte, Gemüse und Trockenobst bilden die wirtschaftliche Grundlage der Kleinstadt, wo die Kanadier George und Willliam Chaffey erste Bewässerungsanlagen errichteten. Zu den größten Weingütern gehören Renmano und Berrie Estate, beide seit 1992 Teil der Thomas-Hardy-Wines-Gruppe, sowie Angrove's Winery, die auf 4,5 ha jährlich 18 000 Tonnen Trauben erntet. Ungewöhnlicher ist ein Besuch beim *Banrock Station Wine and Wetland Centre in Kingston-on-Murray. Nach einer Weinprobe mit Bio-Tropfen mitten im renaturierten Schwemmland des Flusses lädt ein Holzsteg ein, auf einem Spaziergang durch das Feuchtgebiet die einheimische Vogelwelt zu entdecken: Schlangenhalsvögel, Reiher und Silberreiher suchen an den schlammigen Flussrändern nach Nahrung, Gelbschnabellöffler, Kormorane und Pelikane paddeln über die milchig-gelben Fluten. Nachts werden hier dann australische Zwerggleitbeutler und kleine Schmalfuß-Beutelmäuse aktiv.

* **Fleurieu Peninsula**
Die Halbinsel südlich von Adelaide ist ein beliebtes Ziel für Tagesausflüge. 50 km von der Hauptstadt entfernt, ballen sich die Erlebnismöglichkeiten: Weinproben im McLaren Vale, eine Fahrt mit der Pferdeeisenbahn Cockle Train von Victor Harbor nach Granite Island, wo abends Zwergpinguine in einer kleinen Parade an Land watscheln, Surfen an den Stränden von Middleton, Port Elliot und Goolwa, Flusskreuzfahrten sowie Wanderungen auf dem Heysen Trail, mit 1500 km einer der längsten Wanderwege der Welt.

Lenswood Vineyard liegt in den Adelaide Hills.

Am Cape Jervis legt die Fähre nach Kangaroo Island ab.

* **Coorong Nationalpark** Von der Mündung des Murray River bis nach Kingston erstreckt sich eine rund 130 km lange Kette von Lagunen, Feuchtgebieten und Sanddünen, die auf der schmalen Landzunge der Younghusband Peninsula der Brandung des Southern Ocean trotzen. Die Lagune war jahrtausendelang die Heimat der Ngarrindjeri-Aborigines, die hier ihre Fischnetze auswarfen und Herzmuscheln am Strand sammelten. Mehr als 200 Vogelarten leben im 500 km² großen Nationalpark, vorherrschend sind hier Pelikane, Kormorane, Ibisse.

Oben: Die Kulturlandschaft der Adelaide Hills ist eine sehr beliebte Ferienregion.

Der Emu

Er ist ein Vogel, kann aber nicht fliegen. Seine Flügel werden nur bis zu 35 cm lang und haben keine Steuerfedern mehr. Dieses so verkümmerte Gefieder macht ein Abheben unmöglich. Der Emu hat sich aufs Laufen spezialisiert und kann Spitzengeschwindigkeiten bis zu 50 km/h erreichen. Genauso wie das Känguru steht der Emu für Schnelligkeit und Fortschritt, beide sind sie die Wappentiere Australiens. Vielleicht auch, weil beide mit Riesenschritten vorwärtsgehen – der Emu kann immerhin bis zu 2,70 m in einem Schritt überbrücken. Der in Australien endemische Emu ist der letzte Überlebende seiner Art. Sein Erscheinungsbild ist speziell – mit seinem gedrungenen Körper, seinen hohen, sehnigen Beinen und dem langen Hals mit nur sparsam befiedertem Kopf hat er eine ganz typische Silhouette. Vor allem vor der untergehenden Sonne in

den Weiten der Landschaft sind Emus ein beliebtes Fotomotiv. Besonders spektakulär sind die Massenwanderungen der Tiere in Westaustralien, dann schreiten bis zu 70 000 Tiere auf einmal durch die Steppe – auf Suche nach neuen Nahrungsgebieten. Von jeher war sein mageres Fleisch beliebte Speise, noch heute kommt es als Prosciutto auf den Tisch. Allerdings stammt der Emu-Schinken dann von gezüchteten Tieren.

South Australia

Tierwelt an der Südküste

Neben ihrer landschaftlichen Schönheit hat die Südküste eine vielfältige Fauna zu bieten. Zu den auffälligsten Säugetieren zählt der Wombat, der einzige Nager unter den Beuteltieren. Das einem Biber nicht unähnliche nachtaktive Tier lebt von Gräsern, Kräutern, Wurzeln und Pilzen und gräbt mit seinen kräftigen Krallen ganze Systeme von unterirdischen Gän-

* **Eyre Peninsula** Als großes Dreieck ragt die Halbinsel in den Great Southern Ocean und trennt den Spencer Golf im Osten von der Großen Australischen Bucht im Westen. Im Norden endet die Halbinsel an den vulkanischen Bergkuppen des Gawler Ranges Nationalpark, in dem Haarnasen-Wombats, Emus, Zwergopossums und Springmäuse leben. Im Landesinnern der Halbinsel dominieren Weizenfelder und Weiden; an der Südspitze experimentieren zwei Winzer mit Weinbau. Das Westufer der Eyre Peninsula gehört zu den atemberaubendsten Küstenlandschaften Australiens. An der *Head of Bight lassen sich Richtwale beim Säugen ihrer Jungen beobachten. An der *Baird Bay starten Touren, bei denen die Gäste von einem Guide begleitet mit Seelöwen und Delfinen schwimmen. Bei speziellen Tauchtouren können erfahrene Sporttaucher sogar den Weißen Hai aus sicheren Käfigen beobachten. Flora und Fauna der Südküste schützen zwei Nationalparks. Den *Coffin Bay Nationalpark (300 km²) prägen Wanderdünen, Heideflächen und Sandstrände; den 120 km² großen *Lincoln Nationalpark wilde Klippen und tosende Brandung. Südlich von Streaky Bay erhebt sich Murphy's Haystack, ein »Heuhaufen« aus bizarr erodierten Felsblöcken aus rosa Granit.

* **Yorke Peninsula** Die stiefelförmige Halbinsel nordwestlich von Adelaide, die den Spencer Golf im Osten vom St. Vincent Golf im Westen trennt, liegt ein wenig abseits der touristischen Ströme, ist aber bei Australiern durchaus als Ferienziel beliebt. Der Norden der Halbinsel trägt den Beinamen »Little Cornwall«: Ab 1859 zogen Siedler aus Cornwall zur Arbeit in den Kupferminen in das Gebiet. Heute erinnern nur noch einige Museen und Besucherminen wie der *Moonta Heritage Site und das *Kadina Museum an den kurzen Bergbauboom. In den Häfen der Westküste wird Gerste verladen – die Halbinsel gilt als Kornkammer Australiens. Klippen und vorgelagerte Riffe, an denen im Jahr 1909 auch der Segler Clan Ranald zerschellte, prägen die Ostküste.

*** **Kangaroo Island** Hier sagen sich Pinguine und Wallabies gute Nacht, träumen Koalas im Eukalyptusrausch und watscheln Pinguine zu ihren Nestern in den Dünen, nehmen Seelöwen ein Nickerchen am Strand, hüpfen Kängurus allerorten durch den Busch. Auf der 4350 km² großen Insel hat die südaustralische Regierung zwischen Bauernland und Schafweide mit 26 Schutzzonen eine Wildnis erhalten, die seit Jahrtausenden nahezu unverändert ist. 1802 entdeckte der englische Kapitän Matthew Flinders die Insel im Süden des Fünften Kontinents. Als die halb verhungerte Crew an Land ging, wurde sie von Kängurus umringt. Die Mannschaft erschoss 31 Exemplare, kam wieder zu Kräften – und benannte die Insel nach den ihr Leben rettenden Beuteltieren.
Die bekannteste Attraktion der »Känguru-Insel« ist der *Seal Bay Conservation Park an der Südküste. Drei Tage jagen und fressen, drei Tage dösen und verdauen – das ist der Rhythmus der Seelöwen am Strand. Um die Tiere nicht zu stören, bleibt der Strand für individuelle Besuche gesperrt – bei Führungen mit den Rangern sind die Seelöwen jedoch zum Grei-

gen. Die sonderbarste Spezies stellen aber die sogenannten Kloakentiere dar, die einzigen Säugetiere, die Eier legen. Ihr Name rührt daher, dass sie, wie Vögel und Kriechtiere, nur eine rückwärtige Körperöffnung (Kloake) besitzen, die gleichermaßen als Geschlechtsorgan und Ausgang für Exkremente dient. Zu den Kloakentieren zählt das Schnabeltier, mit dem Leib eines Fischotters, einem Biberschwanz, Schwimmflossen und einem schnabelähnlichen Maul. Unter den Vögeln gehört der Schwarze Schwan (links) zu den ornithologischen Raritäten: Der lange als Unglücksbote geltende Vogel kommt von Natur aus nur in Australien vor.

fen nah. Das Besucherzentrum stellt die Lebensweise der Seelöwen vor; ein Boardwalk bietet gute Ausblicke auf die Kolonie. In der Little Sahara ducken sich hellweiße Dünen unter grünem Buschwerk. Im Kelly-Hill-Naturschutzpark eröffnet das Labyrinth der *Kelly Hill Caves eine unterirdische Wunderwelt mit Stalagmiten und Stalaktiten, die im Schein der Strahler marmorweiß und rosa leuchten. Den Westen der Insel nimmt der 740 km² große *Flinders Chase Nationalpark ein. Mehr als 400 Pflanzen- sowie 20 Reptilien- und Froscharten sind in diesem sehenswerten Park heimisch. Teebäume, Banksias und Akazien wachsen bis an die abgeschiedenen Strände. Ameisenigel, Goannas, Wallabies, Schnabeltiere und Koalas leben in den weiten Eukalyptuswäldern, die das Hinterland bedecken. Auf dem Gebiet dieses Nationalparks erheben sich auch die berühmten Felsskulpturen der Remarkable Rocks: Wind, Regen und Meerwasser haben über Jahrtausende diese massiven Granitfelsen auf einer Anhöhe bizarr geformt.

Weiter westlich am Cape Couëdic wölbt sich düster-majestätisch der Felsbogen des Admiral's Arch über den vom Pazifik umbrandeten Felsplatten, auf denen neuseeländische Felsrobben dösen. In die Felswände und Sandhügel rund um Penneshaw und Kingscote bauen kleine Pinguine ihre Nester. Diese Zwergpinguine sind die einzige in Australien brütende Art. Für ihren Landgang warten sie die Dämmerung ab.

Taucher finden rund um Kangaroo Island einige der besten Tauchgründe Australiens in der gemäßigten Klimazone. In den kühlen und klaren Fluten leben Blauteufel, Harlekine, Korallenfische und scheue Leafy Sea Dragon, Blattfetzenfische. Unter Wasser begegnen sie mehr als 80 Wracks, viele in unmittelbarer Nähe der Strände.

Wer baden möchte, der findet an der Südküste noch weitgehend unberührte Sandstrände wie Vivonne Bay und D'Estrees Bay. Sicherer ist das Schwimmen an der von Stränden wie Emu Bay, Browns Beach und American Beach gesäumten Nordküste.

Hotellerie und Gastronomie konzentrieren sich auf die drei Hauptorte: den Fährhafen Penneshaw, die Inselhauptstadt Kingscote sowie American River in der Nähe des Flugfelds. Die Engländerin Susan Pearson, in Sydney zur Starköchin avanciert, wagte auf Kangaroo Island mit einem landesweit einmaligen Konzept den Sprung in die Selbstständigkeit: Sie verwöhnt die Gäste der Ferienapartements, die sich auf der Insel sonst mit Tiefkühlkost oder Fish & Chips versorgen, bei Anruf mit Sterne-Genüssen: »Two Fish & A Squid« liefert Gourmet-Dinners just-in-time. Im natürlichen Ambiente der Insel entstehen erstklassige Produkte: Käse und Joghurt aus Schafsmilch, Honig von den weltweit einzigen reinrassigen ligurischen Bienen sowie Marrons – Süßwasser-Schalentiere. Und seit Kurzem hat auch die Rebkultur die Insel erreicht: In der Nähe von Penneshaw lädt mit Sunset Wines die erste Weinkellerei der Insel zur Degustation.

Oben links: Am südlichen Ende der Yorke Peninsula wartet der Innes Nationalpark mit wunderschönen Küstenstreifen auf. Oben rechts: Auf Kangaroo Island stößt man auf eigentümliche Landschaften.

Kangaroo Island

Selbst das Meer scheint sich in der Einsamkeit von Kangaroo Island zu langweilen und hat sich deswegen als Bildhauer betätigt. Anders lassen sich die kunstvollen Steinformationen nicht erklären.

Die bizarren Felsblöcke der Remarkable Rocks im Flinders Chase Nationalpark an der Westküste von Kangaroo Island strahlen eine ganz eigene Atmosphäre aus.

South Australia

»Der Indian Pacific«

Die Fahrt mit dem Indian Pacific gehört nicht nur zu den berühmtesten, sondern auch zu den längsten Bahnreisen der Welt. Sie verläuft von Sydney über Adelaide nach Perth am Indischen Ozean entlang. Die Reise von Adelaide nach Sydney dauert 24 Stunden, von Adelaide durch die Nullarbor-Ebene nach Perth sind 65 Stunden einzuplanen. Für Unterhaltung sor-

Entlang des Eyre Highway muss man immer mit querenden Tieren rechnen.

Sport und Freizeit

* **Coober Pedy** In Coober Pedy und anderen Opalorten können Besucher Abraumhalden nach Opalresten durchsuchen: »Noodling« heißt die Attraktion, bei der viele Hände im Dreck wühlen, weiße Steinchen zum Mund führen und hoffnungsvoll den Staub ablecken: Ist es nur wertloser Kalkstein – oder funkelt im Gestein vielleicht eine wertvolle Opalader?

** **Barossa Valley** Ein Viertel aller australischen Weine wird im Barossa Valley gekeltert, darunter auch Trauben, die in den nahen Adelaide Plains wachsen. Mehr als 50 Kellereien – darunter Penfold's, Hardy's Orlando, Yalumba und Yaldara – produzieren im berühmtesten Weintal des Bundesstaates Rot- und Weißweine für den Weltmarkt. In dem etwas höher gelegenen Seitental Eden Valley keltern zehn Winzer Riesling, Chardonnay und Pinot Noir. Etwas nördlicher schließt sich die Heimat vorzüglicher Weißweine – Semillon, Sauvignon Blanc, Chenin Blanc, Rhine Riesling, Chardonnay – an: Clare Valley. Auch in unmittelbarer Nähe zur Hauptstadt werden elegante Weißweine gekeltert. Die 25 Winzer in den hügeligen Adelaide Hills bauen rings um Hahndorf, Stirling und Woodside vor allem Chardonnay und Sauvignon Blanc an. Weingüter wie Chapel Hill, das tatsächlich in einer Kapelle residiert, und Coriole begründen mit ihren Roten den ausgezeichneten Ruf des McLaren Vale auf der Fleurieu-Halbinsel im Süden von Adelaide. Nahe der Grenze zu Victoria sorgt in Coonawarra die »terra rossa«, ein dünne Schicht aus leuchtend roter, eisenhaltiger Erde auf weichem Kalkstein- und Sanduntergrund, für Furore im Glas. Auf 16 km Länge und nur knapp 3 km Breite bringen 22 Winzer Rotweine von Weltruf hervor, die alljährlich mit Auszeichnungen überhäuft werden. War Coonawarra anfangs vor allem für seine Cabernets berühmt, werden heute hier auch ausgezeichnete Shiraz-, Merlot- und Pinot-Noir-Weine angebaut. Zu den Top-Labeln im Tal gehören Redman, Ryman, Wynn, Hollick und Balnaves. Ein weitestgehend unbekanntes Gebiet für weiche und fruchtige Rotweine ist Langhorne Creek. Klein und fein sind auch die Newcomer der Limestone Coast: Pathdaway, Keddoch und Mt. Benson. Auch an der Südspitze der Eyre Peninsula lassen zwei Winzer mittlerweile ihre Reben im Seewind reifen. Noch im Versuchsstadium ist der Weinbau auf Kangaroo Island, doch die Ergebnisse der einzigen Kellerei – Sunset Wines – sind vielversprechend. Mehr für Quantität als Qualität waren jahrzehntelang die Winzer aus Riverland berühmt. Doch in den letzten Jahren haben sich hochwertige Fassweine zu den Traditionstropfen – edelsüße Dessert- und Likörweine, Sherrys, Weinbrände – gesellt. Fast alle Weinbaugebiete lassen sich auf markierten Themenrouten für Selbstfahrer, für die sie bei den Tourismusbüros vor Ort passendes Material bereithalten, entdecken. Im McLaren Vale führt der nicht anstrengende *Almond Train Walk entlang einer alten Bahnstrecke durch Mandelplantagen und Weingärten. Eine Besonderheit lockt im Barossa Valley: eine stilvolle Bahnreise mit dem *Barossa-Weinzug.

* **Eyre Highway** Seit 2006 können Golfbegeisterte auf dem längsten Green der Welt ihren Schläger schwingen: dem 1400 km langen Eyre Highway von Ceduna in Südaustralien bis Kalgoorlie in Western Australien, mitten im »Nichts« der Nullarbor-Ebene. Für jeden Stopp entlang der Strecke wurde ein Loch angelegt. Erdacht hat das ungewöhnliche Projekt ein passionierter Golfer: Bob Bongiorno, Patron des Balladonia Roadhouse südöstlich von Kalgoorlie.

Rechts: Die Weinregion Barossa Valley ist rund 40 km lang und 12 km breit.

gen ein Aussichtsabteil, ein Empfang im Bar-Waggon, Kurzvorträge des Zugpersonals zu Natur und Geschichte der am Fenster vorbeigleitenden Landschaft und stilvolle Mahlzeiten im historischen Ambiente des Zugrestaurants: 1912 war mit dem Bau begonnen worden, 1917 rollten die ersten Dampfloks, für die jeder Tropfen Wasser durch die weite Ödnis herangefahren werden musste. Einst hielt der Zug an jeder Territorialgrenze. Die Spurbreite wechselte, die Passagiere wurden kontrolliert, was recht viel Zeit in Anspruch nahm. Heute hat der von einer sechsachsigen Lok gezogene silberne Zug (links) freie Fahrt.

Zahllose Büschel von Spinifexgras und Termitenhügel recken sich in den weiten Himmel über den Derby Wetlands in Nordwestaustralien.

Western Australia

Go West: Mit rund 2,53 Mio. km² Fläche ist Western Australia der größte Bundesstaat in Down Under – etwa siebenmal größer als Deutschland. Auf einem Drittel der Gesamtfläche des Kontinents leben nicht einmal 2 Mio. Menschen – ein Zehntel der australischen Gesamtbevölkerung. Knapp 1,4 Mio. davon drängeln sich allein in der stetig wachsenden Hauptstadt Perth. Damit hat Western Australia vor allem eines im Überfluss: weitgehend unberührte und vielfach menschenleere Natur. Und so ist das weite, wilde Westaustralien bis heute ein Land der Pioniere geblieben. Die Hauptstadt liegt isoliert – nach Sydney ist es weiter als nach Singapur. Aber seit die reichen Goldfunde bei Kalgoorlie und Coolgardie im Jahr 1892 den Reichtum dieses Bundesstaates begründeten, gilt Perth als Tor zum »Goldenen Westen«.

Western Australia

Perlenstadt Broome

Während überall im Land der Goldrausch grassierte, lockte die Gegend um Broome mit ihren Perlen viele Zuwanderer an. Um 1910 war die Stadt Perlenhauptstadt der Welt, eine Flotte von rund 400 Booten suchte im Meer nach den schillernden Schätzen. Waren es zunächst die Ureinwohner, die nach den Perlen tauchten, kamen später Japaner, Chinesen und Malaien

Western Australia

Fläche: 2,53 Mio. km²
Höchster Berg:
Mount Meharry (1253 m)
Größter Stausee:
Lake Argyle (2100 km²)
Bevölkerung:
1,9 Mio. Einwohner
Hauptstadt: Perth (1,4 Mio.)
Zeitzone: Western Standard Time (MEZ + 7 Std.)

Western Australia, wegen der reichen Goldfunde auch »The Golden State« genannt, ist der größte Bundesstaat Australiens und nimmt etwa ein Drittel der gesamten Landmasse des fünften Kontinents ein. Auf das vielgestaltige Kimberley-Plateau im Norden folgen gen Süden die Große Sandwüste, das Gebirge Hamersley Ranges (1235 m), der westliche Teil der großen Victoria-Wüste und die Nullarbor-Ebene.

Kulturelle Zentren

* **Wyndham** Die nördlichste Stadt Westaustraliens (800 Einwohner) am Cambridge Golf ist Heimat der bekannten »Big Croc«, riesiger Krokodile – 20 m hoch begrüßt das Reptil als Wahrzeichen aus Beton die Besucher. Lebende Exemplare tummeln sich beim Crocodile Lookout und in der Wyndham Crocodile Farm.

* **Derby** In der Kleinstadt (17 800 Einwohner) am King Sound beginnt die Gibb River Road. Die Schotterpiste nach Wyndham kann nur außerhalb der Regenzeit mit einem Geländewagen befahren werden. Unterwegs lohnt ein Stopp auf der riesigen Rinderfarm El Questro, die neben Übernachtungsmöglichkeiten die Gelegenheit bietet, einmal aktiv das Farmleben im Outback zu erleben. Wenige Kilometer vor der Stadt erhebt sich der Boab Prison Tree. Der gewaltige Flaschenbaum diente einst als Zelle: Hier mussten die Aborigines auf ihren Weitertransport in eine »richtige« Haftanstalt warten.

** **Broome** In der »Perlenhauptstadt der Südhalbkugel« (18 000 Einwohner), wo erst Aborigines, dann Chinesen, Japaner und Malaysier nach Perlmutt tauchten, werden heute jährlich Perlen im Wert von mehr als 100 Mio. Euro gezüchtet; inzwischen boomt aber auch der Tourismus. In der Hochsaison übersteigt die Zahl der Gäste die Einwohnerdichte um das Dreifache. Der Cable Beach Club ist ein Tummelpatz für die Reichen und Schönen; in der Dämmerung reiten Urlauber auf Kamelen den 22 km langen Cable Beach entlang, der seinen Namen der ehemaligen Telegraphenleitung zwischen Broome und der Insel Java verdankt. In *Chinatown, wo winzige Straßenkneipen und edle Restaurants mit kulinarischen Genüssen aus aller Welt locken, präsentiert Sun Pictures Kinoklassiker im Freien. Seit 1916 flimmern hier der Welt Evergreens der Filmwelt über die Leinwand.

Am Rand der Roebuck Bay, 25 km von Broome entfernt, vollzieht sich im April und September ein faszinierendes Naturschauspiel, wenn sich Tausende von Zugvögeln in der Bucht versammeln. Im angrenzenden **Broome Crocodile Park können Besucher einige ausgewachsene Exemplare des »Salties« (Salzwasserkrokodilen) und »Freshies« (Süßwasserkrokodilen) aus nächster Nähe beobachten. Rund um den Leuchtturm am *Gantheaume Point und am *Red Cliff Beach werden bei Ebbe 120 Mio. Jahre alte Fußabdrücke von Dinosauriern sichtbar.

* **Carnarvon** Die tropische Küstenstadt 900 km nördlich von Perth ist für ihre »Blowholes« bekannt. Hier tobt die Brandung in Höhlen und jagen Wasserfontänen durch kleine Felsöffnungen. Am Point Quobba schießen sie bis zu 50 m hoch in den Himmel. Auf den Plantagen zu beiden Ufern des Gascoyne River, der hier in den Indischen Ozean mündet, werden Bananen angebaut – zwei Drittel aller australischen Bananen stammen aus dieser Region. Reisende schätzen die Stadt als Stopp vor der Fahrt nach Norden: Hier sind die Übernachtungs-, Sprit- und Lebensmittelpreise deutlich günstiger als auf den nächsten 300 km, auf denen nur vereinzelte Tankstellen und Road Houses den North West Coastal Highway säumen.

** **Kalgoorlie-Boulder**
Im Gegensatz zum Nachbarort Coolgardie, der im Jahr 1905 mit der Schließung der Mine zur Geisterstadt verkam, profitieren die Zwillingsstädte Kalgoorlie-Boulder (35 000 Einwohner) bis heute vom gelben Edelmetall, das der Ire Paddy Hannan 1893 im kargen Boden der »Goldfields« entdeckte. Sein Fund machte »The Golden Mile« zwischen Kalgoorlie und Boulder zum wertvollsten Boden der Welt. Seither wurden in der 3,5 km langen, 1,5 km breiten und 360 m tiefen Tagebau insgesamt 1550 t Gold gewonnen. Darüber hinaus werden auch Nickel, Uran und Blei gefördert. Von der Blütezeit des Goldrausches berichtet das Museum of the Goldfields mit seinem knall-

hinzu und holten fast die komplette Weltproduktion an Perlmutt aus den Fluten vor Broome. Die Weltwirtschaftskrise Anfang der 1930er-Jahre machte dem Geschäft ein Ende, erst in den 1950er-Jahren lief es wieder an.

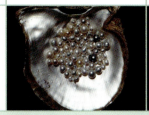

Heute lebt der Ort vom Tourismus, aber viele Juweliergeschäfte in den Straßen blieben dem Perlenschmuck treu. Das historische Museum gibt Einblick in die frühere Blütezeit des Ortes.

Im »Sail und Anchor Pub« trinkt man gern ein Feierabendbier.

roten Förderturm. Die *Mining Hall of Fame widmet sich dem Bergbau im Allgemeinen – mit umfangreichen, teilweise interaktiven Schausammlungen und Touren, bei denen die Besucher Gold waschen, in die historische Goldmine »Hannan's North« einfahren und einem Goldgießer bei der Arbeit zusehen können. Mitten in der Mondlandschaft aus Abraumhalden und alten Schürfgeräten bewahrt das Stadtzentrum von Kalgoorlie prachtvolle Bauten aus der Blütezeit des Goldrausches. Sie finden sich vor allem entlang der Hauptstraße *Hannan Street: die Town Hall (1908), das Government Building (1899), das Post Office sowie einige der ursprünglich fast 100 Pubs, in denen sich die Goldschürfer und Bergleute den Staub aus ihren Kehlen spülen – zum Beispiel im authentischen Exchange Hotel aus dem Jahr 1900. In Kalgoorlie-Boulder gibt es eine Station des »Royal Flying Doctor Service« und eine Einrichtung der »School of the Air«, wo Kinder unterrichtet werden.

* **Geraldton** Das Verwaltungszentrum »Batavia Coast« verdankt seinen Namen dem Wrack des 1629 an den vorgelagerten Abrolhos-Inseln gestrandeten Frachtseglers »Batavia«. Die Stadt rühmt sich mit durchschnittlich acht Stunden Sonne am Tag zu Recht als »Sun City«. Wirtschaftliche Säulen der Hafenstadt sind der Hummerfang sowie Bleivorkommen und der Weizenanbau in der Umgebung, außerdem wird der Tourismus kräftig weiter ausgebaut. Bootsausflüge führen zu den mehr als 100 Inseln des Abrolhos-Archipels. Das kleine *Geraldton Museum erinnert an die unzählige Schiffswracks, das *Old Railway Building präsentiert neben der Geschichte der Stadt auch Flora und Fauna der Region. Am 18. September 2004 wurde vor der Küste das Piratenschiff »South Tomi« versenkt. Korallen, Unterwasserpflanzen und Meerestiere haben das Wrack erobert und zu einem beliebten Tauchplatz gemacht.

** Fremantle »Freo«, wie die Perther die einst selbstständige Hafenstadt Fremantle (25 000 Einwohner) an der Mündung des Swan River in den Indischen Ozean liebevoll nennen, hat etwas, das der Hauptstadt fehlt: Vergangenheit und Flair. Für den America's Cup 1987 wurde der wichtigste Hafen von Westaustralien aufpoliert. Das koloniale Erbe von Fremantle hat man sorgfältig restauriert, die viktorianischen Fassaden saniert. Zwar holten sich die Amerikaner damals den Cup zurück, doch die Idylle blieb, die besonders am Wochenende die Großstädter an den »Cappuccino Strip«, in die Cafés der South Terrace und auf

Links oben: Kamelritt am »Stairway to the Moon«: Bei Vollmond und Ebbe scheinen Lichtreflexionen eine Treppe zum Himmel zu bilden.
Plausch in Fremantle, auch San Francisco von Westaustralien genannt; hübsche Gebäude schmücken die Straße (oben).

Broome

Broomes Küste fasziniert immer wieder durch einzigartige Farbspiele und eine ganz besondere Szenerie.

Die tiefroten Felsformationen sind das Markenzeichen von Broome. Reddell Beach ist bei den Einheimischen zum Baden sehr beliebt.

Western Australia

Bunbury

Nach Perth ist sie mit ihren rund 55 000 Einwohnern die größte Stadt Westaustraliens: Bunbury (rechts) gilt als wichtigster Hafen und wirtschaftliches Zentrum des Südwestens. Sie gehört zu den am stärksten wachsenden Städten des Kontinents. Am Hafen werden die Holzerzeugnisse ebenso verschifft wie Wein oder die Rohstoffe Bauxit und Eisenerz. Besondere Attrak-

die Fremantle Markets lockt: 150 Händler drängen sich unter den hohen Dächern der mehr als 100 Jahre alten Hallen und verkaufen ein buntes Sammelsurium zwischen Tand und Trend, Kulinarie und Kunst. In der Marktkneipe tanzen die Kinder munter zur Live-Musik, während die Eltern am Tresen ein »Emu Bitter« trinken.
Fremantles Blütezeit war der Goldrausch um 1890. Davon zeugen auch die prunkvollen viktorianische Villen und Geschäftshäuser, darunter das Lionel Samson Building von 1898, das Esplanade Hotel (1896), das Rathaus (1887) und die Evan-Davies-Bücherei (1899). Das »Sail & Anchor«-Hotel von 1854 ist ein beliebter Szenetreff – da es sein eigenes Bier braut: Dogbolter, Brassmonkey Stout und Fremantle Steamer. Auch Westaustraliens ältestes öffentliches Gebäude steht in Fremantle: Das kalt-feuchte Round House wurde 1830/31 als Gefängnis errichtet. In dem achteckigen Sandsteinbau mit mächtigen Mauern schmachteten noch bis ins Jahr 1991 einige Häftlinge. Heute genießen die Besucher von hier einen schönen Blick auf die Stadt. Für das ****Western Australian Maritime Museum** wurde 2002 ein spektakulärer Neubau am Victoria Quay nach Plänen von Cox Howlett und Bailey Woodland errichtet, dessen Architektur ein gestrandetes Schiff zitiert. Hauptattraktion des Meeres- und Schifffahrtsmuseums sind der Rumpf des holländischen Frachtseglers Batavia, der 1629 vor Geraldton Schiffbruch erlitt. Im ersten Irrenhaus der einstigen Kolonie, um 1860 von Strafgefangenen errichtet, dokumentiert das Fremantle History Museum die Geschichte der Stadt.

** **Perth** Siehe Seite 200 ff.

* **Margaret River** Die besten Weißweine von Western Australia kommen aus den Weingärten rings um Margaret River, 280 km südlich von Perth. Viele Weingüter laden zur Verkostung ein. Schaufenster der Winzer ist alljährlich das *»Sunday Times Margaret River Wine Festival« Mitte November mit 75 verschiedenen Gourmet- und Weinevents. Offizielle Weinverkostungen, Jazzpicknicks und Konzertreihen auf bekannten Weingütern wie Leeuwin, Clairault, Moss Brothers, Cullen und Redgate gehören ebenso dazu wie Kochkurse und Touren durch Kunstateliers, Käsereien, Olivengärten.
Zwischen der idyllischen 1800-Einwohner-Kleinstadt und dem südlich gelegenen Augusta verläuft die ***Caves Road**. Mehr als 300 Tropfstein-Kavernen säumen diese Höhlenstraße; fünf können besichtigt werden. Besonders eindrucksvoll sind die Yallingup Cave und die Ngilgi Cave bei Busselton. 9 km von Augusta entfernt ragt das schroffe und windumtoste ***Cape Leeuwin** als südwestlichster Punkt Australiens in den Indischen Ozean. Von hier begann Matthew Flinders 1790 seine Umsegelung des Kontinents, bei der er die gesamte Küste kartografierte. Der Cape to Cape Trail verbindet Cape Leeuwin mit dem 135 km nördlicheren Cape Naturaliste.

* **Albany** Die älteste Stadt Westaustraliens (20 000 Einwohner) liegt an den Hängen des Mount Clarence und blickt über die Gewässer der Hanover Bay und des King George Sound. Viele Gebäude erinnern noch heute an die historische Vergangenheit. Das Museum birgt eine Nachbildung der Brig »Amity«, mit der die ersten Siedler 1826 Albany erreichten. 500 m vor der Küste wurde im Jahr 2001 ein Schiffswrack versenkt, um zu einem der weltweit größten künstlichen Riffe für Taucher und Schnorchler zu

tion ist hier Koombana Bay – dort tummeln sich zutrauliche Delfine. So gehören »Swim with the dolphins«-Ausflüge zur beliebtesten Freizeitbeschäftigung. Eine weitere Besonderheit befindet sich im Süden des Ortes, hier finden sich die südlichsten Mangrovenbestände des Landes. Auf dem Mangrove Boardwalk können Besucher nicht nur Wanderungen unternehmen, sondern auch noch viele Vogelarten sehen.

Wildromantische Strände findet man im Torndirrup Nationalpark.

werden. In der näheren Umgebung lohnt der *Torndirrup Nationalpark mit beeindruckenden Felsformationen wie »The Gap« oder »The Natural Bridge« und dem Whale Museum in einer ehemaligen Walfangstation einen Besuch.

* **Norseman** Die alte Goldminenstadt gilt als Westaustraliens Tor zur Nullarbor-Ebene – wer die Wüste von Ost nach West erfolgreich bewältigt hat, erhält im Tourist Centre die »offizielle« Durchquerungsurkunde. Namensgeber für die Siedlung war ein Pferd: Um das Jahr 1890 soll Laurie Sinclair seinen Gaul »Hardy Norseman« über Nacht an einem Baum festgebunden haben. Am nächsten Morgen hatte der Rappe ein Stück Gold freigescharrt. Mit mehr als 5 Mio. Unzen Gold, die bislang hier gefördert wurden, gilt Norseman als zweitgrößtes Goldfeld im Bundesstaat. Den schönsten Blick auf Stadt und Umland bietet der 2 km entfernte Beacon Hill.

** **Esperance** Der Ort an der Südküste, der seinen Namen von der Fregatte »Espérance« des französischen Entdeckers Antoine Raymond Bruni d'Entrecasteaux erhalten hat, erstreckt sich malerisch an der gleichnamigen Bucht und gilt als »Côte d'Azur« des Landes: Dicht an dicht reihen sich die hellweißen Traumstrände, deren Namen romantische Gefühle wecken – Twilight Beach, Lovers Beach … Der Küste vorgelagert ist der Recherche-Archipel, eine Kette aus mehreren hundert Inseln. Bei Bootstouren lassen sich hier Seelöwen, Delfine, Wale (Juni bis Oktober), Seeadler und die seltenen Hühnergänse beobachten. Weiße Puderstrände, Heideflächen und sandige Ebenen prägen den 125 km östlich von Esperance gelegenen, 2800 km² großen *Cape Arid National Park. Im Frühjahr, zur Wildblumenblüte, ist der Park besonders schön.

Oben: Türkisblau schimmert das Wasser am Twilight Strand und man kann einen perfekten Strandtag verbringen.

Western Australia: Perth

Kultur in der Stadt

Der moderne und mächtige Komplex der *Cultural Centre Mall beheimatet die **Art Gallery of Western Australia (rechts) mit Sammlungen tradi-

Perth

In Perth scheinen die Uhren anders zu ticken als im übrigen Australien. Auch die Schwäne sind hier anders als anderswo: Nicht weiß, sondern in ihrem schwarzen Gefieder ziehen sie ihre Kreise auf dem Swan River.

Makellos blau ist der Himmel über Perth. 362 Tage im Jahr herrscht Mittelmeerklima in der isoliertesten Großstadt der Welt. Bali liegt näher als Sydney, 2700 km Wüste trennen die westaustralische Hauptstadt von ihrem Nachbarn Adelaide. Mit dem **Kings Park hat Perth 404 ha Buschland mitten in der Stadt. Dort lassen sich Brautpaare vor der Skyline der City fotografieren. Die Hightech-Hochhäuser künden vom verborgenen Reichtum Westaustraliens: Gold, Eisenerz, Diamanten und andere Bodenschätze machten Perth zu einer Stadt der Millionäre. Als der Astronaut John Glenn 1962 die Erdkugel umkreiste, grüßte ihn Perth so: Alle Bewohner schalteten gleichzeitig ihre Lichter an. Als einziger sichtbarer Lichtpunkt leuchtete die Stadt ins All. Tief berührt, taufte der Astronaut Perth »City of Light« – einen Namen, den sie bis heute stolz trägt.

Das Zentrum der Kapitale lässt sich gut zu Fuß oder mit den kostenlos zu befahrenden Bussen von Central Area Transit (CAT) erkunden. Die ockerfarbene *St. Mary's Cathedral am Victoria Square entstand als Erweiterung der 1844 erbauten St. John's Chapel, einer kleinen katholischen Kirche mit Schindeldach. In der nahen *Perth Mint (1899) werden noch heute sämtliche Gold-, Silber- und Platinmünzen Australiens geprägt. Rings um die Grünanlagen der *Stirling Gardens konzentriert sich die weltliche und geistliche Macht: das *Government House (1864), der *Supreme Court, das *Treasury Building (1874/1905) und das *Council House der Stadtverwaltung. Die *Town Hall (Rathaus, 1867) an der Barrack Street ziert ein ungewöhnlich großer Uhrturm. Hinter der *Deanery (1859), einst Wohnsitz des anglikanischen Bischofs Matthew Hale, ragt der Turm der *St. George's Cathedral empor. Die kirchenähnliche *Old Perth Boys School (1854) an der St. George's Terrace beherbergt nun eine Galerie, ein Teehaus und einen Souvenirladen des National Trust. An der Ecke zur King Street erhebt sich strahlend weiß der Prunkbau des »Maj«. **»His Majesty Theatre« ist das einzige noch erhaltene edwardianische Theater Australiens und wurde 1904 vollendet. Shoppingfans zieht es zur *Hay Street Mall, die über Passagen und Kaufhäuser mit der zweiten großen Einkaufsmeile der Stadt verbunden ist, der *Murray Street. Nördlich vom Bahnhof beginnt der Stadtteil Northbridge, ein angesagtes Ausgeh- und Kulturviertel. Äußerst beliebt ist auch der *Perth Zoo mit dem Conservation Discovery Centre und sehenswertem Nachttierhaus, schnell zu erreichen mit einer

tioneller und moderner Kunst von Aborigines, weißen Australiern, Asiaten und Europäern. Das **Perth Institute of Contemporary Art** (PICA) versteht sich als Schaufenster internationaler Gegenwartskunst. Sicherlich zu den beeindruckendsten Exponaten des benachbarten **Western Australian Museum** gehören der elf Tonnen schwere Meteorit von Mundabilla und der »Mega Mouth«, ein Riesenhai. In der Außenstelle »Old Gaol«, 1853 als Gefängnis und Hinrichtungsstätte von Sträflingen errichtet, werden heute regelmäßig Ausstellungen zur westaustralischen Kultur gezeigt. Die Photography Gallery im *Arts House präsentiert monatlich wechselnde Streiflichter zu allen Stilrichtungen der Fotografie. Das Wissenschaftsmuseum *Scitech Discovery Centre in West Perth ist ein Besuchermagnet für Jung und Alt.

Der Swan Bell Tower ist abends beleuchtet.

In den Trinity-Arkaden kann man ausgiebig shoppen.

Fähre ab *Barrack Street Jetty. Auch die Schiffe, die den Swan River hinab nach Fremantle schippern, legen von hier ab. Nur wenige Schritte entfernt erhebt sich der neue Glockenturm von Perth: das Glocken-Ensemble der *Swan Bells – eines der größten Musikinstrumente der Welt. Zwölf der 18 Glocken sind ein Geschenk der Londoner Kirche St. Martin-in-the-Fields, sechs Glocken wurden in Australien neu gegossen. Das Ostufer des Swan River säumen die ausgedehnten Anlagen von *Burswood Park mit Wegen für Jogger, Radfahrer und Wanderer, einem Heritage Trail, dem Burswood International Resort Casino und einem Brunnen, gewidmet den berühmten schwarzen Schwänen.

Oben: Perth ist eine lebendige Großstadt am Swan River, ideal für eine Kombination aus City-Tour und Naturausflügen.

Perth

Die zwischen Sümpfen, feuchten Ebenen und dem Mount Eliza gelegene Großstadt kam erst durch die Entdeckung von Goldvorkommen um Kalgoorlie im Zentrum Westaustraliens zu Wohlstand.

Einen guten Ausblick auf die Stadt Perth hat man von dem im 19. Jh. angelegten Kings Park aus.

Western Australia: Perth

Rottnest Island

Obwohl der Name es vermuten lässt, erinnert auf Rottnest Island kaum etwas an Ratten. Die Bezeichnung der Insel, unweit von Perth, entstammte dem biologischen Irrtum des niederländischen Seefahrers Willem de Vlamingh. Als er 1696 die seltenen Beuteltiere Quokka gesehen hatte, hielt er sie für Ratten und gab der Insel den Namen »Rattennest«. Nicht nur

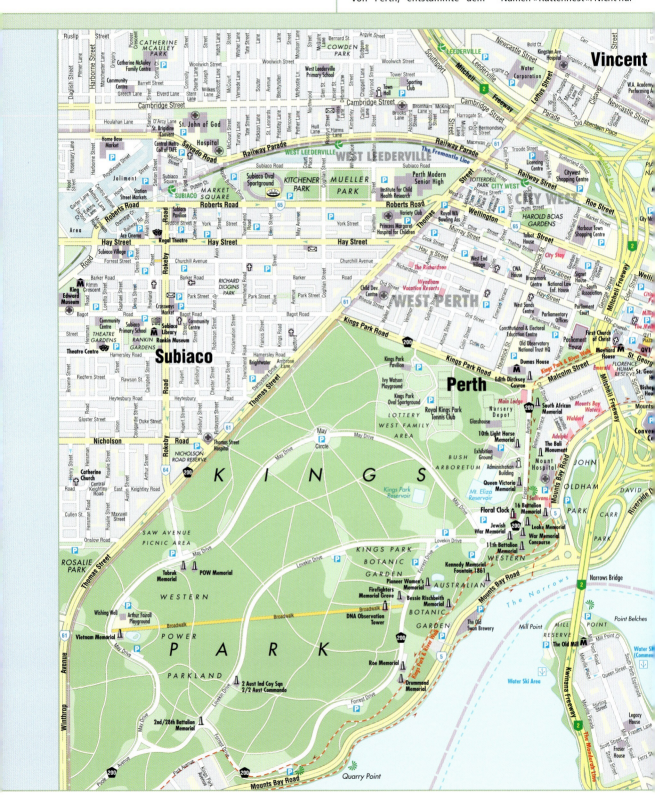

das Kurzschwanzkänguru oder Quokka konnte sich hier ungestört ausbreiten, sondern auch viele seltene Vögel, etwa der Klippensittich, da Füchse und Ratten auf der Insel nicht vorkommen. Die kleine, autofreie Insel, umgeben von weißen Stränden und türkisblauem Wasser, verbreitet eine friedliche Atmosphäre. Hier geht alles gemächlich zu und die meisten Besucher sind zu Fuß oder per Rad unterwegs. Doch nicht nur an Land lohnt sich die Naturerkundung, sondern auch zu Wasser. Rund um die Insel liegen die südlichsten Korallenregionen der Erde. Auch Schiffswracks sind hier zu finden. Spezielle Tauchpfade weisen den Weg.

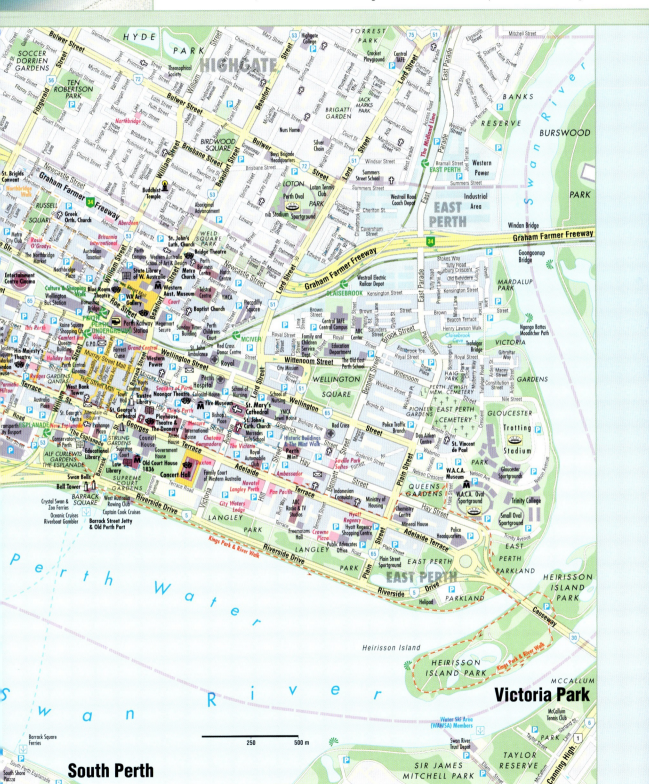

Western Australia

Flötenvögel

Ein wenig sieht er aus wie eine Elster – hat aber einen viel schöneren Namen: der Flötenvogel. Denn im Gegensatz zum Gekrächze der Elster bringt der Sperlingsvogel eine hübsche Melodie hervor, die an die Töne einer Flöte erinnert. Zwar kann der Vogel sehr zahm werden und dabei sogar auch andere Stimmen imitieren – aber er hat auch eine sehr gefährliche Sei-

Ein Baobab im Windjana Gorge Nationalpark.

* **Balladonia** »Balladonia« bedeutet in der Sprache der Ureinwohner »großer, roter Fels«. Weltweit Schlagzeilen machte das Neun-Einwohner-Nest 1979, als die Überreste der Raumstation Skylab 40 km östlich auf der Woorlba-Schaffarm niedergingen.

* **Madura** Die auf halber Strecke zwischen Adelaide und Perth gelegene Madura Station besteht seit 1876. Früher wurden dort Pferde für die britische Armee in Indien gezüchtet. Vom Madura-Pass bietet sich ein weiter Blick auf die Roe Plains und den südlichen Ozean.

* **Eucla** Der letzte westaustralische Ort vor der südaustralischen Grenze und der Nullarbor-Ebene war ab 1877 wichtigste Telegrafenstation außerhalb der Hauptstädte und stellte damit einen wichtigen Schritt zur Erschließung Westaustraliens dar. Nur 33 Jahre nach Erfindung des Telegrafen wurden jährlich 11 000 Nachrichten über Eucla verschickt. Die erste, die am 8. Dezember 1877 in Perth eintraf, lautete sinnigerweise: »Eucla-Leitung steht. Hurra!« Die Reste der alten Telegrafenstation sind 4 km südlich des Highways erhalten. Für den Besuch des Eucla Nationalpark und der Delisser Sand Hills ist ein Allradantrieb erforderlich.

Naturlandschaften und -monumente

*** Kimberley** Die Kimberley Ranges und die Kimberley Coast im Nordwestzipfel des Kontinents präsentieren ein Bilderbuch-Australien: bizarre Bergketten in tiefem Rotbraun, zerklüftete Felsschluchten, weite Steppen mit frei weidenden Rindern, bauchige Baobab-Bäume und tropische Palmenwälder, kilometerlange Sandstrände und eine Vielzahl gefährlicher Tiere wie Box Jelly Fish, Blue Ringed Octopus, Giftschlangen, Krokodile. Die Flüsse und Küstenregionen der Kimberleys sind die einzigen Gebiete in Westaustralien, in denen »Salties« leben, die bis zu 9 m langen Salzwasserkrokodile. Die weit ungefährlicheren Süßwasserkrokodile – »Freshies« – bevölkern die Wasserläufe im Hinterland. Unter Wasser fallen an der Kimberley Coast besonders Meeresschildkröten, mehrere Haiarten und Dugongs aus der Gruppe der Seekühe auf. Auffallend ist ein erheblicher Tidenhub. Er bewirkt einige einzigartige Phänomene, zum Beispiel die »horizontalen« Wasserfälle im Buccaneer Archipelago: Die Flut läuft durch zwei Sandsteinschluchten und türmt dabei eine 4 m hohe fast senkrechte Flutwelle auf. Das große Montgomery Reef ragt bei Niedrigwasser bis zu 5 m über den Wasserspiegel empor.

Die Hügelketten der Kimberleys gleichen gigantischen Freiluftgalerien – sie wurden von den Aborigines besonders häufig als »Leinwand« für Gravuren und Malereien genutzt. Die Bilder aus Naturfarben – Pflanzen- und Gesteinspuder, mit Wasser vermischt – sind unvergleichlich leuchtend und ausdrucksstark. Sie zeigen verschiedene Tierarten, marines Leben und menschliche Gestalten. Manchmal sind sogar europäische Besucher dargestellt, die von den Aborigines für übernatürliche, fast gottähnliche Wesen gehalten wurden und deren Besuche sie in ihre Mythen und Legenden mit aufnahmen.

** **Windjana Gorge Nationalpark** Die schönste Schlucht Westaustraliens ist nur während der Trockenzeit von Mai bis November zu erreichen, wenn aus dem die 3,5 km lange Schlucht durchfließenden Lennard River eine von Wasservögeln, Süßwasserkrokodilen und Flughunden bevölkerte Kette von Wasserlöchern geworden ist (in den übrigen Monaten bleiben die Zufahrtsstraßen gesperrt). Die Flussufer säumen

te. Da er in den großen Städten zu finden ist, stibitzt er einerseits gerne Dinge aus Haushalt und Garten, sobald er sein Nest baut. Wenn er erst brütet, versteht er keinen Spaß. Dann attackiert er rücksichtslos alles,

was seinem Gelege zu nahe kommt. Deswegen finden sich Warnschilder in den Parks und Radfahrer in vielen Städten Westaustraliens tragen Helme auch, aber nicht nur wegen dieses Vogels.

hochgewachsene Eukalypten, einheimische Feigenbäume sowie Papierrindenbäume. Spinifexgras und Büsche schmiegen sich an hohe, gezackte und geriffelte Felswände – Reste eines tropischen Riffs: Vor mehr als 350 Mio. Jahren war Nordwestaustralien von einem flachen Meer bedeckt. In den von Korallen und Algen gebildeten, 90 m hohen Kalksteinwänden kann man Fossilien von Muscheln und anderen Meereslebewesen entdecken. Versteinerte Knochen eines über 15 m langen Krokodils und mehrerer Riesenschildkröten wurden hier geborgen.

*** **Purnululu Nationalpark (Bungle Bungles)** Siehe Seiten 298 ff

* **Wolfe Creek Meteorite Nationalpark** Trotz seiner enormen Größe (Durchmesser rund 900 m) wurde der fast kreisrunde Krater von den Europäern erst im Jahr 1947 aus der Luft entdeckt. Den lokalen Aborigines – den Djaru – war er aber schon lange bekannt. Sie nennen den Krater »Kandimalal« und verbinden ihn mit einer Legende aus der Traumzeit, wonach der Krater die Stelle bezeichnet, an der sich einst eine Schlange aus dem Staub hob und dabei die bis heute sichtbare »Schüssel« formte. Deren Inneres ist zwar nun teilweise mit Sand gefüllt, doch die bis zu 35 m hohen Kraterränder sind noch gut erhalten. Vermutlich ging der Meteorit vor rund 300 000 Jahren mit einem Gewicht von 50 000 t und einer Geschwindigkeit von 15 km in der Sekunde in der Halbwüste nieder.

Oben: Eine typische Bucht in der Kimberley Region, mit wie zufällig dahingestreuten Felsen und Pandanuspflanzen.

207

Kimberley

Die Baobabs, Affenbrotbäume, sind eigenwillige Gewächse. Zwischen den Bäumen entdeckt man einen riesigen Termitenhügel.

Ein Paradies für Vögel, unwirtlich für Menschen: Abgestorbene Bäume recken sich in der Morgendämmerung in den weiten Himmel über den Derby Wetlands in Nordwestaustralien.

Windjana Gorge Nationalpark

Ein ruhiger Naturpool in der Galvins Gorge in den Kimberleys lädt zum Schwimmen und Picknicken ein.

Kleine, bewachsene Flussinseln, rauschende Wasserfälle und schroffe Felswände charakterisieren die Manning Gorge.

Wolfe Creek Meteorite Crater

Die Ausmaße des Wolfe-Creek-Meteoritenkraters lassen sich auch auf der Satellitenaufnahme nachvollziehen. Er hat eine Tiefe von bis zu 48 m.

Mit Gräsern bewachsen hat sich die Flora auch in dieser kargen Landschaft den Meteoritenkrater wieder erobert.

Western Australia

Rodeo in Mount Isa

Rodeos finden praktisch überall in Australien statt. Seit 1959 veranstaltet zum Beispiel die Bergwerksstadt Mount Isa in Queensland das größte Rodeo der Südhalbkugel. Dabei kämpft man in sechs Disziplinen gegeneinander. Man unterscheidet Zeitwettbewerbe (timed events) und das »rough stock« oder »rough riding«. Die sogenannten Stockmen reiten auf unge-

Rechts oben: Blick ins abendlich angestrahlte Tal des Karijini-Nationalpark; unten: Etwas versteckt zwischen Gräsern liegt die Dales Gorge.

Am eindrucksvollsten präsentiert sich der Einschlagskranz in jenen Stunden, wenn die tief stehende Sonne Details plastisch herausarbeitet. Rundflüge starten im 145 km entfernten Halls Creek. Der Wolfe Creek Meteorite Nationalpark wurde im Jahr 1969 gegründet.

** Karijini Nationalpark Der 6000 km² große Karijini-Nationalpark in den Hamersley Ranges liegt 1300 km nördlich von Perth im Herzen der Pilbara. Die *Pilbara gehört zu den ältesten geologischen Gebieten der Welt. Sie erstreckt sich über mehr als eine halbe Million km² von der Nordwestküste bis zu den großen Sandwüsten *Sandy Desert und *Gibson Desert. In den kargen Gebirgszügen werden die größten Eisenerzvorkommen der Welt abgebaut. Bis zu 3 km lang sind die »Block Trains«, die das Erz in den Häfen von Dampier und Port Hedland anliefern. Ausgangspunkt für Führungen durch die Bergbaugebiete ist die mit 747 m höchstgelegene Stadt Australiens: Tom Price (3900 Einwohner) am Fuß des 1128 m hohen Mount Nameless. Das Visitor Centre des von Plateaus und Tafelbergen geprägten Nationalparks mit seinen engen, tief eingegrabenen Schluchten und Badepools befindet sich 60 km südlich von Wittenom. In Wittenom – 1947 als Versorgungszentrum für den Asbestbergbau angelegt – liegt selbst nach Schließung der Minen in den 1960er-Jahren noch so viel Asbeststaub in der Luft, dass ein längerer Aufenthalt im Freien vermieden werden sollte.

** Ningaloo Reef Marine Park Siehe Seite 302

*** Shark Bay Siehe Seite 304

** Kalbarri-Nationalpark Im sehr beliebten Kalbarri National Park, 553 km nördlich von Perth, ziehen kleine Flussläufe des Murchison River durch rote und weiße Schluchten auf mehr als 80 km Länge hin zum Meer. Gute Ausblicke auf die Canyonlandschaft bieten Aussichtspunkte wie der Ross Grahain Lookout oder der Hawkes Head Lookout. Eine große Aushöhlung, das »Fenster der Natur«, rahmt den Blick auf den Fluss ein. Entlang der Küste haben Wind- und Wassererosion Kalksteinklippen freigelegt, die sich bis zu 100 m hoch steil aus dem Meer erheben.

* Mount Augustus Er ist zweieinhalbmal größer und dreimal so alt wie der Uluru (Ayers Rock): Mount Augustus, der größte Monolith der Welt. Uralte Felsgravuren der Wandjari-Aborigines schmücken ihn, ein Nationalpark schützt ihn – und trotzdem ist der imposante Berg noch ein Geheimtipp. Er erhebt sich rund 850 km nördlich von Perth 858 m über der Ebene und liegt mit seiner Spitze sogar 1105 m über dem Meeresspiegel. Auf den Gipfel führt der 12 km lange *Summit-Trail-Rundweg. Die sechsstündige Wanderung ist nur für geübte Bergsteiger geeignet und empfehlenswert. Der 49 km lange *Burringurrah Drive lädt ein, die Natur und die mystische Atmosphäre der Region näher zu erleben. Vom Emu Hill Lookout lässt sich der Mount Augustus in Gänze aufs Bild bannen – am schönsten am Abend, wenn die untergehende Sonne ein Feuerwerk der Farben entfacht.

*** The Pinnacles, Nambung-Nationalpark Zu den bekanntesten Landschaften Westaustraliens gehören die Pinnacles im 175 km² großen Nambung Nationalpark 245 km nördlich von Perth. Zu Tausenden ragen bizarre, bis zu 5 m hohe Kalksteinsäulen aus den gelben Dünen einer 50 km langen und 20 bis 30 km breiten Sandwüste. Die Kalksteine sind zackig, scharfkantig und einige wirken wie Grabsteine. Das Material dieser Säulen ist kalkhaltiger Sand. Die vom Meer angeschwemmten Muscheln zerfielen im Laufe der Zeit und der Kalk vermischte sich mit dem Sand. Später transportierte der Wind dieses Gemisch landeinwärts, dort türmte es sich zu hohen Sanddünen auf. Winterlicher Regen spülte dann den Kalk aus dem Sand und sorgte dafür, dass die unteren Schichten der Dünen zu weichem Kalkstein verklebten. Witterungsbedingt wurden die Schichten durchdrungen, der Kalkstein wurde ausgewaschen und es kam allmählich zu markanten und charakteristischen Formationen.

Am kleinen Hafenort Cervantes beginnt die 17 km lange Zufahrt, die als unversiegelte, aber auch für Pkw befahrbare Piste zu den berühmten Steinstümpfen führt. Den bis zu 80 000 Jahre alten Säulenwald erschließt eine 5 km lange, markierte Rundtour, die recht gut mit etwas Fahrgeschick ohne Allradantrieb bewältigt werden kann.

* Swan Valley Nur wenige Kilometer nordöstlich von Perth erstreckt sich das älteste Weinbaugebiet Westaustraliens. 21 Kellereien wie Evans & Tate, Lamont oder Garbin laden zur Besichtigung und Weinprobe ein. Sehr beliebt sind die »Fruits of the Valley Trails« von Ross und Loris Gundry, die am Weingut Henley Park Wines starten: Gezogen von stämmigen Clyvesdale-Kaltblütern, werden per Kutsche einen Tag lang Weingüter und Produzenten regionaler Spezialitäten besucht.

zähmten Pferden, den Broncos, oder auf Bullen (was noch gefährlicher ist). Zwei Richter verteilen Punkte – maximal je 25 für das Tier und für den Widerstand, den es leistet. Auch der Reiter erhält für seinen Stil und seine Balance max. je 25 Punkte. Bevor es aber zu einer Wertung kommt, muss er sich acht Sekunden oben halten. Die Disziplinen heißen »saddle bronc riding«, »bareback bronc riding« und »bull riding«. Bei den »timed events« ist die Zeitmessung wichtig. Beim »rope and tie« wird ein Kalb mit dem Lasso eingefangen. Der Stockman steigt ab, während sein Pferd das Kalb am Seil fixiert, und bindet ihm drei Beine zusammen.

Kalbarri-Nationalpark

Vom Hawks Head überblickt man die weite Landschaft, die im Kalbarri-Nationalpark geschützt ist. Der Murchison River hat sich auf einer Länge von 80 km in eine mäandernde Schlucht gefressen.

Mit dem Boot kommt man den King George Falls mit seinen roten Felswänden eindruckvoll nahe. Außer den kleinen Schlauchbooten fahren hier aber auch etwas größere Ausflugsschiffe.

The Pinnacles, Nambung-Nationalpark

Manchmal treibt die Natur Schabernack mit der Fantasie des Menschen. Die ockerfarbenen »Pinnacles« an der Küste von Perth jedenfalls verführen vielleicht zu spekulativen Gedanken über ihre Entstehung.

Drei dieser Sanddünensysteme verlaufen von Naumbung nach Busselton parallel zur Küste von Westaustralien. Sie markieren die ehemalige Küstenlinie der Swan Coastal Plain.

Western Australia

Die längste Gerade der Welt

Der Name der Nullarbor-Ebene kommt aus dem Lateinischen und bedeutet »ohne Baum«. Geologisch handelt es sich vermutlich um das Bodensediment eines vorzeitlichen Meeres, das später zur Wüstenlandschaft wurde: In der rund 200 000 km² großen Kalkwüste im Norden der Großen Australischen Bucht auf dem Gebiet von West- und

★★ Rottnest Island Seit 1917 steht Rottnest unter Naturschutz – und rühmt sich als »Australiens Fahrradparadies«: Nur die Einheimischen dürfen Auto fahren. Doch selbst die sind auf der 12 km mal 4,5 km großen Insel meist mit dem Drahtesel unterwegs. Radfahrer und Wanderer unternehmen Touren zu schneeweißen Sandstränden, durch Heideland und Wälder hin zum Thomson Bay Settlement, mit 800 Einwohnern Hauptort der Insel.

★ Wave Rock Der 15 m hohe Wave Rock, 4 km östlich von Hyden, ähnelt einer riesigen, sich brechenden Welle. Die roten, ockerfarbenen und sandgrauen Gesteinsschichten erinnern an die rollende Bewegung des Meeres.

★ Leeuwin-Naturaliste-Nationalpark Der 280 km südlich von Perth gelegene Nationalpark erstreckt sich über 120 km von Bunker Bay im Norden nach Augusta im Süden. Schroffe Klippen, zerklüftete Vorgebirge, geschützte Buchten und lange Felsenküsten prägen sein Bild. Von seinen mehr als 100 Höhlen können nur wenige besichtigt werden. Auf eigene Faust lassen sich die Höhlen Giants Cave und Calgardup Cave entdecken.

★ Stirling-Ranges-Nationalpark Hoch aufragende Felsspitzen prägen diesen 1150 km² großen Nationalpark rund 100 km nördlich von Albany. Höchster Gipfel des anspruchsvollen Wandergebietes ist Bluff Knoll (1073 m). Steile Aufstiege führen zum Toolbrunup Peak, zum Mount Hassell, Mount Trio und zum Mondurup Peak. Mehr als 1500 Pflanzenarten bedecken die Hänge. Unter den 87 endemischen Sorten gelten die rot blühenden Mountain Bells (Darwinia) als botanische Besonderheit. Zwischen August und Dezember leuchtet das Kreuz des Südens (Xanthosia rotundifolia) weiß aus dem Blütenmeer.

★★ Nullarbor-Nationalpark Der Name Nullarbor stammt aus dem Lateinischen

Von Büschen gesäumte Piste im Stirling-Ranges-Nationalpark.

und charakterisiert treffend das Landschaftsbild: »Kein Baum« ist weit und breit zu entdecken, nur nach ergiebigem Winterregen blühen Blumen und verschiedene Gräser. Geologisch ist die schier endlos wirkende karge Salzbuschebene das Sediment eines vorzeitlichen Meeres, das später emporgehoben und eine trocken-heiße wüstenhafte Landschaft wurde. Die Steilküste am stürmischen Südozean mit Kalksteinklippen, Einsturzdolinen und überhängenden Rändern wird teils durch Stichstraßen erschlossen.

Von Juni bis Oktober hat man die Chance, Wale bei ihrer alljährlichen Wanderung zu beobachten.

Im Nullarbor-Nationalpark, kurz nach den Ruinen der alten Telegrafenstation von Eucla, verläuft die Grenze zu South Australia. Allmählich beginnt sich das Landschaftsbild zu wandeln: Die ersten Bäume tauchen auf, es sprießen Gräser und Blumen. Kurz vor Port Augusta zweigt eine Nebenstraße Richtung Norden ab und führt über Hawker in die Bergwelt der Flinders Ranges.

Südaustralien bedeckt nur spärliches Gestrüpp die endlos wirkende Ebene. Direkt durch die Wüste, zum Großteil als Nationalpark geschützt, fahren die Züge der legendären Indian Pacific Railway, während der Eyre Highway von Norseman nach Port Augusta nur die südlichen Abschnitte berührt. In der Nullarbor-Ebene fährt der Indian Pacific 478 km lang ohne Kurve geradeaus – das ist die längste Gerade der Welt.

Sport und Freizeit
✱ ✱ ✱ An der Westküste

Westaustralien gehört zu den abwechslungsreichsten Surferparadiesen der Welt. Einen Steinwurf entfernt von den Bars und Boutiquen der Metropole Perth liegen zahlreiche Traumstrände für Wellenreiter. Am City Beach von Perth veranstalten die »Surfies« regelmäßig nächtliche Wettkämpfe auf ihren Brettern. *Scarborough ist einer der bekanntesten Hotspots zum Kiten oder Surfen und für Anfänger wie Fortgeschrittene geeignet. *Trigg Island, 15 km nordwestlich von Perth, zählt dagegen selbst für Könner als echte Herausforderung. Zu den besten Surfplätzen Westaustraliens gehört auch die zerklüftete Küste der Weinbauregion Margaret River südlich von Perth. An den rund 40 Stränden rund um das idyllische 1800-Einwohner-Städtchen werden zahlreiche Surfmeisterschaften ausgetragen. Im Norden begeistern die Strände von Lancelin, Wedge Island und Gnarloo bei Carnarvon passionierte Wellenreiter.

✱ ✱ Im Outback

Übernachtungen in Aborigines-Camps, Bushwalking-Touren und Führungen zu den Malereien im Outback – verschiedene Kunst- und Kulturprojekte in ganz Westaustralien vermitteln Einblicke in die traditionelle wie moderne Kultur der »Indigenous People«. Das Angebot ist vielfältig, und ständig kommen neue hinzu – am besten informiert man sich vor seiner Reise und plant eine mögliche Tour schon im Vorraus. Zum Beispiel führen die Bewohner ehemaliger Missionsstationen bei Bushwalks oder Bootstouren durch die Landschaft der Kimberley Coast.

Bei der Bush University Tour bringen Stammesälteste der Ngarinyin People ihre Gäste vier Tage lang zu abgelegenen Höhlen und Felsformationen, die ihre Vorfahren kunstvoll bemalt haben. Sie zeigen, wie man aus Beeren, Samen und Insekten Mahlzeiten zubereitet oder mit Kräutern und Gesängen Krankheiten heilen kann. Sehenswert ist auch die Künstlergemeinde *»Warlayirti Artists«, mit mehr als 500 Malern und Kunsthandwerkern eines der innovativsten Kunstzentren des Landes. Unterstützt werden die Projekte von einer Kooperation zur Förderung des Indigenous-Tourismus (WAITOC).

✱ Munda Biddi Trail

Als 900 km langer Radwanderweg soll der Munda Biddi Trail von Perth nach Albany die Schönheiten Südwestaustraliens erschließen. Es gibt Touren mit Etappen für alle Fitness-Level, und die Tagestouren sind so konzipiert, dass man abends einen Campingplatz zum Übernachten ansteuern kann. Eine lange Etappe führt 332 km von Perth nach Collie. Sie beginnt bei dem Skulpturenpark von Mundaring bei Perth. Munda Biddi bedeutet in der Sprache der hier lebenden Nyoongar-Aborigines »Weg durch den Wald« – und so führt die durchgehend markierte Radroute durch bewaldetes Gelände, vorbei an Wiesen voller Wildblumen, kleinen Ortschaften und ehemaligen Bahnhöfen mit wildromantischem Bewuchs. Stationen sind zum Beispiel Dwellingrup, eine Kleinstadt am Murray River, oder Logue Brook Dam mit dem kristallklaren See Lake Brockman, der zum Baden, Kanu- oder Wasserskifahren einlädt. Realisiert werden immer weitere Etappen wie etwa die von Collie nach Northcliff.

✱ Busselton

Seeanemonen, fliegende Korallen, Clownfische und große Snapper: In dem *Busselton Jetty Underwater Observatory in Busselton, 54 km südlich von Bunbury, können Besucher die Unterwasserwelt vor der Küste Westaustraliens erleben, ohne nass oder etwa seekrank zu werden. Die Seewarte, ein gläserner Raum 8 m unter dem Meeresspiegel, liegt am Ende eines Steges, der rund 2 km weit ins Meer zum Busselton Jetty Reef führt.

Oben: In der Ferne lässt sich am Kap Leeuwin der Leuchtturm ausmachen. Der Weg dorthin ist gesäumt von Felsenbuchten mit immergrünen Sträuchern und Büschen.

221

Nullarbor-Nationalpark

Endlos weit und wie eine Mondlandschaft wirken die Sanddünen im Nullarbor-Nationalpark.

Die hohen Bunda-Klippen wirken wie von Geisterhand oben ganz gerade abgesägt.

Die fernen Inseln Australiens

Australische Seelöwen

Mit ihrem kaffeebraunen Fell und den Knopfaugen erobern sie schnell die Herzen der Touristen: Australische Seelöwen tummeln sich an der West- und Südküste des Landes, am liebsten auf vorgelagerten, einsamen Inseln. Dort leben sie in Kolonien zusammen und ziehen gemeinsam ihren Nachwuchs groß. Sie sind auch an Land recht beweglich und robben auf ihren Vorderflossen voran. Im Wasser sind sie äußerst geschickt, wenn sie Fische oder Zwergpinguine jagen. Dabei können sie bis zu einer Viertelstunde untertauchen. Den ruhigen Säugetieren stand die australische Bevölkerung nicht immer so freundlich gegenüber. Da Seelöwen einen gesunden Appetit haben, wurden sie einst von Fischern gejagt. Aber weil sie zur Touristenattraktion geworden sind, haben sich

Zu Australiens fernen Inseln gehören die **Kokosinseln (Keeling Islands)**, Inseln **Macquarie**, **Lord Howe** und **Norfolk** sowie die **Weihnachtsinsel (Christmas Island)**, wo einmal im Jahr die roten Landkrabben zur Eiablage ins Meer wandern. Lord Howe und Norfolk liegen im Südpazifik, Keeling und Christmas im Indischen Ozean. Lord Howe Island zählt wie Norfolk verwaltungstechnisch zu New South Wales (siehe dort).

Die Weihnachtsinsel (rund 1600 Einwohner) liegt etwa 2300 km nördlich von Perth und 350 km südlich von Java. Verwaltungstechnisch gehört die Insel zu Western Australia. Sie ist etwa 135 km² groß und besteht aus einem vulkanischen Kern sowie aus Kalkstein, der aus den Skeletten von Kammerlingen und Steinkorallen entstanden ist. Die Insel erhebt sich aus einer Meerestiefe von 2000 m und ragt etwa 350 m über den Meeresspiegel. Die Weihnachtsinsel steht seit 1958 unter australischer Hoheit, die Kokosinseln schon seit 1955: Diese Inseln gelten als australisches Außengebiet und dürfen nur mit einer Sondergenehmigung betreten werden. Bei dieser Inselgruppe handelt es sich um zwei palmenbewachsene, 14 km² große Atolle mit 27 kleinen Koralleninseln im Indischen Ozean. Sie ragen lediglich 12 m aus dem Meer. Das nördliche, kleinere Atoll der Inselgruppe, North Keeling, umfasst nur eine einzige, C-förmige Insel. Das südli-

Die Weihnachtsinsel färbt sich einmal im Jahr rot. Dann kommen Millionen leuchtend roter Krabben aus dem Dschungel über den Strand ins Meer, um sich zu paaren. Ihre Eier legen die Tiere unter Wasser ab. Um den Lebewesen ihren Weg sicher zu machen, bauen ihnen die Einheimischen Tunnels.

Mensch und Seelöwe arrangiert und die Menschen das Jagen aufgegeben. Seelöwen verbringen die meiste Zeit an Land und sonnen sich. Sie haben nur einen Feind – den Weißen Hai, geraten aber oft in Fischernet-

ze. Obwohl der Inselname es nicht vermuten lässt, findet sich die größte Population Australischer Seelöwen auf Kangaroo Island. Zur Paarungszeit der Tiere haben Ausflüge zu den Kolonien Hochkonjunktur.

che Atoll besteht aus 26 Inseln, die eine birnenförmige Lagune mit einem Durchmesser von etwa 9 km umschließen. Rund 50 000 Vögel nisten auf North Keeling. Die heute 650 malaiischstämmigen Bewohner der Koralleninseln leben von Kokosnüssen. Früher gehörten sie zur Kronkolonie Singapur. Zwar erreichte William Keeling von der Ostindischen Kompanie die Inseln im Jahr 1609, besiedelt wurden sie aber erst 1826.

Abendstimmung auf der Insel Lord Howe mit Blick auf Mount Gower und Mount Lidgbird.

UNESCO Weltnaturerbe & Biosphärenreservate

Das Landschaftsbild Australiens hat sich mit der Ankunft der weißen Siedler tiefgreifend geändert, denn Städtebau und Industrie zerstörten große Gebiete der ursprünglichen Natur. Innerhalb kurzer Zeit waren einige Tiere und Pflanzen vom Aussterben bedroht. Doch dies wurde früh erkannt und bereits an der Wende zum 20. Jahrhundert gründete man Schutzgebiete. In diesen weit über 2000 Gebieten, viele davon sind heute Bestandteil des UNESCO-Weltnaturerbes und Biosphärenreservate, können die Besucher das Spektrum der unterschiedlichen Naturräume und Ökosysteme des fünften Kontinents erleben – von den tropischen Wäldern im Norden entlang des einzigartigen Great Barrier Reef über das Outback bis hin zu den Küsten von Victoria und South Australia.

Der Helmkakadu kommt nur im Südosten von Australien vor. Er liebt waldige Tieflandgebieten oder Parklandschaften und nistet entlang des Wassers in Eukalyptusbäumen.

Kakadu-Nationalpark

Vom Nourlangie Rock (rechts) aus schweift der Blick weiter über die ausgedehnten Wetlands (unten). Die nordaustralische Kakadu-Region liegt zwischen dem 12. und dem 14. Breitengrad südlich des Äquators. Das tropische Klima ist von den Monsunwinden geprägt. Beim Übergang von der Regen- in die Trockenzeit zwischen Oktober und Dezember herrscht eine besonders hohe Luftfeuchtigkeit vor.

Kakadu-Nationalpark

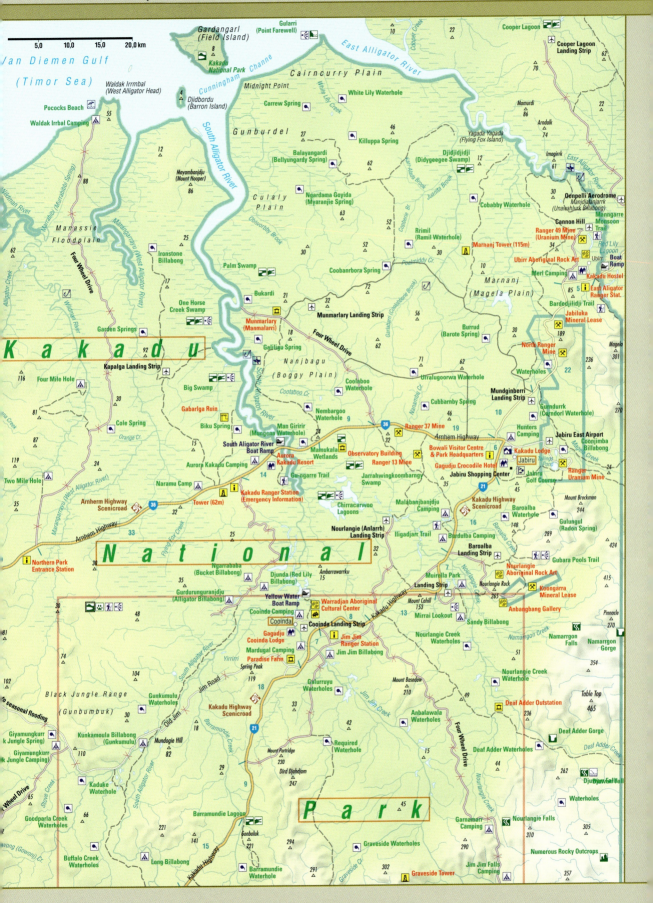

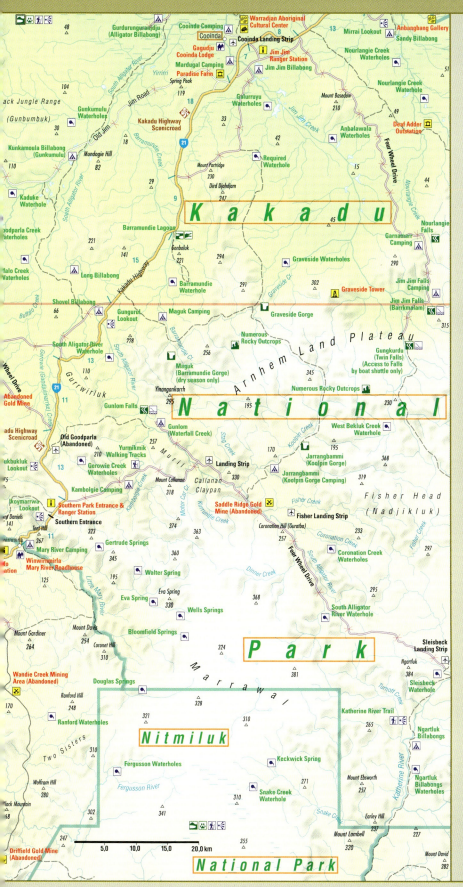

Der Kakadu-Nationalpark bietet nicht nur sehr abwechslungsreiche Landschaften, sondern auch eindrucksvolle Felsmalereien der Aborigines.

Der etwa 250 km östlich von Darwin gelegene Nationalpark, dessen heute knapp 20 000 km² großes Areal mehrfach erweitert wurde, umfasst fünf unterschiedliche Landschaftszonen. Im Gezeitenbereich der Flüsse haben sich zahlreiche Mangroven mit ihren Stelzwurzeln im Schlamm verankert und schützen das Hinterland vor der zerstörerischen Wirkung des Wellenschlags. Die küstennahen Gebiete verwandeln sich in der

Die Schlucht der Twin Falls gehört zu den schönsten Stellen des Kakadu-Nationalparks.

Regenzeit in einen bunten Teppich aus Lotosblumen, Seerosen und Schwimmfarnen. Seltene Wasservögel sind hier ebenso heimisch wie das bis zu 6 m lange Leistenkrokodil.
Das sich anschließende Hügelland mit seiner abwechslungsreichen Vegetation aus offenen tropischen Wäldern, Savannen und Grasebenen erstreckt sich über den größten Teil des Parks und ist Rückzugsgebiet für bedrohte Tierarten wie Wallabys. International bekannt wurde der Nationalpark bereits Mitte des 20. Jhs., als man bei Grabungen mindestens 30 000 Jahre alte Steinwerkzeuge fand. Viele Felsmalereien geben Aufschluss über die Jagdgewohnheiten, Mythen und das Brauchtum der Aborigines.

Kakadu-Nationalpark

Der Kakadu-Nationalpark umfasst fünf ganz verschiedene Landschaftszonen: Gezeitenzone mit der Küste, Überschwemmungsgebiete, Waldland, Arnhem Land Plateau, Monsunregenwald. Die Flüsse im Park sind mit dem angrenzenden Gebiet eines der wichtigsten Feuchtgebiete der Erde. Die küstennahen Gebiete verwandeln sich in der Regenzeit in einen Teppich aus Lotosblumen, Seerosen und Schwimmfarnen. Das sich anschließende Hügelland mit seiner abwechslungsreichen Vegetation erstreckt sich über den größten Teil des Nationalparks. Auf den kargen Sandsteinplateaus von Arnhem Land leben seltene Känguruarten.

Kakadu-Nationalpark: die Tierwelt

Die Fauna des Kakadu-Nationalparks ist mit großem Artenreichtum gesegnet: Unter den 74 Säugetierarten bekommt man Kängurus und Wallabys am leichtesten zu sehen, die Sichtung von Schwarzfuß-Baumratten (rechts) erweist sich als schwieriger. Bedrohlich, aber nicht bedroht: das Leistenkrokodil, auch Salzwasserkrokodil oder »Saltie« genannt, ist das größte heute lebende Krokodil (unten). Im Kakadu ist etwa ein Drittel aller australischen Vögel (Bildleiste von oben) beheimatet wie etwa der Gelbhaubenkakadu, der Großstorch, der Rotrückenreiher, der Braune Sichler und die Sichelpfeifgans.

Kakadu-Nationalpark

Auffallend an den Felsbildern der Aborigines im Kakadu-Nationalpark (rechts: der Nourlangie Rock) ist der sogenannte »Röntgenstil«, mit dem nicht nur der sichtbare Körper, sondern auch Teile des Skeletts und der Organe dargestellt werden. Sie zeugen von den Legenden und Mythen der Traumzeit. So zeigt etwa die Figur auf dem großen Bild in der Mitte »Namondjok« und rechts den »Lightning Man«. Er trägt einen Blitz über seinen Schultern und erzeugt Donner in den Wolken mit Steinbeilen, die an seinen Füßen, Ellbogen und am Kopf befestigt sind. Das Bild ist ein Auschnitt des letzten großen Felsgemäldes, das im Jahr 1964 im Kakadu gefertigt wurde.

Uluru-Nationalpark, Kata-Tjuta-Nationalpark

Die spektakulären geologischen Formationen des Uluru und der Kata Tjuta ragen mitten im Zentrum des Fünften Kontinents auf.

Der Uluru – UNESCO-Weltkultur- und -naturerbe – ist das Wahrzeichen Australiens. Mit einer Höhe von 348 m und einem Umfang von 9,4 km ragt der rote Fels aus der schier unendlichen Ebene und wechselt je nach Stand der Sonne seine Farben: von Orange über Hell- und Dunkelrot bis hin zu Pink und Lila, bei Regen sogar Silbergrau.
Die spirituelle Spitzenstellung des heiligen Bergs – viele Traumpfade kreuzen sich hier – beruht auf einem lebenswichtigen Vorteil: seinen zahlreichen Wasserlöchern, die auch bei lang anhaltender Dürre nicht versiegen. Am Fuß des Felsens liegt das *Aboriginal Culture Centre, das von den Ureinwohnern geführt wird und ihre Kultur- und Lebensart veranschaulicht. Von hier aus werden auch von Aborigines geführte Touren rund um den Uluru angeboten. Ein Schild bittet, aus Rücksicht auf die religiösen Gefühle der Anangu auf die Besteigung des Berges zu verzichten. Doch noch immer klammern sich ungezählte Touristen an die Eisenkette, die vor vielen Jahren angebracht wurde, um den äußerst steilen ersten Abschnitt des Aufstiegs zu sichern. Rettungsaktionen sind häufig – der Monolith ist ein schwieriges Terrain. Sicherer, rücksichtsvoller und ebenso faszinierend ist der 9,4 km lange Base Walk, der den Berg am Fuß umrundet.
Lange Zeit war das Ayers Rock Resort, das der australische Stararchitekt Philip Cox in Yulara mit Unterkünften vom Zelt bis zum Fünf-Sterne-Hotel gestaltete, die einzige Möglichkeit, eine Nacht am mythischen Berg zu verbringen. Doch seit einiger Zeit gibt es eine äußerst edle Alternative: Eine Luxusherberge – Longitudine 131 – liegt versteckt hinter Sanddünen und

bietet freien Blick auf den Fels. 50 km westlich von Uluru liegt die zweite Sehenswürdigkeit des 1325 km² großen Parks: Kata Tjuta, die »vielen Köpfe« – ein skurriles Konglomerat aus 36 Felskuppen, die ebenfalls nicht bestiegen werden dürfen. Mehrere Wanderrouten, darunter ein dreistündiger Rundweg durch das malerische Valley of the Winds, erschließen die tiefrote Felslandschaft. Werden jedoch Tagestemperaturen von mehr als 36 °C erwartet, wird das Valley of the Winds am Karu Lookout um 11 Uhr morgens geschlossen.

Der magische Uluru, auch als Ayers Rock bekannt, leuchtet mal rötlich, mal bernsteinfarben inmitten der roten Wüste Australiens, die nach dem Sommerregen üppig grünt.

Uluru-Nationalpark, Kata-Tjuta-Nationalpark

Ayers Rock gehört zu den bekanntesten Felsenformationen der Erde. Einheimische nennen den zweitgrößten Monolithen der Welt auch »Uluru« (Schattenplatz). Der etwa 600 Mio. Jahre alte Monolith ist 3,6 km lang und 348 m hoch. Der Felsen ändert mit der Tageszeit auch seine Farbe. Kurz bevor die Sonne untergeht, beginnt er rot zu leuchten. Die Steigung beträgt zu einem großen Teil 45 Grad.

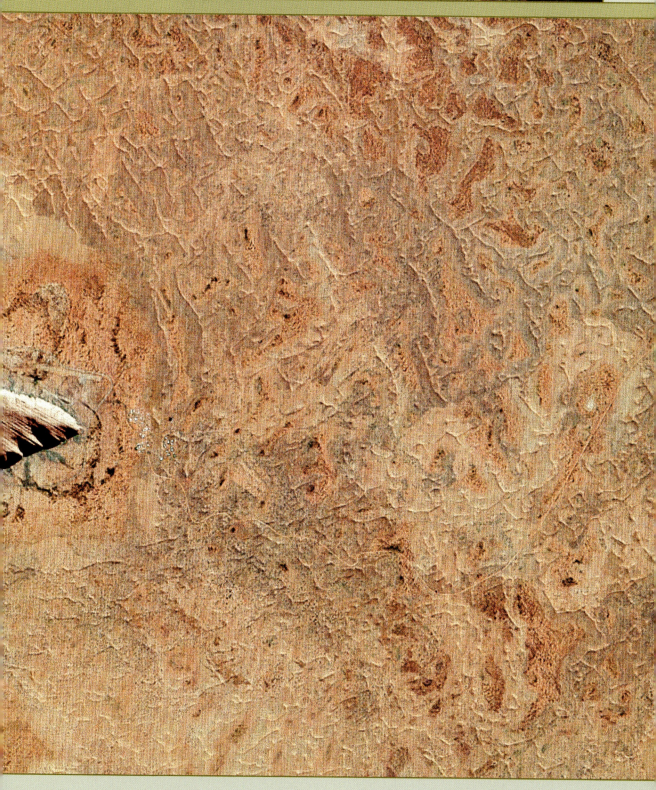

Uluru Nationalpark, Kata Tjuta Nationalpark

Im Schatten von Ayers Rock (großes Bild unten) wachsen Eukalyptusbäume, nach starken Regengüssen entstehen auch Wasserfälle (rechts). Die riesigen Felskuppeln von Kata Tjuta, auch »The Olgas« genannt (großes Bild ganz unten), sind schätzungsweise 500 Mio. Jahre alt und befinden sich 40 km westlich des Ayers Rock. Kata Tjuta bedeutet in der Sprache der Ureinwohner »viele Köpfe«.

Riversleigh im Nordwesten von Queensland und Naracoorte im Südosten von South Australia gehören zu den zehn bedeutendsten Fossilienfundorten der Erde.

In der Victoria-Karsthöhle bei Naracoorte wurden die Knochen von Lungenfischen, Reptilien, Kloaken-, Beutel- und Säugetieren ausgegraben, zusammengesetzt und rekonstruiert. Unter den Fundstücken befanden sich auch Schnabeligel und Schnabeltier – sogenannte Brückentiere, die die Weiterentwicklung

Die aride Landschaft von Riversleigh birgt im Inneren der Erde wahre Schätze.

von den Reptilien zu den Säugetieren belegen. Die einzigartigen Funde der Fossilienstätten von Riversleigh – im Nationalpark Boodjamulla (Lawn Hill) gelegen – haben viel zum Verständnis der vor etwa 45 bis 50 Mio. Jahren beginnenden Kontinentalverschiebung beigetragen. So fand man Knochen von über 100 Tierarten aus der Zeit, als Australien noch Teil des Superkontinents Gondwana war, sowie Beweise für die Zuwanderung südostasiatischer Tiere über eine damals existierende Landbrücke.

Großes Bild: Die einzigartigen Fossilien von Riversleigh sind in Kalkstein eingeschlossen. Bildleiste von oben: Alexandria Cave, Stalagmiten und Stalaktiten und das Skelett eines Beutellöwen: Sie alle gehören zum Naracoorte-Caves-Nationalpark.

Nationalpark Wet Tropics

Der rund 450 km lange Küstenstreifen zwischen Townsville und Cooktown ist eines der ausgedehntesten und artenreichsten Regenwaldgebiete des Landes. Das knapp 9000 km² große Areal umfasst rund 20 Nationalparks sowie zahlreiche weitere Schutzgebiete.

Tropischer Regenwald bedeckte einst fast lückenlos den gesamten australischen Kontinent. Heute sind es nur noch Teile der Gebirgsrücken der Great Dividing Range, der Senken des Great Escarpment und der Küstenregion von Queensland, wo im Gegensatz zu anderen Regionen Australiens das tropische Klima über Jahrmillionen stabil geblieben ist. Weitgehend ungestört konnte sich hier eine beeindruckend artenreiche Tier- und Pflanzenwelt entwickeln.

Der Penanntsittich lebt im südöstlichsten Teil von Queensland.

Die über 800 Baumarten bilden einen Wald aus mehreren »Stockwerken«. Unter dem fast lichtundurchlässigen Kronendach der bis zu 50 m hohen Baumriesen wachsen über 350 höhere Pflanzenarten, vor allem Farne, Orchideen, Moose und Flechten. Auch die Tierwelt ist sehr vielfältig. Etwa ein Drittel aller australischen Beuteltier- und Reptilienartem sowie zwei Drittel aller Fledermaus- und Schmetterlingsarten leben in dem vergleichsweise kleinen Gebiet, das ja nur einen Bruchteil der gesamten Kontinentalfläche (nämlich knapp 7,7 Mio. km²) einnimmt.

Große Bilder oben und unten: Der Daintree-Nationalpark ist eine Schatztruhe tropischer Vegetation, durchzogen von moosbewachsenen Bächen und voller Farne und Flechten.

Great Barrier Reef

Große Gebiete des Riffs gehörten früher zum Festland und wurden durch den steigenden Meeresspiegel überflutet. So sind auch die meisten Riffinseln mit strahlend weißem Sand die Spitzen versunkener Berge (rechts). Auf 2300 km Länge birgt das Große Barriereriff die größte Biodiversität der Erde. Hier sind 1500 Fischarten, an die 4000 Mollusken und 500 verschieden Meeresalgen beheimatet.

Great Barrier Reef

Das gigantische 344 000 km² große Riff ist die einzige Struktur, die vom Weltraum aus mit bloßem Auge zu erkennen ist (großes Bild). Von oben wirken einige Riffinseln wie durch mäandernde Wasserstraßen voneinander getrennt (rechts). Das Great Barrier Reef erstreckt sich an der Ostküste von Queensland und besteht aus einer Kette von über 2900 Einzelriffen und knapp 1000 Inseln.

251

Great Barrier Reef

Das Riff erstreckt sich entlang der Nordostküste Australiens etwa vom 10. bis zum 24. Grad südlicher Breite. Seit rund 8000 Jahren bauen Steinkorallenpolypen an diesem größten natürlichen »Bauwerk« der Erde mit seiner einzigartigen Unterwasserwelt.

1975 wurde fast das gesamte Great Barrier Reef (mehr als 200 000 km^2) unter Naturschutz gestellt – hier leben rund 4000 Weichtier-, über 450 Korallen-, 1500 Fisch-, sechs Schildkröten- und 24 Vogelarten. 1981 erklärte die UNESCO das Gebiet zum Weltnaturerbe. Die schönsten Abschnitte liegen vor den Whitsunday Islands. Im kristallklaren Wasser veranstalten die verschiedensten Arten von Meeresbewohnern ein Fest der Farben und Formen, das Taucher, Schnorchler und Besucher in Glasbodenbooten gleichermaßen begeistert.

Ein- und mehrtägige Ausflüge in die Wunderwelt des Weltnaturerbes starten von Port Douglas, Cairns, Airlie Beach und Shute Harbour. Von Letzterem steuern täglich Hochgeschwindigkeitskatamarane von FantaSea Cruises die Reefworld-Plattform am Hardy Reef an, die nicht nur zum Tauchen, Schnorcheln und Schlemmen lädt, sondern auch zur romantischen Nacht mitten im Meer. Eine zweite Plattform wird von Quicksilver vor Port Douglas in Far North Queensland betrieben. Meeresbiologische Forschung und Tauchabenteuer verbinden die Hai-, Kraken- und Walexpeditionen von Undersea Explorer. Etwas für Romantiker sind die Riff-Hochzeiten von Sunlover Cruises. Und wer seinen Liebsten gleich von unterwegs die besten Urlaubsgrüße senden will, der muss noch nicht mal warten, bis er wieder Land unter den Füßen hat: Seit 2003 betreibt Quicksilver auch das erste schwimmende Postamt auf dem Agincourt Reef.

Ziel aller Ausflugsschiffe ist das Great Barrier Reef, dem einzigartigen Tauch- und Schnorchelrevier in Queensland. Sie verkehren hier unter strengsten Vorschriften.

Great Barrier Reef

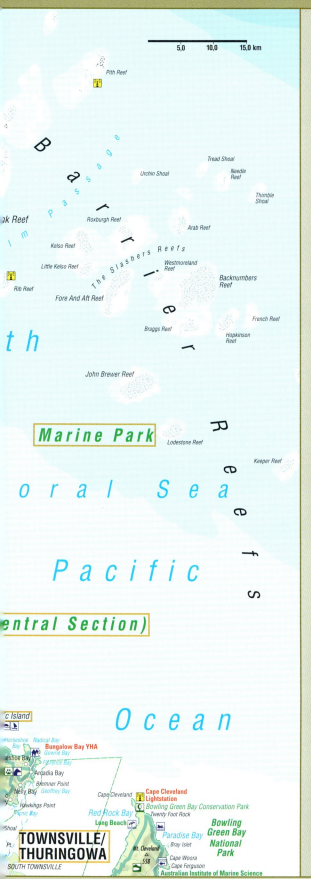

Korallen und Polypen leben in den Riffen in enger Symbiose.

Great Barrier Reef

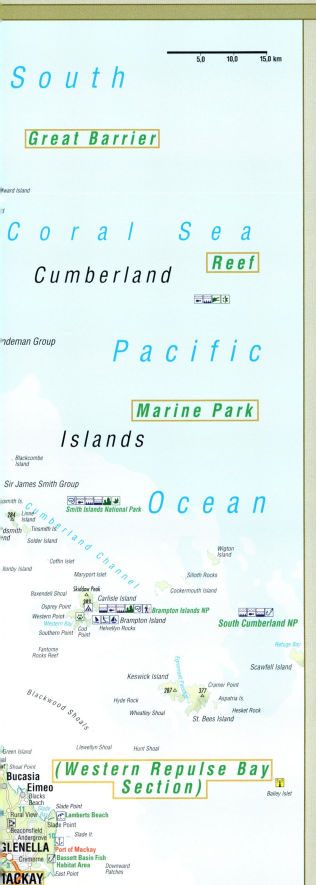

Feuerfische finden am Great Barrier Reef einen optimalen Lebensraum.

Einzigartig, wild und gut erreichbar: Einer der meist besuchten Nationalparks in Queensland überzeugt mit der weltweit größten Sandinsel und einem einmaligen Ökosystem. Auf Fraser-Insel leben seltene Erdsittiche.

Rund 250 km nördlich von Brisbane liegt der Great Sandy Nationalpark an der Ostküste Queenslands und umfasst auf 540 km² einen Teil des Festlandes – das Gebiet zwischen Noosa Heads und Rainbow Beach – wie auch die Sandinsel Fraser Island. Sie gehört zum Great Sandy Biosphärenreservat. Die Landschaft ist geprägt von hohen Sanddünen, bunt gefärbten Sandsteinklippen und dichten Mangrovenwäldern. Besucher können den Park mit dem Gelän-

Auf der Fraser-Insel gibt es fast 200 Süßwasserseen verschiedenen Typs.

dewagen entdecken. Die bekannteste Attraktion des Schutzgebietes ist jedoch Fraser Island – die weltweit größte Sandinsel. Sie ist ein Rest von Dünen, die der Passatwind vor Jahrtausenden erschuf. Vor 6000 Jahren wurden diese von Wasser überspült, bis auf einen 170 km² großen Bereich, der noch immer aus dem Meer ragt. Aufgrund seiner großen Bestände von Terpentinbäumen wurde die Insel lange ausgebeutet – das wasserdichte Holz war bei Schiffsbauern geschätzt. Die Aborigines nennen die Insel »K'gari«, was Paradies bedeutet, denn die Sandinsel beherbergt neben Meeresschildkröten, Erdsittichen auch 600 seltene Pflanzenarten.

Im südlichen Teil der Sandinsel zeichnet die Flora grüne Kämme in die sonst karge Küstenlandschaft.

Great-Sandy-Biosphärenreservat

Über 130 Jahre lang wurden die riesigen Satinay-Bäume gefällt und als wasserabweisendes Holz für die Seitenwände des Suez-Kanals oder auch für die Londoner Hafendocks verwendet. Heute stehen die letzten Satinay-Bäume im Regenwald von Pile Vallye unter Naturschutz. Eine Attraktion für Touristen sind die wolfsähnlichen, nicht ungefährlichen Dingos (rechts), die wild herumstreunen.

Noosa-Biosphärenreservat

Obwohl er mit knapp 500 ha zu den kleinen Nationalparks Australiens gehört, bietet Noosa seinen Besuchern abwechslungsreiche Eindrücke. Direkt am Meer gelegen, führen die Trekkingstrecken vorbei an Stränden und Regenwäldern.

Der Name »Noosa« bedeutet Schatten in der Sprache der Gubbi Gubbi, einem Stamm der Aborigines. Kaum eine Bezeichnung wäre treffender, denn tatsächlich prägen schattige Wälder diesen Park. Entlang an Riesenfarnen und Kauri-Bäumen geben die Wanderwege durch das Schutzgebiet immer wieder schöne Panoramablicke auf die Pazifikküste frei. Wasserreich ist nicht nur das Meer, sondern auch Lake Weyba. Sein flaches Wasser gilt als ideale Brutzone für junge Fische. Dass das Gebiet aber auch als »Australiens Everglades« bekannt geworden ist, liegt am Noosa River, der sich hier malerisch durch das Grün schlängelt. Insgesamt zählt der Park nicht nur zu den ältesten des Landes, sondern auch zu den beliebtesten. Angeln, Schnorcheln und natürlich Baden sind hier die beliebten Freizeitbeschäftigungen.

Sunshine Beach ist der attraktivste Strand der Gegend und zieht viele Wochenendurlauber und Touristen an. Doch zu schade wäre es, hier nur am Strand zu bleiben, denn Wanderungen durch den Nationalpark halten viele Überraschungen bereit. Sie passieren Wälder aus Neuguinea-Araukarien, weite Heidelandschaft mit Sonnentau und Orchideen sowie Eukalyptuswälder. Zwischen deren graubraunen Stämmen zeigen sich mit Glück die possierlichen Koalas, die hier ein Rückzugsgebiet gefunden haben. Aber auch wilde Truthähne und Kurznasenbeutler sind hier zu finden, ebenso wie der leuchtend rot gefiederte Pennantsittich. Beeindruckend aber sind auch die Schraubenbäume mit ihren lanzenförmigen Blättern und Luftwurzeln sowie die wilden Klippen und die einsamen Strände.

Großes Bild: Double Island Point südlich des Rainbow Beach bietet einen Ausblick auf einen der schönsten Sandstrände an der Sunshine Coast. Hier leben Koalabären, Papageien und viele andere exotische Vögel, die in den Eukalyptuswäldern einen optimalen Lebensraum finden.

Gondwana Rainforest

Die bis zum Jahr 2007 als »Regenwälder der Ostküste« geführte Weltnaturerbestätte umfasst im Wesentlichen 15 Nationalparks und diverse weitere Schutzzonen in Queensland und New South Wales.

Der neue Name der Welterbestätte verweist auf den einstigen Großkontinent der Südhalbkugel, Gondwana, der gegen Ende des erdgeschichtlichen Mittelalters (Mesozoikum) vollständig in die heute bekannten Kontinente zerfiel. Die unter diesem Namen zusammengefassten UNESCO-Schutzzonen befinden sich im Übergangsbereich vom feucht-tropischen zum warm-gemäßigten Klimagürtel, sodass sich auf relativ kleinem Raum eine ausgesprochen abwechslungsreiche Vegetation

Die Dangar Falls im Dorrigo Nationalpark im Bundesstaat New South Wales.

entfalten kann. Zum Weltnaturerbe gehören die Nationalparks Border Ranges, Mount Warning, Nightcap, Washpool, Gibraltar Range, New England, Dorrigo, Werrikimbe, Barrington Tops, Springbrook, Lamington, Mount Chinghee, Mount Barney (teilweise), Main Range und Mount Mistake (teilweise). Berühmt sind die Barrington Tops und die Border Ranges wegen ihres enormen Vogelreichtums. Seidenlaubenvögel und Blauwangenloris, Königssittiche und Kookaburras kann man hier relativ häufig beobachten.

Großes Bild: Brush Box in den Green Mountains, Lamington Nationalpark. Bildleiste von oben: Dorrigo Nationalpark; Binna-Burra-Sektion im Lamington-Nationalpark, Queensland; Farnwald im Gibraltar-Range-Nationalpark.

Weite Flächen von roten Dünen, bewachsen mit Eukalyptusbäumen und Kiefernarten, bestimmen das Bild des Reservates nordwestlich von Mount Hope. Aber auch Kängurus und Springbeutelmäuse leben in den Mallee-Gebieten.

Das Gebiet ist mit 107 000 ha das größte im Bundesstaat North South Wales. Die östliche Hälfte liegt in der Region Cobar Peneplain, während in der Mitte weite Ebenen mit roten Dünen vorherrschen. Hier befinden sich sechs verschiedene Mallee-Vegetationsformen, in denen meist viele Eukalyptusgewächse gedeihen. Aber auch Zypressen und Australische Kiefern

In den baumreichen Gebieten finden die Vögel leicht Nahrung und Nistplätze.

gibt es in den Wäldern. Zudem wachsen sehr ungewöhnliche Pflanzenarten im Park – beispielsweise bestimmte Zitrusbäume. Tierliebhaber haben das Glück, neben drei Känguruarten vom Aussterben bedrohte Spezies wie die Kultarr, niedliche Springbeutelmäuse, in den Mallee-Ebenen des Reservates hüpfen sehen zu können. In Yathong gibt es Aborigines-Orte mit Campingplätzen, Kulturstätten und den »Scared Trees«, deren Rinde entfernt wurde für die Herstellung von Kanus oder Hütten.

Der Tourismus im weitläufigen Naturreservat ist limitiert auf den Besuch von Einzelpersonen, Studiengruppen und Wissenschaftlern zu Forschungszwecken. So kann die sensible Natur dauerhaft gut geschützt werden.

Vor den Toren Sydneys erstreckt sich eine bis heute nur zum Teil erschlossene Urlandschaft: Die Blue Mountains gehören zum Massiv der Great Dividing Range und haben sich vor ungefähr einer Million Jahren aufgewölbt.

Die Landschaft der Blue Mountains ist ein lebendiges Labor aus zerklüfteten Sandsteinformationen, Höhlen und komplexen Ökosystemen. Trotz ihrer geringen Höhe zwischen 600 und 1000 m sind die Berge schroff, mit vielen Tälern und Canyons, von denen manche noch nie ein Mensch betreten hat. Einzigartig ist der Reichtum an Eukalyptusarten, seltenen oder bedrohten Pflanzen. In den dichten Wäldern gedeihen rund 150 endemische Pflanzenarten,

Tosende Wasserfälle stürzen zwischen dem üppigen Grün über dunkles Schiefergestein.

darunter die erst im Jahr 1994 entdeckte Wollemitanne. Diese gilt als lebendes Fossil, dessen Wurzeln mindestens 90 Millionen Jahre zurückreichen. Höhlenmalereien und Felszeichnungen legen Zeugnis ab von einer frühen Besiedlung der Region durch Aborigines.
Die Blue Mountains sind ein weltweit einzigartiges Beispiel für die dynamische Interaktion zwischen extremen klimatischen Bedingungen, angepassten Eukalyptusarten, nährstoffarmen Böden und Feuer. Ihr Name ist auf ein optisches Phänomen zurückzuführen: Im Dunst der von den Bäumen ausströmenden ätherischen Öle erscheinen die Eukalyptuswälder bläulich.

Große Bilder: Mystische Nebelschwaden und Blick in den Abgrund über dem Jamison Valley mit den »Three Sisters«.

Blue-Mountains-Nationalpark

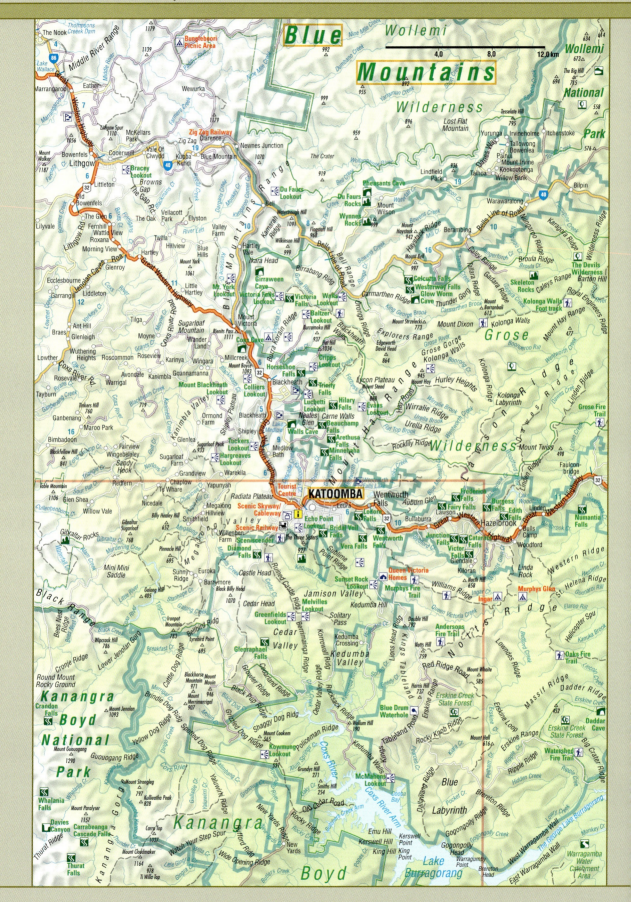

Blue-Mountains-Nationalpark

Die Blue Mountains sind das Natur- und Wanderparadies unweit von Sydney. Ihren Namen verdanken die Blue Mountains den Eukalyptusbäumen, deren ätherische Öle bei entsprechender Witterung einen blau schimmernden Dunst bilden. Fantastische Aussichten, bizarre Felsformationen, schroffe Sandsteinklippe, tiefe Canyons, dichte Wälder und Wasserfälle bergen eine reiche Flora und Fauna.

273

Barkindji-Biosphärenreservat, Mungo-Nationalpark

In diesem Reservat gibt es neben Sanddünen und Ebenen vor allem Feuchtgebiete und Auenlandschaften. Mehr als 200 vom Aussterben bedrohte Pflanzen- und Tierarten können hier noch entdeckt werden.

Rund 400 km nordöstlich von Adelaide liegt dieses 191 000 ha große Biosphärenreservat in New South Wales. Es ist benannt nach dem Stamm Barkindji der Aborigines, die in dieser Region nördlich des Murray River leben. Das Wasser der Bäche und Flussläufe im Murray Darling-Becken formt seit 350 Mio. Jahren die Berge und Ebenen der Trockengebiete dieser Gegend. Das Reservat umfasst, neben weiten Ebenen, Salzseen und Sanddünen, vor allem wichtige Feuchtgebiete und Auen. Somit birgt es ein immenses geologi-

Die 60 km lange Piste durchquert Lake Mungo und führt zur »Chinesischen Mauer«.

sches und kulturelles Erbe. Die saisonalen Klimaverhältnisse, die Flut und Dürre mit sich bringen, sorgen dafür, dass einzigartige Pflanzenarten – wie der teilweise bis zu 45 m hohe Rote Eukalyptusbaum – hier wachsen und überleben können. Mehr als 200 seltene und vom Aussterben bedrohte Pflanzen und Tiere können Besucher hier entdecken. Lokale Bauern und Nichtregierungsorganisationen arbeiten zusammen, um den Umweltschutz zu fördern.

Der Lake Mungo ist ein ausgetrockener See im Outback des südwestlichen New South Wales. Der See führt schon seit 14 000 Jahren kein Wasser mehr und sein Ufer besteht heute aus einer 33 km langen Kette von weißen Dünen, die auch »Chinesische Mauer« genannt wird.

Willandra Lakes Region (Mungo Nationalpark)

An den Ufern der vor rund 15 000 Jahren rasch verlandeten Willandra-Seenregion im südwestlichen New South Wales fand man 40 000 Jahre alte Siedlungsspuren und versteinerte Überreste von Menschen.

Am einstigen Ufer des bis vor rund 24 000 Jahren noch Wasser führenden, zur Willandra-Seenregion gehörenden Lake Mungo wurden im Jahr 1968 in einer »Chinesische Mauer« genannten Sicheldüne aufsehenerregende frühgeschichtliche Funde gemacht. Neben 18 000 Jahre alten Steinwerkzeugen fand man dort rund 35 000 bis 45 000 Jahre alte menschliche Skelette – die ältesten jemals in Australien gefundenen Spuren des Homo sapiens, des neuzeitlichen Menschen. Auf eine weitere wissenschaftliche Sensation stieß man

Das ausgetrocknete Seengebiet wechselt je nach Lichtverhältnissen sein Gesicht.

bei der Untersuchung einer 30 000 Jahre alten Feuerstelle. In den Überresten fand man Beweise dafür, dass sich das Erdmagnetfeld über einen Zeitraum von 2500 Jahren um 120 Grad nach Südosten verlagert hat. In die Grassteppen rund um die Willandra-Seenregion haben sich seltene Tiere zurückgezogen – etwa der Emu, mit einer Größe von bis zu 1,75 m der größte australische Laufvogel. Tausende von Papageien und Wellensittichen bevölkern die Wasserlöcher, und urzeitlich aussehende Warane – eine der größten Echsenarten der Erde – wärmen sich hier gern in der Mittagssonne.

Entlang des Ostufers des ehemaligen Seebetts erstreckt sich heute die gerillte und gewellte Landschaft der »Chinesischen Mauer«.

Willandra Lakes Region (Mungo Nationalpark)

Das ausgetrocknete Gewässer ist im Osten von einer gigantischen Sanddüne umgeben, die aufgrund ihrer Ausmaße auch »Chinesische Mauer« genannt wird. Je nachdem, wie die Sonne am Horizont steht, erstrahlt die Düne zu jeder Tageszeit in unterschiedlichen Schattierungen. Bizarre Reliefs hat die Erosion hinterlassen: Wellen und Löcher, Rinnen und Spalten – eine Mondlandschaft, jedoch voller Farben.

Kosciuszko-Nationalpark

Der größte Nationalpark in New South Wales überzeugt aufgrund seiner Vielfalt: Von weiten Ebenen, alpinen Skiregionen bis hin zu ariden Wildnisregionen reicht sein Spektrum. Hier können sich Sportler austoben.

Das UNESCO-Biosphärenreservat liegt keine zwei Stunden von Canberra entfernt und ist mit 690 000 ha der größte Park in New South Wales. Als einer der Australian Alps Nationalparks ist Kosciuszko in drei Bereiche aufgeteilt: Im Norden liegen baumfreie, weite Ebenen, in der Mitte Australiens größte alpine Region mit Gletscherseen und Kräuterfeldern und im Süden trockene, raue Gebiete an dem unteren Snow River – große Weiten von purer Wildnis. Die alpinen und subalpinen Gebiete bieten außergewöhnlichen Pflanzen wie

In den Snowy Mountains, unweit der Stelle, wo der Murray River entspringt.

dem Schnee-Eukalyptusbaum oder der Chinesischen Ulme eine Heimat. Und auch der seltene Bergbilchbeutler und der gelbschwarz gesprenkelte Corroboree-Frosch fühlen sich dort wohl. Der Park ist nicht nur ein Paradies für Skiläufer und Snowboarder: Kletterer und Wanderer sind begeistert von der Clarks-Schlucht, den Klippen bei Blue Waterholes oder dem mit 2228 m höchsten Berg des Kontinents, Mount Kosciuszko. Angler und Kanufahrer sollten einen Ausflug zum Blue Lake einplanen, einem Gletschersee.

Im Kosciuszko-Nationalpark liegen die höchsten Berge des Kontinents. Rund um den Mount Kosciuszko erschließt sich auf Bergwanderungen ein landschaftlich reizvolles Ökosystem mit fantasievollen Gesteinsformationen.

Typisch für dieses Reservat in der Murray Mallee Region sind der vielstämmige Rote Eukalyptus und Seengebiete mit einer außergewöhnlicher Vogelwelt.

Der Nationalpark im Nordwesten von Victoria liegt rund 417 km nordwestlich von Melbourne entfernt. Das Biosphärenreservat in der Murray-Mallee-Region ist für seinen roten Staub und die halbaride Buschvegetation bekannt. Im Nordosten grenzt der Park an den Murray River. Im Park gibt es etliche Seen; der größte und romantischste davon ist Lake Hattah. Radfahrer und Kanufahrer lieben ihn. Die Sandstrände am Murray, die Flüsse und Seen sind gesäumt mit Rotem Eukalyptus. In den Sommermonaten trocknen die-

Eukalyptusbäume gedeihen sowohl im und als auch außerhalb des Wassers.

se Seen und ihre Zuflüsse vollständig aus, aber alle zwei Jahre überfluten die Seen. Lake Hattah ist ideal, um Vögel zu beobachten: Über 200 Vogelspezies fühlen sich am See und in den trockenen Waldgebieten zu Hause, in schöner Eintracht mit Emus und Riesenkängurus.

Der Rote Eukalyptus, hier mitten im Lake Mournpall, ist ein immergrüner Baum. An den Stämmen ist der veränderliche Wasserpegel deutlich zu erkennen. Der See entstand angeblich durch eine gigantische Wassertransaktion aus dem Murray River.

Ein Paradies für Vogelliebhaber ist dieser Nationalpark an der östlichen Küste Victorias garantiert: Ein Drittel aller Vogelarten Australiens kommt hier vor. Aber auch das Wandern an wilden Stränden und über hohe Berge fasziniert.

Der Nationalpark liegt 427 km von Melbourne an der Küste Victorias. Im Süden wird er durch die Tasman Sea, im Westen durch den Bemm River und im Osten durch die Stadt Mallacoota begrenzt. Der bekannte Wilderness Coast Walk verläuft 100 km entlang des Parks: Er führt Wanderer über Strände, durch Schilfkolonien und über wilde, felsige Vorgebirge. Die Aborigines leben seit Tausenden von Jahren hier: Die Bida-

Surreal anmutender Sonnenaufgang über dem Shipwreck Creek in East Gippsland.

wal und Nindi-Ngudjam Ngarigu Monero sehen den Park heute als ihr Land an und drücken dies in alten Traditionen aus wie zum Beispiel Schöpfungsgeschichten. Verschiedene abgelegene Campingplätze direkt an der Küste sind perfekt zum Angeln, Vögel beobachten und für lange Strandspaziergänge. Im Park wurden rund 306 Vogelarten gezählt – ein Drittel aller Spezies in ganz Australien. Wer Lust hat auf Historie: Beim Point-Hicks-Leuchtturm sah Captain Cook 1770 zum ersten Mal die australische Ostküste.

Rund um die Küstenlandschaft von Shipwreck Creek gibt es jede Menge Wanderwege, an abgeschiedenen Sandstränden und entlang der Steilküsten. Der Nationalpark erstreckt sich auf fast 100 km entlang der Küste.

Ein Naturparadies ganz in der Nähe der Großstadt Melbourne: die Mornington Peninsula. Im dazugehörigen Nationalpark können Wanderer Kängurus entdecken, aber auch Robben und Delfine erspähen.

Nur eine Stunde südöstlich von Melbourne entfernt liegt der Sommertreffpunkt der Städter: die Mornington Peninsula mit ihren verträumten Küstenstädten, 170 Weingütern und Olivenhainen. Im 2686 ha großen Nationalpark der Halbinsel können Urlauber bei einer Wanderung atemberaubende Ausblicke auf die Küste genießen und Kängurus beobachten. Viele Wanderwege laden zu Touren ein – wie beispielsweise der Bushrangers Bay Trail zum Cape-Schanck-Leuchtturm, der an Felsvorsprüngen und Felsbe-

Die Halbinsel lockt mit vielen Bade- und Surfstränden, die Panoramen sind unvergesslich.

cken aus Basalt vorbeiführt. Eine wahre Herausforderung stellt der 26 km lange Two Bays Trail dar: Er windet sich durch Buschlandschaft und über Strände. Vor der Küste im Meerespark nahe Port Phillip Heads können Gäste schnorcheln oder tauchen und dabei große Fetzenfische, Weichkorallen und sogar versunkene U-Boote entdecken. Und bei einer Wildlife Cruise ab Sorrento erspähen sie Robben, Delfine und Tölpel. Schön sind die wilden Strände der Halbinsel, hier kommen Angler und Reitfans auf ihre Kosten.

Mornington Peninsula wartet mit zwei einzigartigen Buchten auf, Port Phillip Bay und Western Port Bay, wo es unzählige Naturschätze zu entdecken gibt. Im Western Port finden sich oft menschenleere Sandstrände.

Das größte geschützte Meeresgebiet im Bundesstaat Victoria fasziniert mit einer spektakulären Unterwasserwelt und abgelegenen, weißen Sandstränden. Nicht nur ein Traum für Tauchfans.

Der Wilson Promontory Park, der bei Einheimischen als »The Prom« bekannt ist, umfasst 50 000 ha Küstenwildnis auf dem Festland, an Australiens südlichster Spitze. Die gut markierten Wege verbinden leere Strände und Eukalyptuswälder, Heideland und Sumpf, kühle Regenwaldgebiete und felsige Bergspitzen. An der Spitze liegt der Marine Park: Mit rund 15 500 ha ist er Viktorias größtes geschütztes Meeresareal. Das Tauchparadies sorgt für wahre Abenteuer in den kristallklaren Gewässern direkt vor der Küste mit ihren weißen Sandstränden, Granitbergen und wild-rauen Klippen: Neben knallbunten Fischen wie dem Roten Samtfisch können Taucher auch Haie, Anemonen, Seesterne und Tintenfische zwischen den artenreichen Riffen, Schiffswracks und schillernden Korallengärten entdecken. Die kleinen Inseln im Park sind bevölkert von Hunderten von Pinguinen, Seehunden und Seevögeln. Aber auch archäologische Stätten an der Küste von Home Cove laden zu spannenden Ausflügen ein: Sie zeigen, dass der Meerespark sehr wahrscheinlich eine Basis für lokale Fischer war – gegen Ende des 20. Jhs. Zu den Klassikern gehören die herrlichen Küstenwanderwege zum *Squeaky Beach und zum Leuchtturm, der 1859 am südlichsten Punkt Australiens errichtet wurde. In vier historischen Cottages lässt es sich rustikal-romantisch nächtigen.

Großes Bild oben: Der Tidal River ebbt und schwillt je nach Gezeiten an oder ab. Die am Ufer wachsende Südseemyrte färbt das Wasser mit Tannin und lässt es wie Tee aussehen. Kleines Bild links: Malerische Felsen an der Bucht namens Millers Landing Corner Inlet.

Wilsons-Promontory-Nationalpark

Der auf einer Halbinsel gelegene Nationalpark birgt die größte Wildnis an der Küste von Victoria. Etwas nördlich von der Siedlung Tidal River liegt der Picnic Point der Whisky Bay. Anderswo ist die Küste von Wattlandschaften, Sandstränden und geschützten Buchten geprägt, die von Landzungen und Klippen im Süden und dahinter liegenden Küstendünen und Sümpfen unterbrochen werden.

Riverland Biosphärenreservat

Gegensätze pur: riesige Feuchtgebiete, aber auch trockene Mallee-Wälder. Das Biosphärenreservat in Südaustralien ist ein Paradies für Tier- und Pflanzenliebhaber. Zugvögel aus der ganzen Welt zieht es hierher.

Dieses 900 000 ha große Reservat im östlichen Teil Südaustraliens umfasst Auenlandschaften eines alten Flusses mit riesigen Feuchtgebieten, Seen und mit ihnen verbundenen Flüssen. Die Auen sind international bedeutende Feuchtgebiete: Sogar aus China fliegen die Zugvögel ein. Während früher diese Wetlands überflutet waren, um im Sommer wieder auszutrocknen, sind die Seen heutzutage fast immer gut gefüllt. Staudämme manipulieren die Flüsse, um die Wasserstraßen befahrbar zu ma-

An der Flussschleife Bruce's Bend spiegeln die Bäume im Wasser des Murray.

chen und die Bewässerung der Region sicherstellen zu können. Eines der letzten weltweit noch existierenden alten Mallee-Gebiete mit hohen, baumartigen Eukalyptus-Sträuchern gibt den Lebensraum für mehr als 275 Vogelarten, 79 Reptilien- und Amphibienspezies, ebenso für mehr als 843 Pflanzenarten. Wüstenartige Ebenen mit Chenopod-Büschen trennen die Mallee-Wälder von den Feuchtgebieten. Rund 17 000 Menschen leben in den Gebieten nahe des Murray River – hauptsächlich von Gartenbau und Weinanbau.

Großes Bild oben: Am Zusammenfluss von Darling und Murray tummeln sich verschiedene Wasservögel. Großes Bild unten: Am Murray spiegeln sich die für diese Region typischen Roten Eukalyptus-Bäume im Wasser.

Mamungari Conservation Park

Die unberührte Wildnis dieses Reservats umfasst rote Sanddünen und Salzseen sowie seltene Eukalyptusarten und farbenprächtige Flaschenbäume.

Das Wildnis-Schutzgebiet liegt im Gebiet der Great Victoria Wüste und der Nullarbor-Ebene in Südaustralien, ca. 450 km

Die einheimischen Ngaanyatjarra-Männer kennen ihre Jagdgründe gut.

nordwestlich von Ceduna. Der Park ist mit rund 2 Mio. ha Fläche eines der größten wüstenhaften Biosphärenreservate der Welt. Es dominieren Salzseen und rote Sanddünen, die bewachsen sind mit Akazien und seltenen Eukalyptusbäumen. Für den Anangu-Stamm ist das Gebiet kulturell bedeutend und heißt in ihrer Sprache: Ort der gefährlichen Geister. Der Besuch dieser einsamen Wildnis bedarf einer besonderen Erlaubnis. Das Biotop birgt seltene Tiere wie den Alexandrasittich und die Wammentrappe.

Nahe von Paynes Find, einer alten Goldgräbersiedlung ca. 430 km nordöstlich von Perth, ist die Halbwüstenlandschaft im Frühling von Wildblumenteppichen aus blühenden Goodeniengewächsen bedeckt.

Vielfältigkeit zeichnet das abgelegene Schutzgebiet im Nordwesten Australiens aus: Nahe des Flusses Prince Regent umfasst es Regenwälder, Hochebenen und Mangroven.

Das rund 633 000 ha große Biotop liegt im äußersten Nordwesten, im Bundesstaat Kimberley. Es ist nur per Schiff oder Flugzeug zu erreichen. Die Landschaft reicht von dichten Regenwäldern bis hin zu tief ein-

Oben: Mount Trafalgar ragt wie eine Felsenfestung auf.
Unten: ein Salzwasserkrokodil.

geschnittenen Sandstein-Ebenen eines Hochplateaus. Aber auch tosende Wasserfälle, wie die Kings Cascades, und steile Klippen zeichnen das UNESCO-Biosphärenreservat aus. So ist das St.-George-Becken von steilen Klippen, Mangroven und Wattenmeer umgeben. Im Regenwald des Reservates sind viele endemische Pflanzenarten zu finden. Mangroven bedecken weite Gebiete des Watts – vor allem im St.-George-Becken und in Rothsay Waters. Hier leben noch die vom Aussterben bedrohten Fels-Wallabys, auch Monjon genannt.

Salzwasserkrokodile sind in der Kimberley-Region keine Seltenheit. Aus Sicherheitsgründen sollte man deshalb nicht in den Flüssen baden; sie aus der Ferne zu beobachten ist weitaus sicherer.

Purnululu-Nationalpark (Bungle Bungles)

Die Bungle Bungles sind eine weltweit einzigartige Sandformation. Die an Bienenkörbe erinnernden Kuppen befinden sich in der Region Kimberley entlang des Piccaninny Creek. Die von Fächerpalmen umgebenen »Dome« sind völlig ausgewaschen, da die heftigen Regenfälle während der Regenzeit das gesamte Erdreich in die Savanne im Flachland spülen. Der höchste Punkt wird mit 578 m erreicht.

299

Purnululu-Nationalpark (Bungle Bungles)

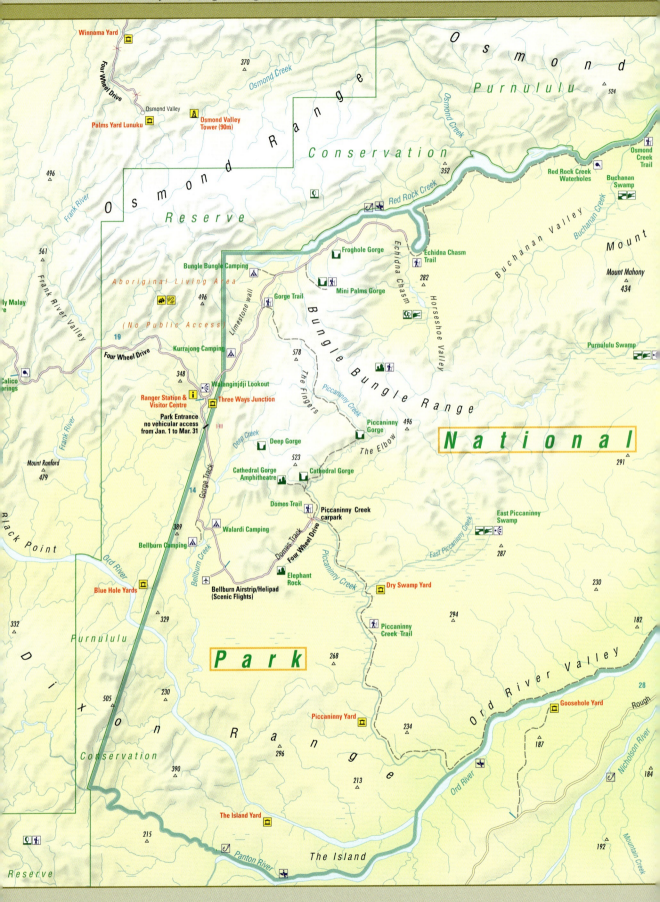

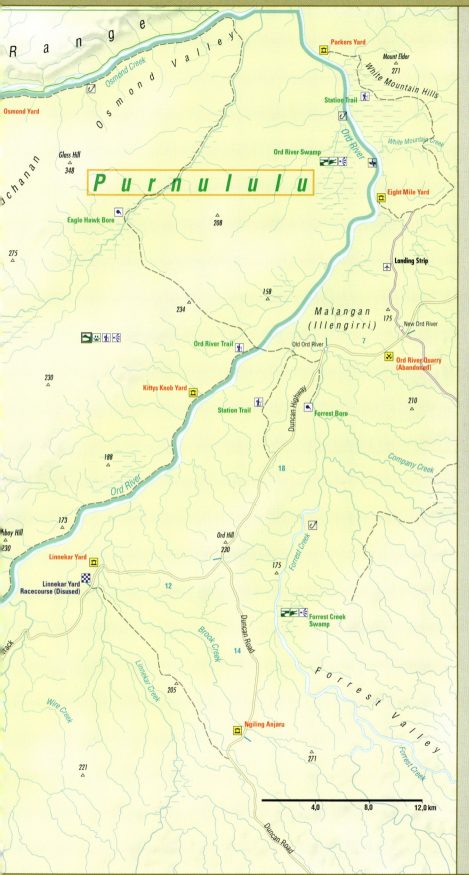

Der Nationalpark liegt knapp 110 km nördlich von Halls Creek in dem nördlichen Teil des Bundesstaats Western Australia und zeichnet sich vor allem durch seine ungewöhnlichen Kegelbergformationen aus. Diese entstanden durch die Verwitterung von Sandstein – »Purnululu« in der Sprache der in diesem Gebiet lebenden Kija-Aborigines.

Mittelpunkt des Nationalparks ist die Bungle Bungle Range, die sich aus Sandsteinen aus dem Devon (Alter: rund 370 Mio. Jahre) zusammensetzt. In den vergangenen 20 Mio. Jahren entstanden durch die abtragende Wirkung des Wassers bienenkorbartige Felsformationen, die waagrecht gebändert sind. Die dunkleren Streifen sind charak-

Die eigenwillige Felslandschaft besteht aus Kegeln, Kuppeln und Pyramiden.

teristisch für weichere Gesteine, die Wasser hindurchtreten lassen. Dadurch wachsen an der Oberfläche die für die dunkle Färbung verantwortlichen blaugrünen Algen. Dazwischenliegende härtere Schichten haben eine orangefarbene Tönung, die durch Eisen und Mangan zustande kommt. Die Farbtöne ändern sich im Lauf der Jahreszeiten und des Tages. Zwischen den kegelförmigen Felsen liegen Schluchten mit Wasserläufen und Pools, die von großen Schirmpalmen (Livistona australis) gesäumt werden.

Das Purnululu-Gebiet wird seit Jahrtausenden von Aborigines bewohnt, die hier zahlreiche Felsbilder und Begräbnisstätten hinterlassen haben. Hier sind rund 130 Vogelarten beheimatet, die auffälligsten unter ihnen sind bunte Bienenfresser und Wellensittiche.

Ein faszinierender Küstenstrich mit einem atemberaubenden Reichtum an Tierarten ist dieser Meerespark im Nordwesten von Australien.

An der einsamen Nordspitze der Westküste Australiens liegt der rund 6000 km² große Ningaloo-Meerespark. Er schützt einen 300 km langen Küstenabschnitt mit einem Korallenriff, das an vielen Stellen nur 100 m vom Ufer entfernt ist und zu den größten küstennahen Riffen der Welt zählt. Der angrenzende Küstenstreifen wartet mit eindrucksvollen Kalksteinformationen auf, die von unterirdischen Wasserläufen durchzogen sind. Viele Höhlen bieten Vögeln Nistplätze und seltenen Reptilien Schutz. Bunte Clownfische, giftige Feuerfische und räuberische Muränen zählen zu den rund 500 Fischarten, die sich zwischen den über 300 Koral-

Die Ningaloo-Küste liegt im Nordwesten Australiens in der trockenen Region Gascoyne.

lenarten des Riffs tummeln. Die aufregendsten Riffbewohner sind Suppenschildkröten, die hier an der Küste auch ihre Eier ablegen, scheue Riffhaie und bis zu 6 m lange Tiger- und Hammerhaie, Stachel- und Mantarochen, Delfine sowie Dugongs, die in den großen Seegraswiesen weiden. Etwa eine Woche nach dem Vollmond Ende März oder Anfang April laichen alle Korallen im Riff gleichzeitig und setzen Millionen hellrosa Eier und Spermienpakete frei, die an der Wasseroberfläche Laichteppiche bilden. Das drei Tage dauernde Schauspiel verkündet die Ankunft der Walhaie. Auch Buckelwale tummeln sich hier.

Die wilde unberührte Ningaloo Coast beeindruckt nicht nur durch ihren Fischreichtum, sondern auch durch spektakuläre Sonnenuntergänge.

Shark Bay

Die Satellitenaufnahme des südlichen Teils der Shark Bay zeigt den zerlappten Küstenverlauf innerhalb der Bucht. Stellenweise gut auszumachen ist zudem die Struktur des Meeresbodens anhand von seichteren Regionen, Untiefen und über den Meeresspiegel ragenden Sandbänken. Die hohen Verdunstungsraten lassen großflächige Salzansammlungen entstehen, die kreisrunde Bassins bilden.

Shark Bay

Artenreiche Seegraswiesen und Stromatolithenkolonien sowie die größte Population von Gabelschwanzseekühen der Welt sind die herausragenden Kennzeichen dieses Schutzgebiets.

Der Naturpark Shark Bay, ein Küstenabschnitt mit Steilklippen, Lagunen und Sanddünen etwa 800 km nördlich von Perth, ist die Heimat vieler bedrohter Meeres- und Landtiere. Besonders eindrucksvoll sind die bis zu knapp 5000 km² großen Seegraswiesen, die zu den artenreichsten der Welt gehören. Sie dienen vor allem kleinen Fischen, Krabben und Krebsen als Refugium. Darüber hinaus fördern sie das Wachstum von Stromatolithen (Algenkalken): Diese seit mehr als 3,5 Mrd. Jahren existierenden Kleinstorganismen bilden in dem stark

Aus der Luft betrachtet wirken die Seegraswiesen (links im seichten Gewässer des Denham Sound) wie dunkle Klumpen.

salzhaltigen, warmen und seichten Lagunenwasser blumenkohlartige Kalkknollen, die an manchen Stellen bei Ebbe über den Wasserspiegel hinausragen. Im Sommer lassen sich in der Shark Bay Buckelwale bei der Paarung, Meeresschildkröten bei der Eiablage und Gabelschwanzseekühe (Dugongs) bei der Aufzucht ihrer Jungen beobachten. Diese Meeressäuger, die bereits als ausgestorben galten, sind hier noch mit rund 10 000 Tieren vertreten. In der der Bucht von Monkey Mia werden Delfine von Rangern gefüttert.

Großes Bild: Geradezu endlos erstreckt sich die Shark Bay von weit oben gesehen. Bildleiste von oben: Pelikan; Dugong oder Seekuh, hier eine Mutter mit Kalb; eine Riesenqualle in der Shark Bay.

Fitzgerald River Nationalpark

Rund 200 Vogelarten und über 40 Reptilienspezies hat dieses Reservat zu bieten: Ein Paradies für Tierliebhaber. Aber auch die Pflanzenwelt des größten Nationalparks Australiens ist überwältigend.

Dieses Biosphärenreservat in Westaustralien liegt südlich von Perth und ist mit 329 000 ha Gesamtfläche einer der botanisch bedeutendsten Nationalparks des Kontinents. Auf seinem Gebiet wurden bisher über 20 Prozent der ganzen Pflanzenwelt Westaustraliens entdeckt, ein Großteil kommt nur hier vor – zum Beispiel die endemische Königs-Hakea. Neben über 40 Reptilienarten, zwölf Froschspezies und rund 200 Vogelarten – wie etwa der seltene Erdsittich und der Langschnabel-Lackvogel – sind die Feuchtgebiete ideale Lebensräume für

Quoin Head liegt ca. 30 km westlich des kleinen Küstenortes Hopetoun.

viele Zugvögel. Zudem ist die Bucht von Point Anne der beste Punkt in Westaustralien, um hier die Glattwale zu beobachten. Im Winter kommen bis zu 40 Wale, um ihre Kinder zu gebären. Im Landesinneren befindet sich ein trockenes Gebiet und die lange Küste ist geprägt von Sandstränden. Typisch sind die schwammartigen Klippen aus weichem Gestein, die vor fast 36 Mio. Jahren entstanden.

Großes Bild und Bildleiste von oben: Hier gedeihen endemische Pflanzen wie die Rote Banksia; die ausgesprochen selten blühende Royal Hakea und Dryandras mit ledrigen, gezackten Laubblättern; eine rote Buschblüte, ein prachtvoller kleiner Käfer auf einer weißen Hakea-Blüte.

Tasmanische Wildnis

Mit ihren kühl-gemäßigten Regenwäldern und der reichen Fauna zählen die Nationalparks des westlichen Tasmaniens zu den letzten fast noch unberührten Ökosystemen der Welt.

Fünf Nationalparks – Cradle Mountain-Lake St. Clair, Franklin-Lower Gordon Wild Rivers, Southwest, Walls of Jerusalem und Hartz Mountains – sowie weitere Schutzzonen bilden das zwischen dem Cradle Mountain und dem Südwestkap gelegene Areal dieser Weltnaturerbestätte. Tiefe Schluchten, steile Bergspitzen, abgeschliffene Hochebenen, tobende Wasserfälle und trogförmige Seen sind typisch für diese durch Gletscher geformte Landschaft. In den höheren Lagen erstrecken sich

Ein Bennett-Wallaby mit Nachwuchs im Nationalpark Cradle Mountain-Lake St. Clair.

Moore und Heiden, in den Niederungen ausgedehnte Feuchtgebiete. Trotz intensiven Holzeinschlags sind noch Reste der Mischwälder mit zahlreichen subarktischen und australischen Baumarten erhalten.
In der vielgestaltigen Landschaft ist eine einzigartige Tierwelt zu Hause, darunter auch zahlreiche endemische Arten. Archäologische Funde wie Felsmalereien und Steinwerkzeuge sowie Überreste von Kanus belegen die erste menschliche Besiedlung der Insel vor über 30 000 Jahren.

Bildleiste von oben: Frenchmans Cap mit Franklin River im Franklin-Gordon Wild Rivers-Nationalpark; Cradle Mountain; Lake Salome im Walls of Jerusalem-Nationalpark. Großes Bild: Myrten-Südbuchen am Bachlauf.

Southwest-Nationalpark

Der großartige Southwest-Nationalpark mit dem emblematischen Mount Anne (großes Bild) umfasst als Teil des Tasmanian Wilderness World Heritage Area über 600 000 ha unberührte Wildnis voller inspirierender Landschaften, von alpinen Regenwäldern bis zu Stränden von unendlicher Weite wie am Prion Beach an der Mündung des New River (rechts). Es ist der größte Park Tasmaniens.

Southwest-Nationalpark

Nahezu unberührt und weitgehend unbesiedelt ist die Wildnis im Südwesten Tasmaniens. Im 618 087 ha großen Southwest-Nationalpark findet man wildwuchernde Regenwälder (rechts), verschlungenes Buschwerk und Rieseneukalypten, die bis zu 80 m hoch werden (großes Bild). Dass der tasmanische Südwesten so unberührt blieb, liegt an dem rauen, regenreichen Klima mit orkanartigen Stürmen.

Die etwa 600 km östlich von Port Macquarie gelegene Inselgruppe verdankt den Weltnaturerbestatus ihrer spektakulären Topografie und ihrer teils endemischen Fauna und Flora.

Vor etwa sieben Millionen Jahren erhob sich vor der Ostküste des australischen Kontinents in der Tasmanischen See ein mächtiger, bis zu 2000 m hoher Schildvulkan aus dem Meer. Durch die erodierende Kraft von Regen, Wind und Wellenschlag sind von dem einstigen Riesen heute nur noch – als letzte Reste – die 28 Eilande der Lord-Howe-Inselgruppe erhalten. Aufgrund der isolierten geografischen Lage hat sich hier eine ganz eigenständige Pflanzen- und Tierwelt entwickelt. Die sehr dichten Nebelwälder mit ihren etwa 220 Pflanzenarten,

Blick vom Mount Gower (875 m) hinüber zur Spitze des Mount Lidgbird (777 m).

von denen rund ein Drittel ausschließlich hier vorkommt, wurden zum Lebensraum vieler bedrohter Vogelarten. Hier kann man den Keilschwanz-Sturmtaucher, den an Steilhängen brütenden Kermadec-Sturmvogel, den auffällig gefärbten Weißbauch-Meerläufer und das flugunfähige Lord-Howe-Waldhuhn beobachten. Vor der Südwestküste der Lord-Howe-Insel bilden Steinkorallen und Kalk-Rotalgen ein fantastisches Riff. Im Wasser zwischen den Riffstöcken leben zahlreiche exotische Fische wie der bunte Gaukler, der Papagei- und der Säbelfisch.

Blick über die North Bay hinüber zu den markanten Steilküsten des Mount Gower. Sie bestehen aus Basaltgestein, das aus Lava, die im Krater des Lord-Howe-Vulkans erstarrte, hervorgegangen ist.

Lord-Howe-Insel

Die Lord-Howe-Insel ist vulkanischen Ursprungs und Teil einer über 1000 km langen unterseeischen Bergkette, die hier die Meeresoberfläche durchbricht. Die beiden höchsten Berge, Mount Lidgbird und Mount Gower am Südende der Insel, können von Mount Eliza aus bestaunt werden. An der Westseite erstreckt sich ein über 6 km langes Korallenriff, das zugleich das südlichste Riff der Welt ist.

Diese kleine subantarktische Insel – Lebensraum einer vielfältigen Fauna – ist der höchste Kamm des unter Wasser liegenden, durch das Aufeinandertreffen von Indisch-Australischer und Pazifischer Platte entstandenen Macquarie-Rückens.

Die nur etwa 35 km lange und rund 5 km breite Macquarie-Insel liegt ca. 1500 km südöstlich von Tasmanien sowie 1300 km nördlich der Antarktis. Sie ist ein Paradies für See-Elefanten, Pelzrobben und zahlreiche Vogelarten. Königs- und Kaiserpinguine bilden im Winter und im Frühjahr riesige Brutkolonien. Auch Sturmvögel und verschiedene Albatrosarten brüten hier. Einziges Zeichen menschlicher Gegenwart ist eine Forschungsstation. Für die Geologie hat die Macquarie-Insel durch ihre Lage in einer Subduktionszone größte Bedeutung, ist sie doch der

In der Lusitania Bay zaubern die Nebelschwaden eine besondere Atmosphäre.

weltweit einzige Ort, an dem Gesteine des sonst mehrere Kilometer unter der Erdoberfläche liegenden Erdmantels zutage treten.

Benannt wurde die Insel nach dem Briten Lachlan Macquarie, der in den Jahren 1810 bis 1821 Gouverneur von New South Wales war – nach ihrer zufälligen Entdeckung im Juli 1810 durch den nach Robbenjagdgründen suchenden Australier Frederick Hasselborough stand die Insel zunächst unter der Verwaltung von New South Wales, heute gehört sie zu Tasmanien.

See-Elefanten sind auf der Macquarie-Insel im Südpazifik allgegenwärtig. Die größten Robben der Welt liegen gern faul am Strand herum: Kein Wunder bei dem eher kühlen maritimen Klima in tundraähnlicher Landschaft.

Macquarie-Insel

Tausende von Seevögel nutzen die Macquarie-Insel im Frühjahr zum Brüten, unter anderem der Königspinguin und der Felsenpinguin, die sich hier in großen Kolonien dicht an dicht drängen. Die durchschnittliche Temperatur liegt das ganze Jahr über nur bei ca. 6 Grad, und es regnet, stürmt und schneit an 320 Tagen im Jahr. Heute leben noch 850 000 Königspinguin-Paare auf Macquarie.

Die einzigen subantarktischen Inseln mit vulkanischer Aktivität gestatten faszinierende Einblicke in die dynamischen Prozesse im Erdinneren. Ihr Ökosystem blieb bis heute von äußeren Einflüssen weitgehend verschont.

Diese beiden Inseln liegen etwa 4000 km südöstlich von Perth und rund 1500 km nördlich vom antarktischen Kontinent. Auf Heard befindet sich mit dem 2745 m hohen aktiven Vulkan Mawson Peak (»Big Ben«) der höchste Berg Australiens (der höchste Berg auf dem australischen Festland ist der 2228 m

Auf den Heard-Inseln türmen sich Tafeleisberge mit geheimnisvollen Grotten auf.

hohe Mount Kosciuszko in den Snowy Mountains von New South Wales).
Auf McDonald kam es seit dem Jahr 1992 zu Eruptionen. Gletscher und Eisflächen bedecken etwa 80 Prozent der Inselfläche, das unwirtliche Klima erlaubt nur eine spärliche Vegetation von Gräsern und Algen. Bis heute wurden hier 42 Moosarten registriert. Viele Pflanzen, Algen und Moose hat man aber noch gar nicht bestimmt. Auch wurden die Inseln von unliebsamen »Einwanderern« wie Katzen, Ratten und Hasen verschont, sodass hier Pinguine, Meeressäuger und Seevögel unter sich bleiben.

Die turtelnden Robbenpaare lassen sich von den Königspinguinen nicht stören. Ein heißer Flirt kann bei den frischen Temperaturen nicht schaden.

Durch die Gebirgskämme der Flinders Ranges schlängelt sich der Razorback Ridge durch die Landschaft.

Die schönsten Reiserouten

Australien ist geradezu prädestiniert dafür, mit dem Auto bereist zu werden. Die Weiten und Distanzen bieten Landschaftserlebnisse in einer Vielfalt und Dimension, wie man sie von Europa nicht kennt. Wer auf einer der folgenden fünf Touren die Küsten Queenslands vor dem Great Barrier Reef, die kargen und trockenen Weiten des Outbacks, immer mit einem unendlichen Horizont vor Augen, oder die spektakulären Landstriche von Western Australia erkundet, bekommt eine Ahnung vom Gefühl der ursprünglichen Freiheit, unterwegs, »on the road« in »Down Under« zu sein.

Route 1: Von Darwin durch den wilden Nordwesten nach Albany

Die Fahrt vom Top End zur südwestlichen Spitze Australiens vermittelt einen Eindruck von den Dimensionen und der Weite des Landes. Man durchreist dabei mehrere Klima- und Vegetationszonen – vom Monsun- bis zum gemäßigten mediterranen Klima, entsprechendes Anpassungsvermögen und ein wenig Pioniergeist sind gefragt. Die Nationalparks laden ein, außergewöhnliche Landschaften zu erwandern, mit dem Boot durch Schluchten zu paddeln oder die Strände entlang zu spazieren.

Einen bizarren Anblick bietet der Säulenwald der Pinnacles im Nambung Nationalpark.

Der Großteil der rund 5000 km langen Strecke führt durch einen einzigen Bundesstaat – Western Australia. Dies allein schon verdeutlicht die Dimensionen von WA, wie die Einheimischen Western Australia nennen. Mit 2,5 Mio. km² macht es etwa ein Drittel von Australien aus. In dem riesigen Areal leben nur knapp 2 Mio. Menschen, davon fast drei Viertel im Großraum Perth. Western Australia ist also zum großen Teil menschenleeres Pionierland. Oft bestehen die verstreut liegenden Siedlungen nur aus Tankstelle, Bank, Supermarkt und einigen wenigen Häusern. Die Entfernungen zum nächsten Ort sind für einen Europäer gewöhnungsbedürftig. Eine Distanz von mehreren Hundert Kilometern gilt hier als kurze Ausflugsstrecke – »just down the track«, wie man in Australien gern sagt.

Western Australia wurde wie der Rest Australiens schon lange vor Ankunft der Europäer durch die Aborigines besiedelt. Entlang unserer Route finden sich in Form von Felsmalereien zahlreiche Spuren dieser 30 000 bis 40 000 Jahre dauernden Besiedlungsgeschichte. Im Norden gibt es auch zahlreiche Aboriginal Lands, die aber von Touristen nicht oder nur mit Sondergenehmigung betreten werden dürfen. Ab dem 16. Jh. verschlug es dann portugiesische und holländische Seefahrer an die westaustralische Küste. Zu einer dauerhaften Besiedlung von »Neuholland« kam es allerdings erst unter den Engländern, als 1829 die Swan River Colony, das heutige Perth, gegründet wurde. Der Aufbau der westaustralischen Kolonien erfolgte zunächst durch freie Siedler, später wurden hierzu Tausende von Sträflingen herangezogen. Seitdem waren es die Bodenschätze, die immer wieder einen Boom auslösten, etwa der Goldrausch um 1890. Ab Mitte des 20. Jhs. begann dann der Bergbau kontinuierlich zu florieren – heute werden in Western Australia große Mengen von Erzen (Eisen, Nickel, Zinn), Uran, Bauxit, Gold, Diamanten, Erdöl und Erdgas gefördert. Davon hat vor allem Perth profitiert, die einzige wirkliche Metropole von Western Australia, in der heute viele internationale Konzerne ansässig sind.

Der Ausgangspunkt der Tour liegt noch im Northern Territory, in dessen Hauptstadt Darwin. Kurz vor Kununurra passiert man die Grenze zu Western Australia und fährt am sehenswerten Kimberley-Plateau entlang. Diese von Felsplateaus und Schluchten durchsetzte Savannenlandschaft ist eine der unerschlossensten Regionen Australiens.

Hier dominiert im Sommer tropisches Monsunklima mit hoher Luftfeuchtigkeit und ausgeprägten Regenzeiten. Die südlich angrenzende Große Sandwüste zeichnet sich durch die höchsten Temperaturen Australiens und teils mehrjährige Trockenzeiten aus. In der nördlichen Pilbara-Region verlässt man die sandige Küstenlandschaft zu einem Abstecher ins Landesinnere, in die bis zu 1235 m hohe Hamersley Range, ein wildes Felsmassiv mit Schluchten und Seen, dessen Bodenschätze oft im Tagebau ausgebeutet werden. Das Klima ist hier semiarid, dazwischen gibt es an Flussläufen immer wieder tropische Einsprengsel. Fährt man weiter nach Süden Richtung Perth, wird das Klima zunehmend trocken-mediterran, und im äußersten, für australische Verhältnisse durchaus relativ dicht besiedelten Südwesten klingt die Reise bei feuchtem und mildem Wetter aus. Trotz fortschreitender Zivilisation und Tourismus verströmt eine Reise durch WA immer noch den Hauch von Freiheit und Abenteuer. Hier kann man Einsamkeit und Weite genießen und trifft manchmal auf kauzige Charaktere. Und wo sonst kann man auf einer einzigen Reise Regenwald und Wüste, Steppe und Savanne, Gebirge und mediterrane Landschaft erleben?

Aborigines-Kinder von der Mowanjum Community.

Route 1: Von Darwin durch den wilden Nordwesten nach Albany

Litchfield Nationalpark Einen schönen Anblick bieten hier die riesigen Termitenhügel. Die Grabsteinform und die akurate Ausrichtung ermöglichen eine optimale Ausnutzung der Sonnenstrahlung.

Katherine Gorge im Nitmiluk Nationalpark Aus 13 Schluchten besteht die Katherine Gorge, die Hauptattraktion des Parks. Die meisten von ihnen können auf dem Katherine River per Boot erkundet werden.

Mitchell Falls Nahe der Kimberley Coast stürzt sich der Mitchell River vom gleichnamigen Plateau in vier Stufen in die Tiefe.

Kakadu Nationalpark Überschwemmungslandschaften bestimmen das Bild des Parks in der Monsunzeit.

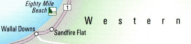

Cable Beach Wo einst das Telegrafenkabel von Broome nach Java verlegt wurde, erstreckt sich auf einer Länge von mehr als 20 km einer der schönsten Strände von Western Australia.

Windjana Gorge Auf einer Länge von 3,5 km hat sich hier der Lennard River in die Kalksteinfelsen eingegraben. Während der Trockenzeit bleibt vom Fluss nur eine Reihe von Pools übrig.

Eighty Miles Beach Südlich von Broome lohnt sich ein Abstecher zu einem der längsten Sandstrände Australiens. Hier lässt sich auf ausgedehnten Strandspaziergängen noch wirkliche Einsamkeit erleben.

Purnululu Nationalpark Wie riesige Bienenkörbe sehen die Felskuppen der Bungle Bungles, einer über 350 Mio. Jahre alten geologischen Formation im östlichen Kimberley, aus.

Halls Creek Das kleine Städtchen etwa auf halber Strecke zwischen Kununurra und Derby ist eine typische Outback-Siedlung mit Tankstelle, Supermarkt und mehreren Läden. Einige Skulpturen sowie die Überreste des alten Halls Creek nur 15 km südlich der heutigen Stadt erinnern an den Goldrausch aus dem Jahr 1885.

Karijini Nationalpark Das Rückgrat des Parks bildet die bis zu 1200 m hohe Hamersley Range, in die Bäche und Flüsse zahlreiche Schluchten mit Treppen und Terrassen eingefräst haben.

Ningaloo Reef Am 250 km langen Riff versammeln sich jährlich von März bis Mai zahlreiche Walhaie, die größten Fische der Welt.

Shark Bay Marine Park Hier finden sich drei Milliarden Jahre alte knollige Kalkgebilde, die sogenannten Stromatholiten.

Pinnacles Im Nambung Nationalpark ragen aus einer Sandebene diese bizarr geformten Kalksteinsäulen auf. Sie sind einst durch Anlagerung von Sand und Kalkstein an Pflanzen sowie durch Erosion entstanden.

Perth Die Kapitale von Western Australia ist die einzige Großstadt weit und breit. Hier haben sich in den vergangenen Jahrzehnten internationale Bergbaukonzerne niedergelassen.

Millstream Chichester Nationalpark In der Chichester Range befindet sich am Fortescue River die Millstream-Oase, die durch mehrere Pools – hier der Deep Reach Pool – gekennzeichnet ist.

Houtman Abrolhos Islands Zur Inselgruppe in Höhe von Geraldton gehört auch Pigeon Island. Das Inselchen ist dicht besiedelt mit Hütten von Hummerfischern.

Kalbarri Nationalpark Spektakuläre Schluchten, Felsformationen und Klippen wie etwa Mushroom Rock und Eagle Gorge sind die Hauptattraktionen des 1830 km² großen Parks am Murchison River.

Wave Rock Einer gigantischen Welle gleicht diese 15 m hohe Granitfelswand bei Hyden 350 km östlich von Perth, wo die Kräfte der Erosion eine perfekt konkav gewölbte Form mit charakteristischen Streifenmustern herausmodelliert haben.

Leeuwin-Naturaliste Nationalpark An der Küste des Parks finden sich zahlreiche Tropfsteinhöhlen – wie etwa hier die Easter Cave.

331

Route 2: Auf dem Stuart Highway durch das »Rote Zentrum«

Der 3200 km lange Stuart Highway führt von der hübschen Stadt Adelaide an der Südküste quer durch das legendäre Outback, das »Rote Zentrum« des Kontinents, bis nach Darwin an der Timorsee. Entlang dieser interessanten Route passiert man einige der größten landschaftlichen Sehenswürdigkeiten Australiens. Über weite Strecken fehlen jegliche Zeichen menschlicher Besiedlung, doch gerade Einsamkeit und Leere machen die Faszination dieser ganz besonderen Traumstraße aus.

Entlang des Stuart Highway: Verkehrsschilder warnen vor querenden Kängurus. Die Schilder sind mittlerweile auf der ganzen Welt

Startpunkt der Durchquerung Australiens ist Adelaide, das als die »grünste Stadt« des Landes gilt. Wo sich heute die schachbrettartig angelegte Stadt mit ihren baumbestandenen Straßen erstreckt, gingen im Jahr 1836 rund 550 deutsche Siedler an Land und brachten Weinreben mit – den Grundstock für den australischen Weinanbau, der sich auf die umliegenden Adelaide Hills, das Barossa und das Clare Valley konzentriert. Das 317 km nördlich gelegene Port Augusta ist der eigentliche Ausgangspunkt des Stuart Highway. Dieser wurde nach dem Entdecker John McDouall Stuart benannt, der 1862 als erster Weißer den Kontinent von Süden nach Norden durchquerte. Einst berühmt-berüchtigt als eine der abenteuerlichsten Strecken des Landes, ist der seit 1987 vollständig asphaltierte Highway inzwischen ein gut ausgebauter Verkehrsweg, zumeist problemlos befahrbar. Nur nach ungewöhnlich heftigen Regenfällen können Streckenabschnitte schon mal einige Tage unpassierbar sein.

Den ersten Teil von Port Augusta bis Glendambo prägen ausgetrocknete Salzseen entlang der Straße. Die erste richtige Stadt weiter nördlich ist Coober Pedy in der Stuart Range, einer unwirtlichen Gegend, in der häufig Sandstürme wüten. In der »Welthauptstadt der Opale« wurde 1915 während der Goldsuche zufällig der erste Opal entdeckt.

Was zwischen Port Augusta und Darwin auf der Karte wie eine Ortschaft am Highway aussieht, ist häufig jedoch nur ein einfaches Roadhouse, in dem man tanken, übernachten und die wichtigsten Grundnahrungsmittel kaufen kann. Ein solches ist auch das Kulgera Roadhouse nach dem »Grenzübertritt« in das Northern Territory. In dem riesigen Bundesstaat leben nur annähernd 185 000 Menschen, davon allein die Hälfte in Darwin. Schroffe Felslandschaften und endlose, mit Spinifexgras bestandene Steppen charakterisieren nun die Landschaft bis zum Horizont. Rostrot leuchtet das Land über Hunderte von Kilometern, dunkelrot glänzen die Termitenhügel – eine einzigartige Sinfonie in den verschiedensten Rottönen. Nur ab und zu ragt ein weithin sichtbares Windrad in den Himmel.

80 km hinter der Grenze zweigt bei Erldunda der Lasseter Highway zum bekannten Uluru Nationalpark ab, in dem zwei der berühmtesten Sehenswürdigkeiten Australiens liegen: Ayers Rock und The Olgas.

Bedeutendste Stadt im Zentrum ist Alice Springs in den MacDonnell Ranges. Die Stadt ist die geografische Mitte Australiens und ein bequemer Ausgangspunkt für Ausflüge zu einer Rei-

bekannt und werden gern als Mitbringsel für die Daheimgebliebenen gekauft.

he touristischer Attraktionen im Umkreis, denn alleine im Westen liegen mehrere namhafte Nationalparks: Finke Gorge, Watarrka sowie West MacDonnell Ranges. Nächster touristischer Höhepunkt auf dem Weg zum »Top End« sind die riesigen, fast perfekten Kugeln der Devils Marbles. Tennant Creek gilt seit dem kurzen Goldrausch im Jahr 1932 als »Stadt des Goldes«. Auf Höhe von Renner Spring lässt man allmählich die unwirtlichen und trockenen Ebenen des »Roten Zentrums« hinter sich, die Savannenlandschaft der Küstenregion rückt nun in das Blickfeld.

Von Katherine aus lassen sich der Cutta Cutta Caves Natur-

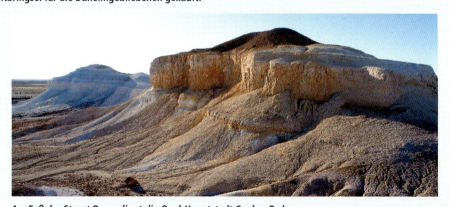

Am Fuß der Stuart Range liegt die Opal-Hauptstadt Coober Pedy.

park oder der Nitmiluk Nationalpark mit dem spektakulären Schluchtensystem der Katherine Gorge besichtigen. Bei Pine Creek hat der Reisende die Wahl zwischen der Route nach Darwin oder der Fahrt durch den Kakadu Nationalpark Richtung Jabiru. Auf welchem Weg auch immer: Schließlich ist nach rund 3200 km staubiger Straße das »Top End« erreicht.

333

Route 2: Auf dem Stuart Highway durch das »Rote Zentrum«

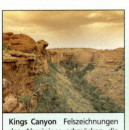

Kings Canyon Felszeichnungen der Aborigines schmücken die steilen Wände des Canyons.

Finke Gorge Nationalpark Im 12 km südlich von Hermannsburg liegenden Park befindet sich das Palm Valley. Hier wachsen dank des tropischen Klimas viele seltene Palmenarten, die teils bis zu 25 m hoch werden.

Kata Tjuta Berg der »vielen Köpfe« nennen die Aborigines die Gruppe von 36 Felsmonolithen mitten in der Steppenlandschaft Zentralaustraliens. Sie sind auch als »The Olgas« bekannt.

Chambers Pillar Zum 56 m hohen rot-gelben Sandsteinfelsen südöstlich von Henbury führen zahlreiche Trecks. Die Säule diente den Pionieren der Kolonialzeit, die sich hier im Felsen verewigt haben, als Orientierungspunkt.

Uluru Wie ein gestrandeter Riesenwal ragt der von den weißen Australiern Ayers Rock genannte Uluru 348 m hoch aus der kargen roten Steppenlandschaft. Landmarken wie diese sind für die Aborigines mythische Orte, die eng mit den schöpferischen Taten der Vorfahren verknüpft sind.

Flinders Ranges Der 400 km lange Bergzug beginnt nördlich des Clare Valley und zieht sich zwischen Lake Torrens und Lake Frome bis weit ins Outback. Der gleichnamige Nationalpark mit dem Wilpena Pound zählt zu den schönsten des Landes.

Coober Pedy Seit 1915 wird im Outback am Fuß der Stuart Range nach Opalen gegraben. 70 % des Weltvorkommens werden hier gefördert. Wegen Temperaturen von über 50 °C liegen viele Wohnungen unter der Erde.

Traumpfade Die Landschaft Australiens ist für seine Ureinwohner voller Spuren der schöpferischen Ahnen. In Gesängen und Tänzen erzählen die Aborigines von den Wanderungen der Ahnen.

Adelaide Die im Schachbrettmuster angelegte Hauptstadt von South Australia wurde 1836 zwischen den Sandstränden am Gulf St. Vincent und den Mount Lofty Ranges gegründet und nach Königin Adelheid benannt.

Barossa Unter diesem Stichwort werden das Barossa Valley und das Eden Valley zusammengefasst. Gemeinsam stehen sie für eines der berühmtesten australischen Weinbaugebiete.

Darwin In der Hafenstadt am Nordrand des »Top End« herrscht subtropisches Klima. Zu den wenigen historischen Gebäuden zählen Old Navy Headquarters, Fannie Bay Jail und Brown's Mart.

Nourlangie Rock Die Felszeichnungen der Aborigines am Nourlangie Rock im Kakadu Nationalpark verdeutlichen den sogenannten »Röntgen-Stil«.

Kakadu Nationalpark Steinplateaus, Wasserfälle, Überschwemmungsebenen und der South Alligator River prägen das Landschaftsbild des Parks, der zu den berühmtesten Sehenswürdigkeiten Australiens zählt.

Litchfield Nationalpark Der Park ist für seine »magnetischen« Termitenbauten berühmt, die alle eine Nord-Süd-Ausrichtung aufweisen.

Cutta Cutta Caves Naturpark In den rund 25 km südöstlich von Katherine gelegenen Kalksteinhöhlen leben neben Schlangen auch sehr seltene Fledermausarten.

John Flynn Memorial Das Denkmal, das 20 km nördlich von Tennant Creek errichtet wurde, erinnert wie viele andere Monumente im Outback an John Flynn (1880–1951), der im Jahr 1939 den Royal Australian Flying Doctor Service gegründet hatte.

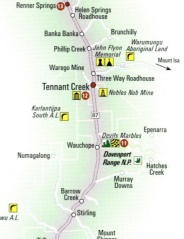

Devils Marbles Die 170 Mio. Jahre alten roten Granitblöcke bei Wauchope verdanken ihre Beschaffenheit dem stetigen Wechsel von glühender Hitze und klirrender Kälte.

Pawu Aboriginal Land Das 2500 km² große Gebiet um den Mt. Barkly westlich von Barrow Creek und südlich von Willowra steht seit 1981 wieder unter der Kontrolle der lokalen Aborigines, die um 1920 von dort vertrieben worden waren.

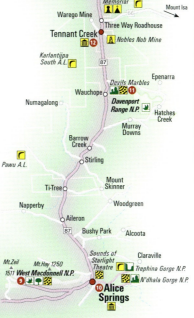

Davenport Range Nationalpark In den Bergen und Steppen des Parks haben Wasservögel und Riesenkängurus ihr Refugium.

West Macdonnell Ranges Westlich und östlich von Alice Springs erstreckt sich die zerklüftete Bergkette. Höchste Erhebung ist der 1524 m hohe Mt. Liebig.

Alice Springs Die Stadt liegt im Herzen der »roten Mitte« Australiens, 1700 km von Adelaide und 1500 km von Darwin entfernt.

Trephina Gorge Nationalpark Der Park in den East Macdonnell Ranges ist für seine Quarzitklippen und die von Eukalyptusbäumen gesäumten Wasserläufe der Trephina Gorge berühmt.

Route 3: Bruce Highway – von der Sunshine Coast zum Great Barrier Reef

Die Pazifikküste des »Sunshine State« Queensland zählt zu den landschaftlichen Höhepunkten des australischen Kontinents. Endlose Sandstrände und das Great Barrier Reef, das größte natürliche Bauwerk der Erde, locken Sonnenanbeter und Wassersportler; tropische Regenwälder beeindrucken mit Artenvielfalt und unberührter Wildnis. Das Herz der Region schlägt in den boomenden, modernen Metropolen Brisbane und Cairns, die der Bruce Highway miteinander verbindet.

Das längste lebende Korallenriff der Erde reicht vom südlichen Wendekreis bis vor die Mündung des Fly Rivers (Neuguinea).

Weit über die Hälfte der ausländischen Touristen kommt nach Australien, um Queensland, den zweitgrößten australischen Bundesstaat, mit seiner fast 10 000 km langen Küste zu besuchen. Der Küste vorgelagert liegt das Great Barrier Reef. Das aus rund 2500 einzelnen Korallenwällen bestehende Riff zieht sich über eine Gesamtlänge von 2000 km entlang der australischen Ostküste. An Farbenpracht ist die seit 1981 unter dem Schutz der UNESCO stehende Unterwasserwelt kaum zu übertreffen. Mehr als 400 Korallen- und 1500 Fischarten bevölkern das Riff, daneben gibt es allein fast 4000 Weichtierspezies (Mollusken). Doch wie so viele andere Naturwunder ist auch das Great Barrier Reef durch Verschmutzung und globale Veränderungen zunehmend gefährdet. Queensland liegt am Übergang von den Subtropen zu den Tropen. Im Norden des Bundesstaates regnen sich die Wolken des Südostpassats an den Hängen der parallel zur Küste verlaufenden Great Dividing Range ab. Hier wachsen im feucht-warmen Klima bis zu 50 m hohe Baumriesen. Die tropischen Berg- und Küstenregenwälder bieten seltenen urzeitlichen Palmfarnen wie dem Baum- oder Königsfarn und etlichen Kuriositäten der Tierwelt wie dem Schnabeltier einen Lebensraum.
Die subtropischen Regenwälder Queenslands zählen zu den ältesten der Erde; sie sind die letzten Relikte der Urwälder, die vor 100 Mio. Jahren den damaligen Riesenkontinent Gondwana bedeckten. Durch ihre abgeschiedene Lage haben sie Tier- und Pflanzenarten bewahrt, die zum Teil Jahrmillionen alt sind und die es nirgendwo sonst auf der Welt mehr gibt. Auch an der Küste von Queensland hat der Entdecker James Cook seine Spuren hinterlassen. Viele Orts- und Landschaftsnamen gehen auf ihn zurück, und einige Siedlungen verbinden sich mit Anekdoten aus seinen Reiseberichten. Wie zuvor in New South Wales begann auch in Queensland die Siedlungsgeschichte mit der Deportation britischer Sträflinge. Wo sich heute die Skyline Brisbanes vom blauen Himmel abhebt, wurden 1824 die ersten Sträflinge in Ketten an Land gebracht. Bald folgten landhungrige Siedler und Glücksritter. Schnell hatte sich herumgesprochen, dass Queensland fruchtbar und reich an Bodenschätzen war. Goldsucher schwärmten in den noch unerforschten »Far North« aus und drangen in die tropische Wildnis des Landesinneren vor. So weit hatte sich der englische Seefahrer James Cook nicht vorgewagt, als ihn 1770 sein leck geschlagenes Schiff am Ufer des Endeavour River unweit des heutigen Cooktown zum Landgang zwang. Manche Gebäude zeugen noch vom Goldrausch vergangener Pioniertage.
Die meisten Städte Queenslands liegen in den Ebenen der Pazifikküste. Cairns ist die »Boomtown« des Nordens und Ausgangspunkt für Ausflüge ans nördliche Riff und für eines der letzten Abenteuer des Kontinents: die Fahrt auf die unzugängliche Halbinsel Cape York. Das Herz von Queensland schlägt im Süden, in der Millionenmetropole Brisbane.
Zwischen den Erhebungen des westlichen Hochlandes und den Gipfeln der Great Dividing Range auf der einen und der Pazifikküste auf der anderen Seite verläuft der gut ausgebaute Bruce Highway durch die Küstenebene. Er verbindet Brisbane und Cairns mit den Hafenstädtchen entlang des Pazifik und führt zu malerischen Küstenabschnitten und artenreichen Nationalparks.

Cooktown James Cook landete hier 1770. Der Goldfund von 1872 führte ein Jahr später zur Gründung der Stadt, die zu ihrer Boomzeit 35 000 Einwohner hatte.

Daintree Nationalpark Auf ausgedehnten Bootstouren sowie auf Dreamtime Walks von Aborigines lässt sich der tropische Regenwald am besten erleben.

Milla Milla Falls Die im Atherton Tableland gelegenen Milla Milla Falls laden zu einem spritzigen Badevergnügen im ein.

Wet Tropics Der Norden von Queensland ist von tropischem Klima mit hohen Niederschlägen und Temperaturen geprägt. Die natürliche Vegetationsform ist der tropische Regenwald mit zahlreichen Farngewächsen.

Sunshine Coast Das Urlauber- und Surferdorado bietet schneeweiße Sandstrände und smaragdgrünes Wasser.

Fraser Island Auf der größten Sandinsel der Welt finden sich neben beeindruckenden Sanddünen von bis zu 250 m Höhe auch üppig-grüne Wälder und Seen.

Maryborough In der »Queensland Heritage City« aus dem späten 19. Jh. können zahlreiche gut erhaltene Bauten aus der Gründerzeit bewundert werden.

Moreton Island Die Insel verfügt über herrliche Sandstrände mit Dünen und eine reiche Vogelwelt. Hauptattraktion ist die allabendliche Delfinfütterung.

Great Barrier Reef Das Riff ist mit 2000 km Länge das größte der Erde. Beim Schnorcheln und Tauchen oder bei einer Fahrt mit dem Glasbodenboot erschließt sich die Unterwasserwelt in ihrer voller Pracht.

Cape Tribulation Auf dem zum UNESCO-Weltnaturerbe gehörenden »Cape Trib« befindet sich einer der seltenen Küstenregenwälder mit über 1000 Pflanzenarten.

Glasshouse Mountains Von zahlreichen Aussichtsplätzen kann man mehrere von der Erosion in Jahrtausenden freigelegte mächtige Vulkanpfropfen betrachten, die sich jäh aus der flachen Landschaft erheben.

Brisbane »Brissie«, die Hauptstadt von Queensland, zeigt unter subtropischem Himmel ein sonniges Gemüt. Dabei hatten ihre Anfänge eher düstere Begleitumstände: Wo sich heute Wolkenkratzer gen Himmel recken, wurde die Stadt 1824 als Sträflingskolonie Edenglassie gegründet.

Die Männchen des Australischen Flusskrebses, hier in den Gewässern des Daintree Nationalparks, können bis zu 18 cm lang werden und sind sehr gute Kletterer.

Route 4: Pacific Highway – von den Blue Mountains zur Gold Coast

Wer die abwechslungsreiche Pazifikküste Australiens bereist, wird verstehen, warum die Australier ihr Land »Lucky Country« nennen. In den Nationalparks der Küste und des Hinterlandes tauchen die Besucher in die urwüchsige Welt der Subtropen ein. Bis zu 2000 m hohe verkarstete Berge in den wildromantischen Blue Mountains wechseln ab mit jahrmillionenalten Regenwäldern. Interessante Städte und endlose Strände sorgen dafür, dass die Kombination aus Kultur und Badeurlaub perfekt gelingt.

Die Harbour Bridge von Sydney ist ein Meisterwerk der Brückenbaukunst. Das Wahrzeichen der Stadt ist die 1973 eröffnete Oper.

Einer der reizvollsten Abschnitte der australischen Pazifikküste liegt in New South Wales, das sich stolz »Premier State« nennt: Es ist der älteste, bevölkerungsreichste, am dichtesten besiedelte und wirtschaftlich stärkste Bundesstaat Australiens. Seinen Namen erhielt es 1770 von James Cook, den die Küste an das britische Wales erinnerte. Die dichte Besiedlung und kleinteilige landschaftliche Gliederung stellt New South Wales in auffälligen Kontrast zu den menschenleeren, schier endlosen Weiten des australischen Kontinents.

Die Küste zwischen Sydney und Brisbane ist vielfältig wie kaum eine andere. Die steilen Berghänge und die tiefen, bewaldeten Schluchten der stets in blauen Dunst gehüllten Blue Mountains zählen zu den eindrucksvollsten Landschaften Australiens – eine märchenhafte Welt voller bizarr geformter Felsgebilde. Nicht weit entfernt gibt es in den Küstenebenen Regenwälder, die mit ihrer subtropischen Artenvielfalt verzaubern. Im Lamington National Park und im Border Ranges National Park an der Grenze zu Queensland finden sich etwa mit Lianen behangene Urwaldriesen, Würgefeigen und Baumfarne. Eine Reihe von Nationalparks entlang der Küste wurde unter dem Sammelbegriff East Coast Temperate and Subtropical Rainforests in die Liste des UNESCO-Weltnaturerbes aufgenommen.

Parallel zur Küste verläuft das Ostaustralische Hochland, das nach Osten hin mit der Great Dividing Range steil zu einer fruchtbaren Küstenebene abfällt. Flussmündungen schufen in dieser sich nach Norden hin verbreiternden Ebene zahlreiche Buchten und malerische Sandstrände. Hier konzentrieren sich die wichtigsten Städte, hier hat sich die Gold Coast im Süden von Queensland zu einer

Palmfarne prägen den Border Ranges Nationalpark.

gleichermaßen bei Touristen wie bei Einheimischen beliebten Urlaubsregion entwickelt. Durch die günstigen Wind- und Strömungsverhältnisse finden Surfer hier an den scheinbar endlosen Sandstränden paradiesische Bedingungen für die Ausübung ihres Sports.

In romantischen Seitentälern liegen am Rande des Hochlands die ältesten Weingüter Australiens, wie etwa im Lower Hunter Valley südwestlich von Newcastle. Unter den Städten entlang der Pazifikküste ragt Sydney auch in kultureller Hinsicht heraus und beeindruckt mit Superlativen neuzeitlicher Ingenieursbaukunst.

Erschlossen wird die Südostküste Australiens durch den mehrspurig ausgebauten Pacific Highway, der den in Brisbane beginnenden Bruce Highway mit dem von Sydney Richtung Süden verlaufenden Princess Highway verbindet.

Dorrigo Nationalpark Wanderwege und sogenannte Skywalks führen mitten durch subtropische Regen- und Eukalyptuswälder, in denen man eine große Vielfalt an Orchideen, Farnen und Vögeln bewundern kann.

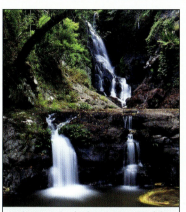
Lamington Nationalpark Mit 500 Wasserfällen, subtropischem Regenwald und einer reichen Vogelwelt zählt der Park zu den beliebtesten in ganz Australien.

Main Range Nationalpark Am Übergang vom Hochland zur Küstenebene gedeiht ein einzigartiger Feuchtwald von beeindruckender Artenvielfalt.

Surfers Paradise In Australiens wohl bekanntestem Urlauberzentrum am Meer lässt ein umfangreiches Freizeit-, Sport- und Unterhaltungsangebot keine Langeweile aufkommen.

Byron Bay Vom Leuchtturm bietet sich ein grandioser Rundblick über Land und Meer.

Surfküste Surfer finden an den Küsten Australiens ideale Bedingungen. Unter Surfen versteht man in Australien das klassische Wellenreiten, während Windsurfen nicht so populär wie in Europa ist.

Port Macquarie Der sonnenverwöhnte Küstenort, eine der ältesten Ansiedlungen Australiens, ist ein bei allen Generationen beliebtes Wassersportparadies.

Jenolan Caves, Blue Mountains Die neun prächtig illuminierten Jenolan Caves in den Blue Mountains gehören zu den größten Tropfsteinhöhlen des Kontinents.

East Coast Temperate and Subtropical Rainforest Parks Charakteristisch für die gemäßigten und subtropischen Breiten der Pazifikküste Australiens sind Eukalyptus-Feuchtwälder. Außerdem wachsen hier Moose und Farne.

Port Stephens Der Hafen ist berühmt für seine Delfine. Wer mit einem Boot in die Bucht hinausfährt, kann schon nach wenigen Minuten zwei oder drei der munteren Säuger in der Bugwelle ausmachen – und auf Wunsch, selbst im Treibnetz driftend, mit den Tümmlern spielen.

Sydney Die älteste und größte Stadt Australiens ist – erst recht nach der Olympiade 2000 – eine der beliebtesten Hafenmetropolen der Welt. In nur 200 Jahren ist Sydney rasant von einem Sträflingslager zum wichtigsten Wirtschaftszentrum und dem Kulturmagneten des Kontinents gewachsen.

Die hübschen kleinen Honigpapageien machen ihrem Namen alle Ehre und trinken gern Nektar.

Route 5: Von West nach Ost durch den Süden des Kontinents

Lebendige und moderne Metropolen, menschenleeres Outback, Wüste und Salzseen, Steppe mit Gräsern und üppige, artenreiche Regenwälder: Eine Reise durch Australien ist wie eine Reise um die ganze Welt. Wie kein anderer Kontinent vereint Australien landschaftliche Gegensätze und das alles in einer geradezu sprichwörtlich grenzenlosen Weite. Die Australier selbst begegnen dem Reisenden stets mit ihrer ungezwungenen Gelassenheit und Freundlichkeit.

Die Twelve Apostles zählen zu den imposantesten Natursculpturen an der Südküste Australiens. Die Kalksteinmonolithen wurden

Australien ist mit 7,7 Mio. km² der kleinste Kontinent der Erde. 3700 km sind es von Nord nach Süd und über 4000 km von West nach Ost. Auf unserer Route, die teilweise parallel zur Trasse des »Indian Pacific Express« verläuft, durchmisst man den australischen Kontinent vom Indischen Ozean im Westen bis zum Pazifischen Ozean im Osten. Zwischen Kalgoorlie-Boulder und Woomera passiert man die baumlose und aride Nullarborebene und das legendäre rote Outback mit alten Bergbaustädtchen. Über Port Augusta geht es weiter durch die Mount Lofty Ranges ins historische Broken Hill, durch den grünen Sun Belt und die spektakulären Blue Mountains bis nach Sydney. Die Bundesstaaten Western Australia, South Australia und New South Wales, die man dabei durchquert, könnten landschaftlich sowie klimatisch kaum gegensätzlicher sein. Der größte Bundesstaat Australiens, Western Australia, ist ein Land der Extreme: Die weitgehend unbewohnte Region hat nicht einmal 2 Mio. Einwohner, die sich zudem fast ausschließlich in der und um die Millionenstadt Perth an der Südwestküste angesiedelt haben.

Dem lässigen Lebensstil an den endlosen Sandstränden von Perth stehen die Strapazen im Outback, dem trockenen und fast menschenleeren Landesinneren, gegenüber. Im zunehmend gemäßigteren und feuchteren Klima im Osten und Südosten reihen sich an der Pazifikküste die wichtigsten Städte des Kontinents. Die fruchtbaren Küstenländer sind auch die Hauptgebiete der australischen Landwirtschaft und des Weinanbaus. Am Pazifik angekommen, erwartet den Reisenden in einzigartiger Lage eine der schönsten Städte der Welt: Sydney. Von dort führt der Princess Highway parallel zur Küste und entlang der Great Dividing Range nach Victoria. Der südliche »Garden State« trägt nicht zu Unrecht den Beinamen »State of Diversity«, denn er zeigt ganz unterschiedliche Gesichter: bizarre Steilklippen, historische Goldgräberstädte, schneebedeckte Gipfel und hitzeflirrende Halbwüsten, fruchtbare grüne Ebenen, goldgelbe Strände und rauschende Wasserfälle. Und nicht zu vergessen Melbourne, das weit über die Grenzen des kleinen Bundesstaates hinausstrahlt.

Die Besiedlung Australiens durch Europäer begann 1788 mit einer Sträflingskolonie an der Pazifikküste. Während die Ostküste in den folgenden Jahrzehnten überwiegend durch ehemalige Sträflinge kolonisiert wurde, ging man in Süd- und Westaustralien zu einer planmäßigen Besiedlung

durch Erosion vom Festland getrennt und leuchten je nach Sonnenstand in unterschiedlichen Farben.

über. Mit der Auflösung der Strafkolonien gegen Ende des 18. Jhs. kamen zunehmend Schafzüchter und Landwirte nach Australien. Goldfunde lösten 1851 ein regelrechtes Goldfieber aus, das mindestens eine halbe Million Menschen ins Land strömen ließ. Die mit dieser Zuwanderung einhergehende Ausweitung des Siedlungsraumes verlief auf Kosten der australischen Ureinwohner, der Aborigines, deren Bevölkerungszahl in der Folge dramatisch schrumpfte. Heute leben sie oft nur mehr in Slums oder in Reservationen.

Von Sydney oder Melbourne aus verkehren Fähren nach Tasmanien, der jenseits der Bass-

Perth ist die isolierteste Metropole Australiens und dennoch ein pulsierendes Wirtschaftszentrum.

Straße liegenden großen Insel. Hochgebirgslandschaften, eines der letzten Regenwaldgebiete der gemäßigten Zone und eine Vielzahl an endemischen Tier- und Pflanzenarten machen die Reise dorthin zu einem unvergesslichen Erlebnis.

Rund ein Drittel dieser so einzigartigen Insel zählt heute zum UNESCO-Weltnaturerbe.

In »Down Under«, wo nur durchschnittlich 2,5 Menschen pro Quadratkilometer leben, faszinieren den Besucher aus dem dicht besiedelten Europa vor allem die Wildheit und Weite des Raumes. Nicht zuletzt auch deshalb hinterlässt eine Reise durch die »Terra australis incognita«, das unbekannte Land im Süden, wie es auf den ersten Karten bezeichnet wurde, unvergessliche Eindrücke.

Route 5: Von West nach Ost durch den Süden des Kontinents

Nambung Nationalpark Etwa 200 km nördlich von Perth liegt eine eigentümliche Wüstenlandschaft, deren auffälligstes Merkmal die Pinnacles sind – Tausende von Kalksandsteinspitzen inmitten von Sanddünen.

Flinders Ranges Nationalpark Inmitten einer malerischen Gebirgskette hat sich trotz karger Naturbedingungen eine reiche Vegetation erhalten. Im Frühling blühen hier ganze Blumenteppiche. Die Formen und Farben der Berge und ihre tiefen Schluchten haben schon etliche Maler inspiriert.

Kalgoorlie Das malerische Zentrum der »Goldfields« spiegelt mit seinen liebevoll restaurierten Bauten aus dem späten 19. Jh. die goldene Epoche der Goldsucher und Glücksritter wider. Noch heute bergen die Goldfelder um Kalgoorlie die größten Vorkommen der Erde.

Perth Die Hauptstadt von Western Australia, bekannt für ihren lässig-bunten Lebensstil, gilt als die australische Metropole des Wassersports. Sehenswert sind Kings Park und Botanical Garden sowie die historische Shopping-Passage des London Court und die Museen des Cultural Centre.

Cliffs of the Nullarbor Am Rande einer fast baumlosen Weite ragt am stürmischen Südozean eine bizarre Steilküste auf. Kalksteinklippen machen diesen Küstenabschnitt ebenso reizvoll wie die Chance, Wale zu sichten.

Kangaroo Island Die drittgrößte Insel Australiens ist für Tierfreunde ein Muss (Kängurus, Vögel). Im Bild Cape Du Couedic Lighthouse.

Adelaide Die Hauptstadt des Bundesstaates South Australia veranstaltet das größte Kulturfestival der Region Asien/Pazifik. Sehenswert: das South Australian Museum.

Melbourne Prachtvolle viktorianische Bauten reihen sich an Wolkenkratzer und moderne Einkaufszentren, dazwischen liegen große Parks. Die Stadt ist stark durch Einwanderer geprägt: Angehörige von 140 Nationen leben hier. Sehenswert: Royal Botanic Gardens, Flinders Station, Victorian Arts Centre.

Otway National Park Bis zu 100 m hohe Königs-Eukalypten wachsen hier inmitten des dichten kühlgemäßigten Regenwalds.

Freycinet Nationalpark Der auf einer Halbinsel gelegene Nationalpark an Tasmaniens Ostküste bietet Traumbuchten mit weißen Sandstränden. Highlight: »The Hazards«, drei der Küste vorgelagerte markante Granitfelsen.

Franklin-Gordon Wild Rivers Nationalpark Nach Auseinandersetzungen um Staudammprojekte steht heute der verträumte tasmanische Franklin River ebenso unter Schutz wie der einzigartige Regenwald.

Mungo Nationalpark 100 km östlich von Mildura liegt der Wüstennationalpark, der das Zentrum der Willandra Lakes World Heritage Area bildet. Größte Attraktion ist die 40 km lange versteinerte Sanddüne »Wall of China«. Funde belegen eine 40 000-jährige Siedlungsgeschichte der Region.

Blue Mountains National Park Feiner Nebel aus Eukalyptusöl taucht die bizarre Bergwelt nördlich von Sydney in einen geheimnisvollen blauen Dunst. Wälder und Schluchten prägen den Charakter des Nationalparks.

Sydney Die Metropole ist nicht nur die älteste und größte Stadt Australiens, sie gilt auch als die schönste. Sydney zeichnet sich durch eine einzigartige Lage an einem weitläufigen Naturhafenbecken und kilometerlange weiße Traumstrände aus. Architektonisches Highlight ist das markante Opernhaus.

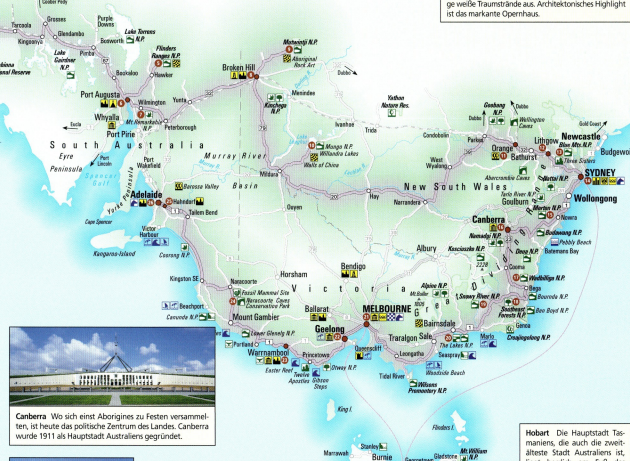

Canberra Wo sich einst Aborigines zu Festen versammelten, ist heute das politische Zentrum des Landes. Canberra wurde 1911 als Hauptstadt Australiens gegründet.

Southwest Nationalpark Kahle Schieferberge und dicht bewaldete Täler wechseln sich in Tasmaniens größtem Nationalpark mit weiten Grasebenen ab.

Southwest und Southeast Cape Im Süden Tasmaniens erstrecken sich grandiose Küstenlandschaften. Schroff geformte, von der Brandung umtoste Steilküsten und idyllische, stille Buchten prägen den südlichsten Punkt Australiens.

Hobart Die Hauptstadt Tasmaniens, die auch die zweitälteste Stadt Australiens ist, liegt herrlich am Fuß des Mount Wellington. Highlights sind der Altstadtdistrikt Battery Point, der Salamanca Place, die Anglesea Barracks und die Botanic Gardens.

Port Arthur Die »Hölle von Tasmanien« zählt zu den wichtigsten historischen Stätten Australiens. 1831 wurde hier ein Gefängnis errichtet, in dem Gefangene Zwangsarbeit verrichten mussten.

Reiseatlas Australien

Die Karten auf den folgenden Seiten zeigen Australien im Maßstab 1 : 4 500 000. Die geografischen Details werden durch eine Vielzahl touristischer Informationen ergänzt – etwa das ausführlich dargestellte Verkehrsnetz oder Piktogramme, die Lage und Art aller wichtigen Sehenswürdigkeiten und Freizeitziele angeben. Die UNESCO-Welterbestätten sind besonders gekennzeichnet, ein Ortsnamenregister erleichtert das Auffinden des gesuchten Ortes.

Zeichenerklärung

Zeichenerklärung 1:4.500.000

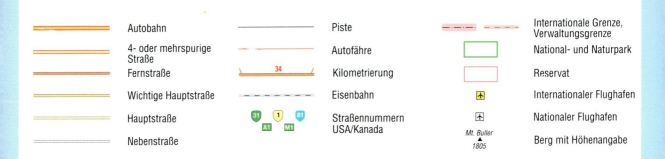

Besondere Sehenswürdigkeiten

Autoroute	Zoo/Safaripark	Sehenswerter Leuchtturm
Bahnstrecke	Wildreservat	Denkmal
Schiffsroute	Whale watching	Feste und Festivals
	Schutzgebiet für Pinguine	Museum
	Krokodilfarm	Theater
UNESCO-Weltnaturerbe	Insel	Olympische Spiele
Gebirgslandschaft	Strand	Sehenswerter Ort
Felslandschaft	Unterwasserreservat	
Schlucht/Canyon	Korallenriff	
Erloschener Vulkan		Rennstrecke
Aktiver Vulkan		Golf
Geysir	UNESCO-Weltkulturerbe	Pferdesport
Höhle	Vor- und Frühgeschichte	Skigebiet
Flusslandschaft	Christliche Kulturstätte	Segeln
Wasserfall/Stromschnelle	Hinduistische Kulturstätte	Tauchen
Seenlandschaft	Kulturstätten indigener Völker (Naturvölker)	Surfen
Wüstenlandschaft	Aborigine-Kulturstätte	Wellenreiten
Küstenlandschaft	Aborigine-Reservation	Kanu/Rafting
Nationalpark (Landschaft)	Kulturlandschaft	Seehafen
Nationalpark (Flora)	Historisches Stadtbild	Hochseeangeln
Nationalpark (Fauna)	Imposante Skyline	Badeort
Nationalpark (Kultur)	Burg/Festung/Wehranlage	Mineralbad/Therme
Naturpark	Palast/Schloss	Freizeitpark
Biosphärenreservat	Technisches/Industrielles Monument	Spielcasino
Fossilienfundstätte	Staumauer	Hill Resort

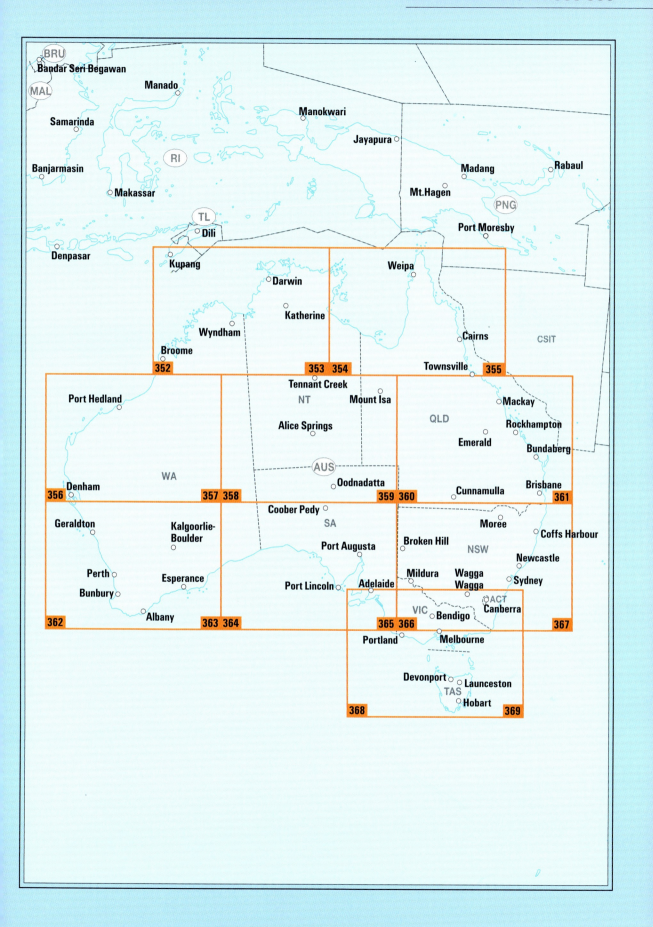

Broome/Darwin 1:4.500 000

Broome/Darwin

1:4.500 000

353

Cairns/Townsville 1:4.500 000

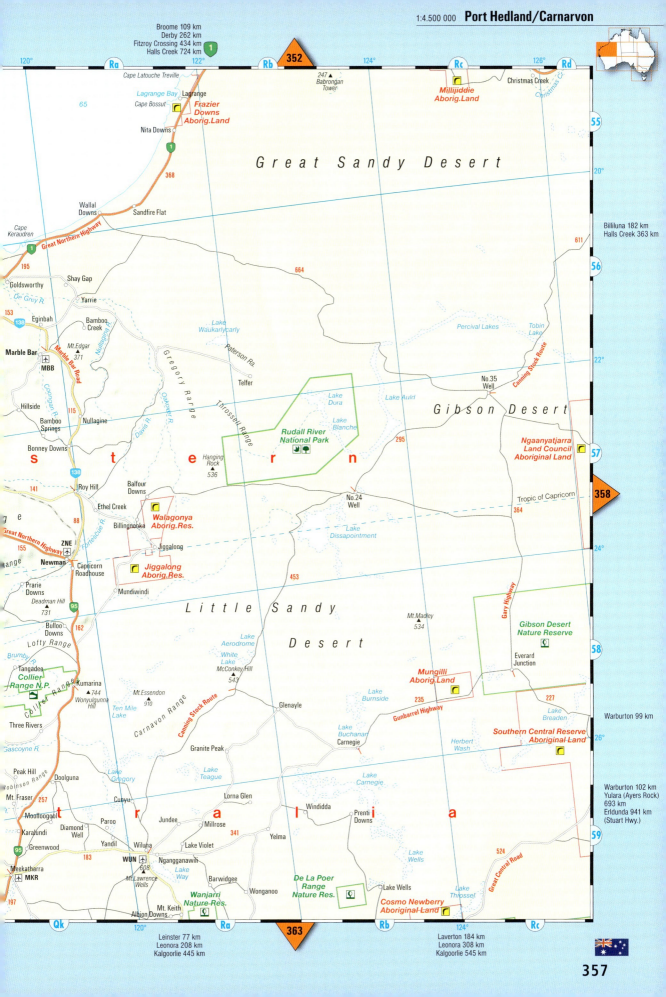

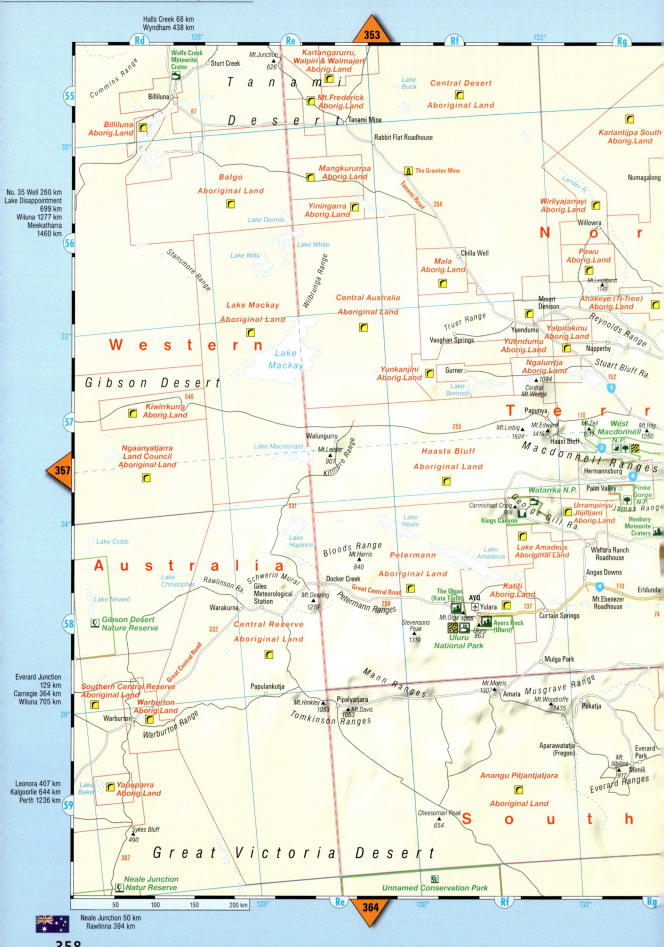

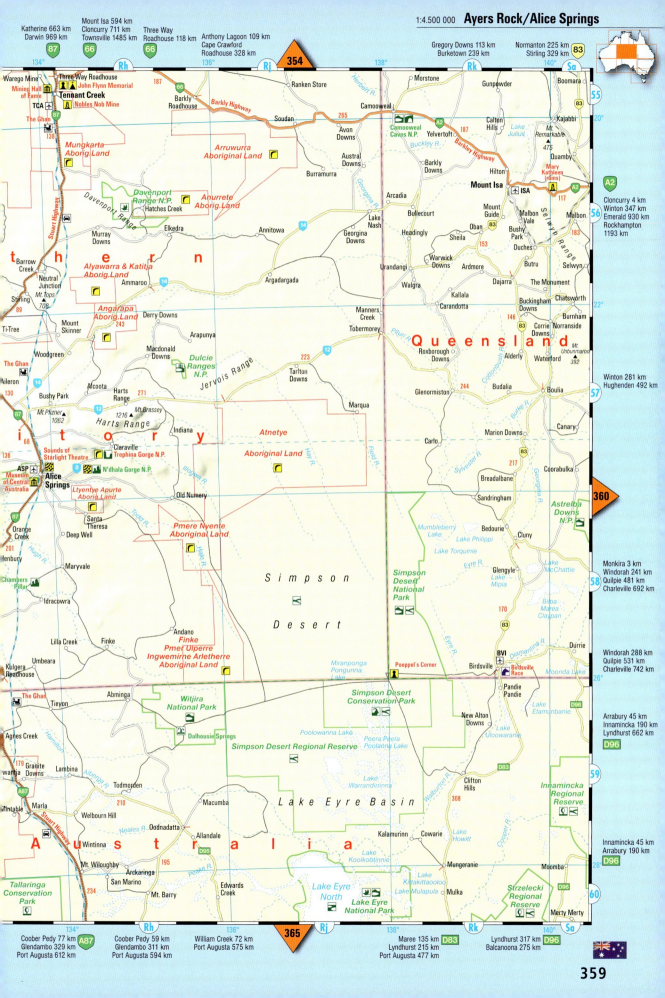

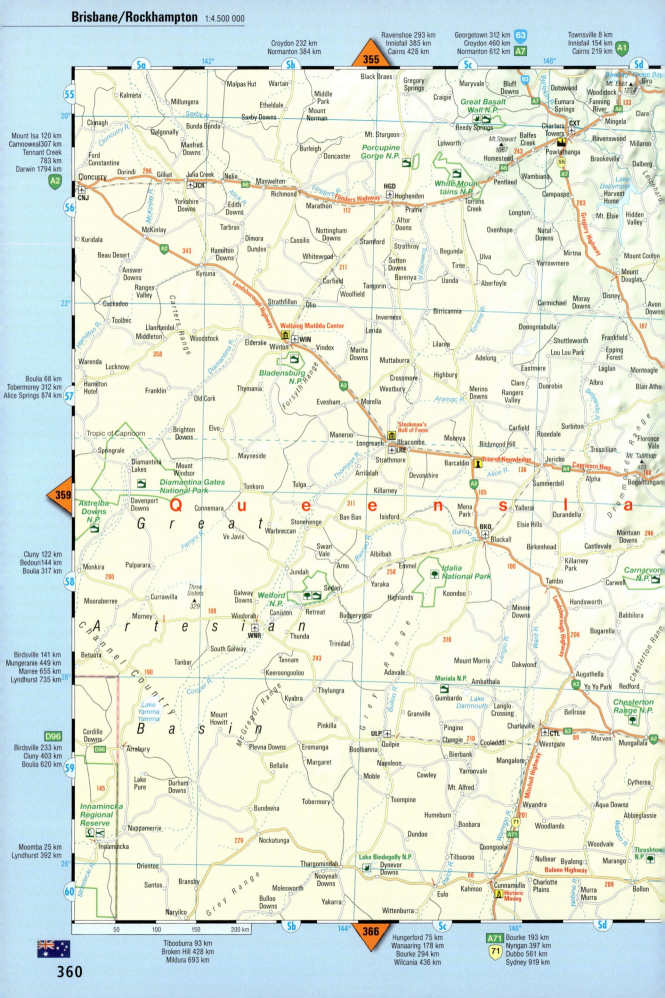

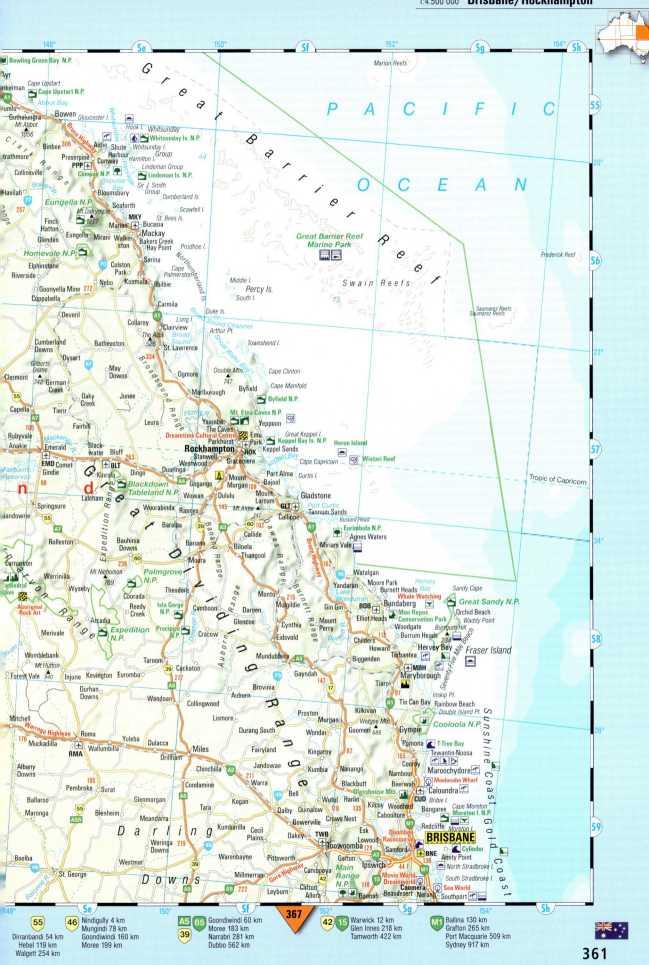

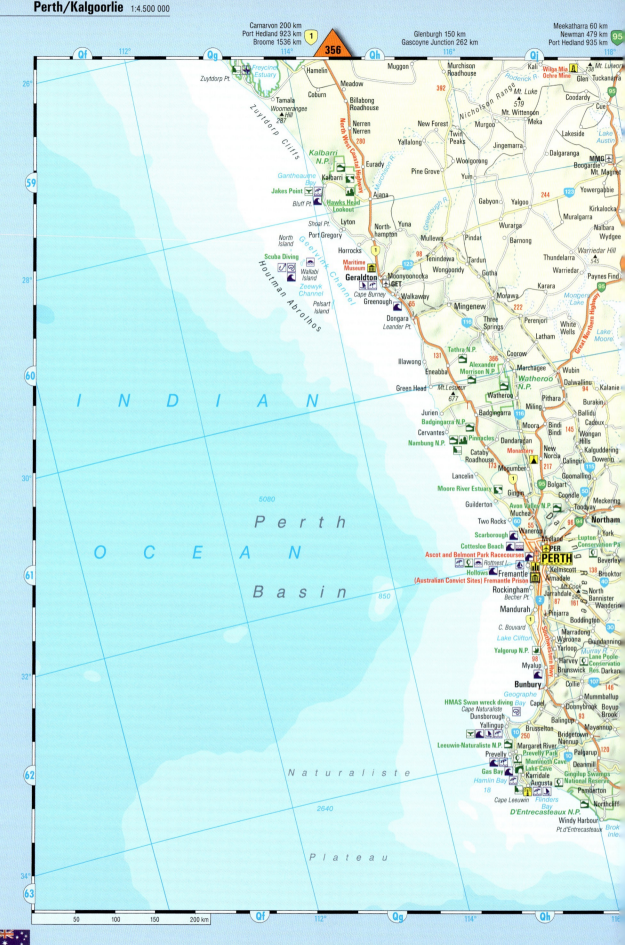

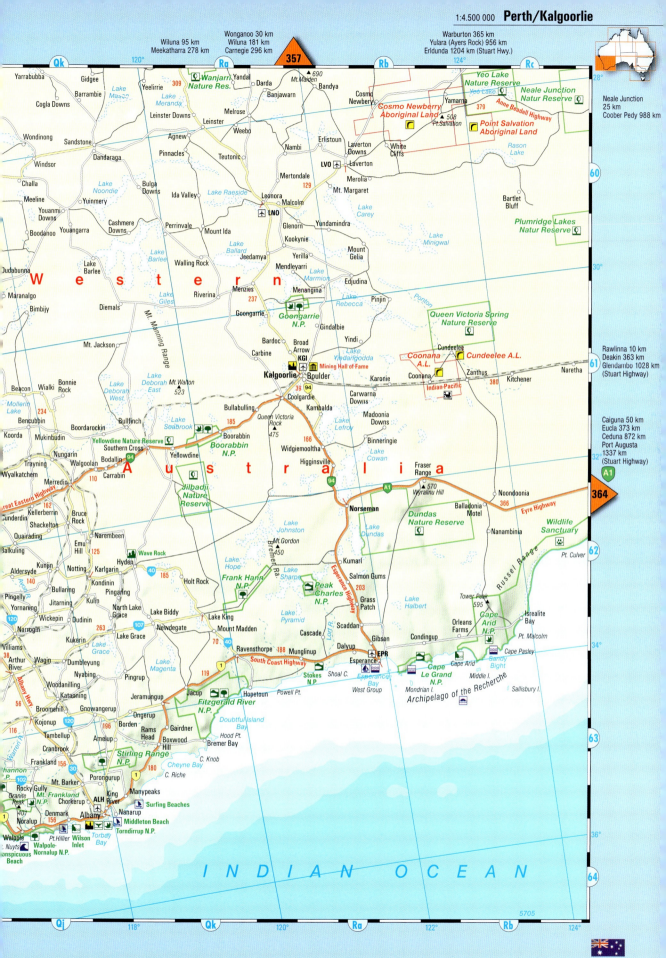

Nullarbor Plain/Adelaide 1:4.500 000

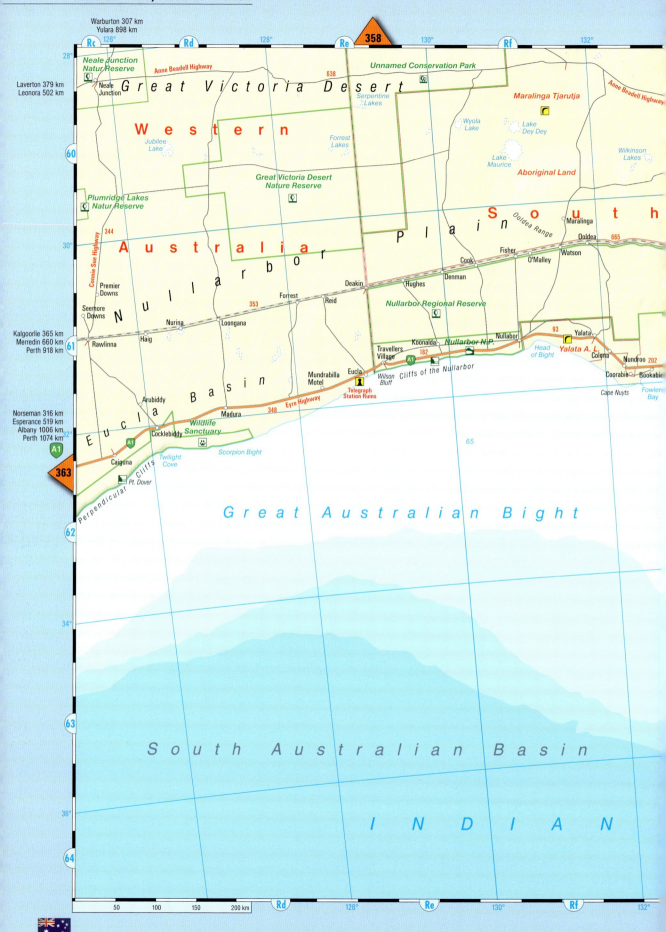

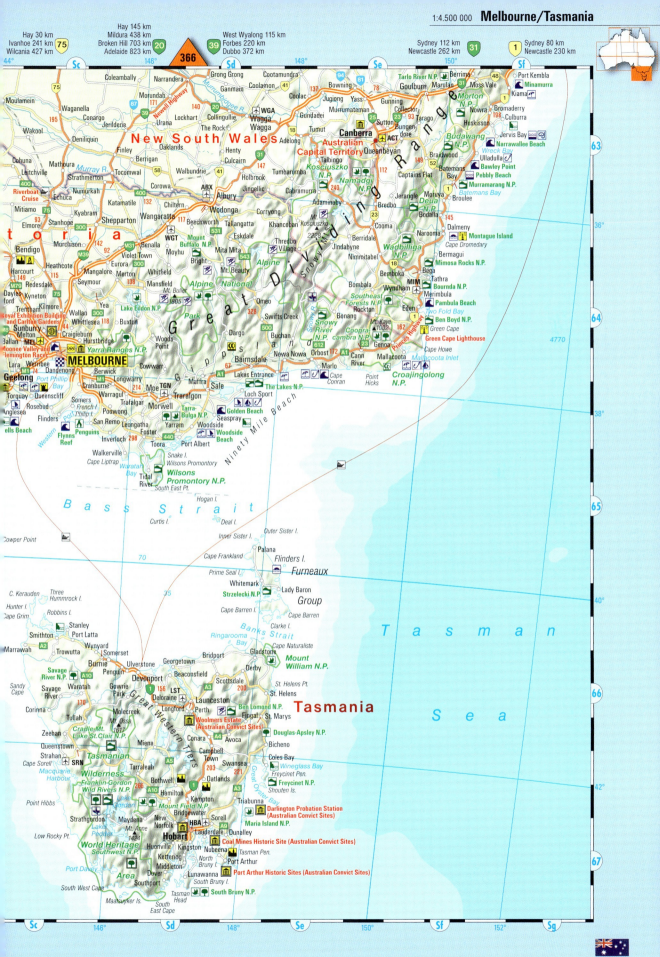

Ortsnamenregister 1:4.500 000

A

Abbieglassie (QLD) 360 Sd59
Aberfoyle (QLD) 360 Sc56
Abergowrie (QLD) 355 Sc55
Abingdon Downs (QLD) 355 Sb54
Abminga (SA) 359 Rh59
Adaminaby (NSW) 367 Se63
Adavale (QLD) 360 Sc58
Adelaide (SA) 365 Rk63
Adelaide River (NT) 353 Rf52
Adelong (NSW) 366 Se63
Adelong (QLD) 360 Sc57
Aftor Doons (QLD) 360 Sc56
Agnes Creek (SA) 359 Rg59
Agnes Waters (QLD) 361 Sf58
Agnew (WA) 363 Ra60
Aileron (NT) 359 Rg57
Airlie (QLD) 361 Se56
Ajana (WA) 362 Qh59
Alambie (NSW) 366 Sb61
Albany (WA) 363 Qj63
Albany Downs (QLD) 361 Se59
Albilbah (QLD) 360 Sc58
Albion Downs (WA) 357 Ra59
Albro (QLD) 360 Sd57
Albury (NSW) 369 Sd64
Alcoota (NT) 359 Rh57
Alderly (QLD) 359 Rk57
Aldersyde (WA) 363 Qj62
Alexandria (NT) 354 Rj55
Alford (SA) 365 Rj62
Alice (NSW) 367 Sg60
Alice Springs (NT) 359 Rg57
Allandale (SA) 359 Rh59
Allansford (VIC) 368 Sb65
Allora (QLD) 361 Sf60
Alma (NSW) 366 Sc62
Almaden (QLD) 355 Sc54
Almora (QLD) 354 Rk55
Alpha (QLD) 360 Sd57
Alroy Downs (NT) 354 Rj55
Alyangula (NT) 354 Rj52
Amata (SA) 358 Rf59
Ambathala (QLD) 360 Sc58
Amelup (WA) 363 Qk63
Amity Point (QLD) 361 Sg59
Ammaroo (NT) 359 Rh56
Anakie (QLD) 361 Sd57
Andamooka (SA) 365 Rj61
Andano (NT) 359 Rh58
Andoom (QLD) 354 Sa52
Angas Downs (NT) 358 Rg58
Angaston (SA) 365 Rk63
Angepena (SA) 365 Rk61
Anglesea (VIC) 369 Sc65
Angurugu (NT) 354 Rj53
Annitowa (NT) 359 Rj56
Answer Downs (QLD) 360 Sa56
Anthony Lagoon (NT) 354 Rh54
Aparawatatja (SA) 359 Rh59
Apollo Bay (VIC) 368 Sb65
Apsley (VIC) 368 Sa64
Aqua Downs (QLD) 360 Sd59
Arapunya (NT) 359 Rh57
Ararat (VIC) 368 Sb64
Arcadia (QLD) 359 Rk56
Arcadia (QLD) 361 Se58
Archer River Roadhouse (QLD) 355 Sb52
Arckaringa (SA) 359 Rh59
Arcoona (SA) 365 Rj61
Ardlethan (NSW) 366 Sd63
Ardmore (QLD) 359 Rk56
Ardrossan (SA) 365 Rj63
Argadargada (NT) 359 Rj56
Arizona (QLD) 354 Sa55
Armadale (WA) 362 Qj62
Armidale (NSW) 367 Sf61
Armraynald (QLD) 354 Rk55
Arno (QLD) 360 Sb58
Arno Bay (SA) 365 Rj62
Arrabury (QLD) 360 Sa59
Arrilalah (QLD) 360 Sb57
Arrowie (SA) 365 Rk61
Arthur River (WA) 363 Qj62
Arubiddy (WA) 364 Rd61
Ashburton Downs (WA) 356 Qj57
Ashford (NSW) 367 Sf60
Ashley (NSW) 367 Se60
Ashmont (NSW) 366 Sb62
Atherton (QLD) 355 Sc54
Attunga (NSW) 367 Sf61
Auburn (QLD) 361 Sf58
Auburn (SA) 365 Rk63
Augathella (QLD) 360 Sd58
Augusta (WA) 362 Qh63
Augustus Downs (QLD) 354 Rk55
Aurukun (QLD) 354 Sa52
Auski Roadhouse (WA) 356 Qk57
Austral Downs (NT) 359 Rj56
Avoca (TAS) 369 Sd66
Avoca (VIC) 368 Sb64
Avon Downs (NT) 359 Rj56
Avon Downs (QLD) 360 Sd56
Ayr (QLD) 361 Sd55

B

Baan Baa (NSW) 367 Se61
Babbilora (QLD) 360 Sd58
Babinda (QLD) 355 Sc54
Baden Park (NSW) 366 Sc62
Badgingarra (WA) 362 Qh61
Bairnsdale (VIC) 369 Sd64
Bajool (QLD) 361 Sf57
Bakers Creek (QLD) 361 Se56
Balaklava (SA) 365 Rk63
Balanthria (NSW) 366 Sc62
Balcanoona (SA) 365 Rk61
Balfes Creek (QLD) 360 Sc56
Balfour Downs (WA) 357 Ra57
Balgo (WA) 358 Rd56
Balingup (WA) 362 Qh62
Balkuling (WA) 363 Qj61
Balladonia Motel (WA) 363 Rb62
Ballan (VIC) 369 Sc64
Ballarat (VIC) 368 Sb64
Ballaroo (QLD) 361 Se59
Ballidu (WA) 362 Qj61
Ballina (NSW) 367 Sg60
Balmoral (VIC) 368 Sa64
Byalong (QLD) 360 Sd59
Bamaga (QLD) 355 Sb51
Bambaroo (QLD) 355 Sd55
Bamboo Creek (WA) 357 Ra56
Bamboo Springs (WA) 357 Qk57
Banana (QLD) 361 Sf58
Ban Ban (QLD) 360 Sb58
Bandya (WA) 363 Rb59
Banjawarn (WA) 363 Ra59
Banka Banka (NT) 353 Rh55
Baralba (QLD) 361 Se58
Barcaldine (QLD) 360 Sc57
Bardoc (WA) 363 Ra61
Barellan (NSW) 366 Sd63
Barenya (QLD) 360 Sc56
Bark Hut Inn (NT) 353 Rf52
Barkly Downs (QLD) 359 Rk56
Barkly Roadhouse (NT) 359 Rh55
Barmedman (NSW) 366 Sd63
Barmera (SA) 365 Sa63
Barnato (NSW) 366 Sc61
Barnong (WA) 362 Qj60
Barraba (NSW) 367 Sf61
Barradale (WA) 356 Qh57
Barrambie (WA) 363 Qk59
Barringun (NSW) 366 Sc60
Barrow Creek (NT) 359 Rg56
Bartlet Bluff (WA) 363 Rc60
Barwidgee (WA) 357 Ra59
Barwidgi (QLD) 355 Sc54
Baryulgil (NSW) 367 Sg60
Batavia Downs (QLD) 355 Sb52
Batchelor (NT) 353 Rf52
Batemans Bay (NSW) 367 Sf63
Batheaston (QLD) 361 Se57
Bathurst (NSW) 367 Se62
Battle Camp (QLD) 355 Sc53
Bauhinia Downs (QLD) 361 Se58
Beachport (SA) 368 Sa64
Beacon (WA) 363 Qj61
Beaconsfield (TAS) 369 Sd66
Beagle Bay (WA) 352 Rb54
Beau Desert (QLD) 360 Sa56
Beaudesert (QLD) 367 Sg60
Beaufort (VIC) 368 Sb64
Bedourie (QLD) 359 Rk58
Beechworth (VIC) 369 Sd64
Beerwah (QLD) 361 Sg59
Beetaloo (NT) 353 Rg54
Bega (NSW) 369 Se64
Bell (QLD) 361 Sf59
Bellalie (QLD) 360 Sb59
Bellata (NSW) 367 Se60
Bell Brook (NSW) 367 Sg61
Belleden Ker (QLD) 355 Sc54
Bellevue (QLD) 355 Sc54
Bellfield (QLD) 355 Sb55
Bellrose (QLD) 360 Sd59
Belmore (NSW) 366 Sa62
Beltana (SA) 365 Rk61
Bemboka (NSW) 369 Se64
Benagerie (SA) 365 Sa61
Benalla (VIC) 369 Sc64
Bencubbin (WA) 363 Qj61
Bendemeer (NSW) 367 Sf61
Bendigo (VIC) 369 Sc64
Benmara (NT) 354 Rj54
Beringarra (WA) 356 Qj59
Bermagui (NSW) 369 Sf64
Berri (SA) 366 Sa63
Berridale (NSW) 369 Se64
Berrigan (NSW) 366 Sc63
Berrima (NSW) 367 Sf63
Berwick (VIC) 369 Sc64
Beswick (NT) 353 Rg53
Betoota (QLD) 360 Sa58
Beulah (VIC) 366 Sb63
Beverley (WA) 362 Qj62
Beverly Springs (WA) 352 Rc54
Biboohra (QLD) 355 Sc54
Bicheno (TAS) 369 Se66
Bidgemia (WA) 356 Qh58
Bierbank (QLD) 360 Sc59
Biggenden (QLD) 361 Sg58
Billabong Roadhouse (WA) 362 Qh59
Billa Kalina (SA) 365 Rj60
Billengarrah (NT) 354 Rh53
Billiluna (WA) 358 Rd55
Billingnooka (WA) 357 Ra57
Biloela (QLD) 361 Sf58
Bimbijy (WA) 363 Qk60
Binbee (QLD) 360 Sd56
Bindi Bindi (WA) 362 Qj61
Bingara (NSW) 367 Sf60
Bing Bong (NT) 354 Rj53
Binnaway (NSW) 367 Se61
Binneringie (WA) 363 Rb61
Binthalya (WA) 356 Qh58
Birchip (VIC) 366 Sb63
Birdsville (QLD) 359 Rk58
Birkenhead (QLD) 360 Sd58
Birricannia (QLD) 360 Sc57
Birrimba Out Station (NT) 353 Rg53
Birrindudu (NT) 353 Re55
Blackall (QLD) 360 Sc58
Black Braes (QLD) 360 Sc55
Blackbull (QLD) 354 Sa54
Blackbutt (QLD) 361 Sg59
Blackdown (QLD) 355 Sb54
Black Gate (NSW) 366 Sb62
Blackville (NSW) 367 Sf61
Blackwater (QLD) 361 Se57
Blair Athol (QLD) 360 Sd57
Blanchetown (SA) 365 Rk63
Blayney (NSW) 367 Se62
Blenheim (QLD) 361 Se59
Blina (WA) 352 Rc54
Blinman (SA) 365 Rk61
Bloomfield River (QLD) 355 Sc53
Bloomsbury (QLD) 361 Se56
Blue Dam (SA) 365 Rh61
Bluewater (QLD) 355 Sd55
Bluff (QLD) 361 Se57
Bluff Downs (QLD) 360 Sc55
Bobadah (NSW) 366 Sd62
Bodalla (NSW) 369 Sf64
Bodallin (WA) 363 Qk61
Boddington (WA) 362 Qj62
Bogan Gate (NSW) 366 Sd62
Bogantungan (QLD) 360 Sd57
Bogarella (QLD) 360 Sd58
Boggabilla (NSW) 367 Sf60
Boggabri (NSW) 367 Sf61
Bogunda (QLD) 360 Sc56
Bolgart (WA) 362 Qj61
Bollon (QLD) 360 Sd60
Bombala (NSW) 369 Se64
Bonang (VIC) 369 Se64
Bon Bon (SA) 365 Rh61
Boneda (NSW) 366 Sd60
Bongaree (QLD) 361 Sg59
Bonney Downs (WA) 357 Qk57
Bonnie Hills (NSW) 367 Sg61
Bonnie Rock (WA) 363 Qk61
Bonshaw (NSW) 367 Sf60
Boobara (QLD) 360 Sc59
Boodanoo (WA) 363 Qk60
Boogardie (WA) 362 Qj60
Bookabie (SA) 364 Rg61
Bookaloo (SA) 365 Rj61
Boolba (QLD) 361 Se59
Boolbanna (QLD) 360 Sc59
Boolcoomata (SA) 366 Sa61
Booligal (NSW) 366 Sc62
Boologooro (WA) 356 Qh58
Boomara (QLD) 359 Sa55
Boomi (NSW) 367 Se60
Boonah (QLD) 367 Sg60
Boorabbin (WA) 363 Ra61
Boordarockin (WA) 363 Qk61
Boorowa (NSW) 367 Se63
Boort (VIC) 368 Sb64
Bootra (NSW) 366 Sb61
Borden (WA) 363 Qk63
Border Downs (NSW) 366 Sa61
Bordertown (SA) 368 Sa64
Borroloola (NT) 354 Rj54
Bosworth (SA) 365 Rj61
Bothwell (TAS) 369 Sd67
Bouhenia Downs (NT) 354 Rh54
Boulder (WA) 363 Ra61
Boulia (QLD) 359 Rk57
Boundary Bend (VIC) 366 Sb63
Bourke (NSW) 366 Sc61
Bowen (QLD) 361 Se56
Bowerville (QLD) 361 Sf59
Bowning (NSW) 367 Se63
Bowraville (NSW) 367 Sg61
Bowthorn (QLD) 354 Rk55
Boxwood Hill (WA) 363 Qk63
Boyup Brook (WA) 362 Qj62
Braemar (SA) 365 Rk62
Braidwood (NSW) 367 Se63
Bramwell (QLD) 355 Sb52
Bransby (QLD) 360 Sa60
Branxholme (VIC) 368 Sa64
Breadalbane (QLD) 359 Rk57
Bredbo (NSW) 367 Se63
Breeza Plains (QLD) 355 Sc53
Bremer Bay (WA) 363 Qk63
Brewarrina (NSW) 366 Sd60
Bribbaree (NSW) 366 Sd63
Bridgetown (WA) 362 Qj62
Bridgewater (TAS) 369 Sd67
Bridgewater (VIC) 368 Sa65
Bridgewater (VIC) 368 Sb64
Bridport (TAS) 369 Sd66
Bright (VIC) 369 Sd64
Brighton Downs (QLD) 360 Sa57
Brinkworth (SA) 365 Rk62
Brisbane (QLD) 361 Sg59
Broad Arrow (WA) 363 Ra61
Broken Hill (NSW) 366 Sa61
Bromaderry (NSW) 367 Sf63
Brookeville (QLD) 360 Sd56
Brookton (WA) 362 Qj62
Broome (WA) 352 Rb54
Broomehill (WA) 363 Qj62
Broulee (NSW) 367 Sf63
Brovinia (QLD) 361 Sf58
Bruce Rock (WA) 363 Qk61
Brunchilly (NT) 353 Rh55
Brunette Downs (NT) 354 Rh55
Brunswick (WA) 362 Qh62
Brunswick Heads (NSW) 367 Sg60
Brusselton (WA) 362 Qh62
Bucasia (QLD) 361 Se56
Buchan (VIC) 369 Se64
Buchanan Highway (NT) 353 Rg54
Buckingham Downs (QLD) 359 Rk57
Buckleboo (SA) 365 Rj62
Buckwaroon (NSW) 366 Sc61
Budalia (QLD) 359 Rk57
Buddabuddah (NSW) 366 Sd61
Budgeryrgar (QLD) 360 Sb58
Budgewoi (NSW) 367 Sf62
Bukkulla (NSW) 367 Sf60
Bulahdelah (NSW) 367 Sg62
Bulgadie (NSW) 367 Se61
Bulga Downs (WA) 363 Qk60
Bulgunnia (SA) 365 Rh61
Bulimba (QLD) 355 Sb54
Bullabulling (WA) 363 Ra61
Bullaring (WA) 363 Qj62
Bullecourt (QLD) 359 Rk56
Bullfinch (WA) 363 Qk61
Bulli (NSW) 367 Sf63
Bullita Out Station (NT) 353 Rf54
Bulloo Downs (QLD) 360 Sb60
Bulloo Downs (WA) 357 Qk58
Bullo River (NT) 353 Re53
Bulman (NT) 353 Rh52
Bunbury (WA) 362 Qh62
Bundaberg (QLD) 361 Sg58
Bunda Bunda (QLD) 360 Sb56
Bundaleer (QLD) 366 Sd60
Bundarra (NSW) 367 Sf61
Bundeena (QLD) 360 Sb59
Bungendore (NSW) 367 Se63
Bungunya (QLD) 367 Se60
Bungwhal (NSW) 367 Sg62
Bunneringee (NSW) 366 Sa62
Burakin (WA) 362 Qj61
Burcher (NSW) 366 Sd62
Burke and Wills Roadhouse (QLD) 354 Sa55
Burketown (QLD) 354 Rk54
Burleigh (QLD) 360 Sb56
Burnett Heads (QLD) 361 Sg58
Burnham (QLD) 359 Sa57
Burnie (TAS) 369 Sc66
Burra (SA) 365 Rk62
Burramurra (NT) 359 Rj56
Burren Junction (NSW) 367 Se61
Burrum Heads (QLD) 361 Sg58
Burta (NSW) 366 Sa62
Burtundy (NSW) 366 Sb62
Bushy Park (NT) 359 Rh57
Bushy Park (QLD) 359 Rk56
Butru (QLD) 359 Rk56
Buxton (VIC) 369 Sc64
Byfield (QLD) 361 Sf57
Bylong (NSW) 367 Sf62
Byrock (NSW) 366 Sd61
Byron Bay (NSW) 367 Sg60

C

Caboolture (QLD) 361 Sg59
Cabramurra (NSW) 366 Se63
Cadell (SA) 365 Rk62
Cadoux (WA) 362 Qj61
Caiguna (WA) 364 Rc62
Cairns (QLD) 355 Sc54
Calingiri (WA) 362 Qj61
Callagiddy (WA) 356 Qh58
Callanna (SA) 365 Rj60
Callide (QLD) 361 Sf58
Calliope (QLD) 361 Sf58
Caloundra (QLD) 361 Sg59
Calton Hills (QLD) 359 Rk56
Calvert Hills (NT) 354 Rj54
Camballin (WA) 352 Rc54
Camboon (QLD) 361 Sf58
Cambooya (QLD) 361 Sf59
Camel Creek (QLD) 355 Sc55
Camooweal (QLD) 359 Rk55
Campaspe (QLD) 360 Sd56
Campbell Town (TAS) 369 Sd66
Camperdown (VIC) 368 Sb65
Canary (QLD) 359 Sa57
Canbelego (NSW) 366 Sd61
Canberra (ACT) 367 Se63
Candlour (QLD) 355 Sb55
Canegrass (SA) 365 Sa62
Cann River (VIC) 369 Se64
Canowindra (NSW) 367 Se62
Cape Crawford Roadhouse (NT) 354 Rh54
Capel (WA) 362 Qh62
Capella (QLD) 361 Se57
Capricorn Roadhouse (WA) 357 Qk57
Captains Flat (NSW) 367 Se63
Caragahal (NSW) 366 Sd62
Caramut (VIC) 368 Sb64
Carandotta (QLD) 359 Rk56
Carbine (WA) 363 Ra61
Cardwell (QLD) 355 Sd55
Carey Downs (WA) 356 Qh58
Carfield (QLD) 360 Sc57
Cariewerloo (SA) 365 Rj62
Carinda (NSW) 366 Sd61
Carlo (QLD) 359 Rk57
Carlton (NSW) 366 Sd61
Carmichael (QLD) 360 Sd56
Carmila (QLD) 361 Se56
Carnarvon (QLD) 361 Sd58
Carnarvon (WA) 356 Qg58
Carnegie (WA) 357 Rb58
Carpenter Rocks (SA) 368 Sa64
Carpolac (VIC) 368 Sa64
Carrabin (WA) 363 Qk61
Carrathol (NSW) 366 Sc63
Carrieton (SA) 365 Rk62
Carson River (WA) 352 Rd53
Carwarna Downs (WA) 363 Rb61
Carwell (QLD) 360 Sd58
Cascade (WA) 363 Ra62
Cashmere Downs (WA) 363 Qk60
Cassilis (QLD) 360 Sb56
Casterton (VIC) 368 Sa64
Castlevale (QLD) 360 Sd58
Cataby Roadhouse (WA) 362 Qh61
Cattle Creek (NT) 353 Rf54
Cavendish (VIC) 368 Sb64
Cecil Plains (QLD) 361 Sf59
Ceduna (SA) 365 Rg62
Cervantes (WA) 362 Qh61
Cessnock (NSW) 367 Sf62
Challa (WA) 363 Qk60
Charleville (QLD) 360 Sd59
Charlotte Plains (QLD) 360 Sd60
Charlton (VIC) 368 Sb64
Charters Towers (QLD) 360 Sd56
Chatsworth (QLD) 359 Sa56
Cheepie (QLD) 360 Sc59
Childers (QLD) 361 Sg58
Chillagoe (QLD) 355 Sc54
Chilla Well (NT) 358 Rf56
Chiltern (VIC) 369 Sd64
Chinchilla (QLD) 361 Sf59
Chorkerup (WA) 363 Qj63
Christmas Creek (WA) 357 Rc55
Clairview (QLD) 361 Se57
Claraville (NT) 359 Rh57
Claraville (QLD) 354 Sa55
Clare (QLD) 360 Sc57
Clare (QLD) 360 Sd55
Clare (SA) 365 Rk62
Clarke River (QLD) 355 Sc55
Clayton (SA) 365 Rk60
Clermont (QLD) 361 Sd57
Cleve (SA) 365 Rj62
Clifton (QLD) 361 Sf59
Clifton Hills (SA) 359 Rk59
Clonagh (QLD) 360 Sa56
Cloncurry (QLD) 360 Sa56
Cluny (QLD) 359 Rk58
Cobar (NSW) 366 Sc61
Cobden (VIC) 368 Sb65
Cobham (NSW) 366 Sb61
Coburn (WA) 362 Qh59
Cockatoo (QLD) 361 Sf58
Cocklebiddy (WA) 364 Rd62
Coffin Bay (SA) 365 Rh63
Coffs Harbour (NSW) 367 Sg61
Cogla Downs (WA) 363 Qk59
Cohuna (VIC) 366 Sc63
Colac (VIC) 368 Sb65
Colane (NSW) 366 Sb60
Coleambally (NSW) 366 Sc63
Coles Bay (TAS) 369 Se67
Collarenebri (NSW) 367 Se60
Collaroy (QLD) 361 Se57
Collector (NSW) 367 Se63
Collie (WA) 362 Qj62
Collingullie (NSW) 366 Sd63
Collingwood (QLD) 361 Sf59
Collinsville (QLD) 361 Sd56
Colona (SA) 364 Rg61
Colossal (NSW) 366 Sd61
Colston Park (QLD) 361 Se56
Combara (NSW) 367 Se61
Come by Chance (NSW) 367 Se61
Comet (QLD) 361 Se57
Comet (SA) 365 Rh60
Commonwealth Hill (SA) 365 Rh60
Conara (TAS) 369 Sd66
Conargo (NSW) 366 Sc63
Condamine (QLD) 361 Sf59
Condingup (WA) 363 Rb62
Condobolin (NSW) 366 Sd62
Coniston (QLD) 360 Sb58
Conjuboy (QLD) 355 Sc55
Connemara (QLD) 360 Sb58
Conway (QLD) 361 Se56
Coober Pedy (SA) 365 Rh60
Coodardy (WA) 362 Qj59
Cooinda (NT) 353 Rg52
Cook (SA) 364 Rf61
Cooktown (QLD) 355 Sc53
Coolabah (NSW) 366 Sd61
Coolac (NSW) 366 Se63
Cooladddi (QLD) 360 Sc59
Coolah (NSW) 367 Se61
Coolamon (NSW) 366 Sd63
Coolangatta (QLD) 367 Sg60
Coolatai (NSW) 367 Sf60
Coolgardie (WA) 363 Ra61
Coollie (NSW) 367 Se61
Cooloogong (NSW) 367 Se62
Cooma (NSW) 369 Se64
Coomandook (SA) 365 Rk63
Coomera (QLD) 361 Sg59
Coonabarabran (NSW) 367 Se61
Coonalpyn (SA) 365 Rk63
Coonamble (NSW) 367 Se61
Coonana (WA) 363 Rb61
Coonawarra (SA) 368 Sa64
Coondle (WA) 362 Qj61
Coongoola (QLD) 360 Sc59
Coorabie (SA) 364 Rg61
Coorabulka (QLD) 359 Sa57
Coorada (QLD) 361 Se58
Coordewandy (WA) 356 Qh58
Coorow (WA) 362 Qj60
Cooroy (QLD) 361 Sg59
Cootamundra (NSW) 367 Se63
Copley (SA) 365 Rk61
Coppabella (QLD) 361 Se56
Coraki (NSW) 367 Sg60
Coral Bay (WA) 356 Qg57
Cordillo Downs (SA) 357 Ra59
Corfield (QLD) 360 Sb56
Corinna (TAS) 369 Sc66
Corny Point (SA) 365 Rj63
Corowa (NSW) 366 Sd63
Corrie Downs (QLD) 359 Sa57
Corryong (VIC) 369 Sd64
Cosmo Newbery (WA) 363 Rb59
Coulta (SA) 365 Rh63
Cowal Creek (QLD) 355 Sb51
Cowan Downs (QLD) 354 Sa55
Cowarie (SA) 359 Rk59
Cowell (SA) 365 Rj62
Cowley (QLD) 360 Sc59
Cowra (NSW) 367 Se62
Cowwarr (VIC) 369 Sd64
Cracow (QLD) 361 Sf58
Cradock (SA) 365 Rk62
Craigie (QLD) 360 Sc55
Craigieburn (VIC) 369 Sc64
Cranbrook (WA) 363 Qj63
Cranburne (VIC) 369 Sc65
Cressy (VIC) 368 Sb65
Creswell Downs (NT) 353 Rh54
Creswick (VIC) 368 Sb64
Crookwell (NSW) 367 Se63
Crossmore (QLD) 360 Sc57
Crows Nest (QLD) 361 Sg59
Croydon (QLD) 355 Sb55
Cryon (NSW) 367 Se60
Crystal Brook (SA) 365 Rk62
Cuckadoo (QLD) 360 Sa57
Cue (WA) 362 Qj59
Culburra (NSW) 367 Sf63
Culcairn (NSW) 366 Sd63
Culluleraine (VIC) 366 Sa63
Culpaulin (NSW) 366 Sb61
Cumberland Downs (QLD) 360 Sd57
Cumborah (NSW) 366 Sd60
Cummins (SA) 365 Rh63
Cundeelee (WA) 363 Rb61
Cunderdin (WA) 362 Qj61
Cunnamulla (QLD) 360 Sc60
Cunyu (WA) 357 Ra59
Curbur (WA) 356 Qh59
Curdimurka (SA) 365 Rj60
Curnamona (SA) 365 Rk61
Curranyalpa (NSW) 366 Sc61
Currawilla (QLD) 360 Sa58
Currawinya (QLD) 366 Sc60
Currie (TAS) 368 Sb65
Curtain Springs (NT) 358 Rf58
Cynthia (QLD) 361 Sf58
Cytherea (QLD) 360 Sd59

D

Dagworth (QLD) 355 Sb54
Daintree (QLD) 355 Sc54
Dairy Creek (WA) 356 Qh58
Dajarra (QLD) 359 Rk56
Dalberg (QLD) 360 Sd56
Dalby (QLD) 361 Sf59
Dalgaranga (WA) 362 Qj59
Dalgonally (QLD) 360 Sa56
Dalmeny (NSW) 369 Sf64
Dalwallinu (WA) 362 Qj61
Daly River (NT) 353 Rf52
Dalyup (WA) 363 Ra62
Daly Waters (NT) 353 Rg54
Dampier (WA) 356 Qj56
Dampier Downs (WA) 352 Rb55
Dandaraga (WA) 363 Qk60
Dandaragan (WA) 362 Qh61
Dandenong (VIC) 369 Sc64
Darda (WA) 363 Ra59
Dareen (QLD) 361 Sf58
Dareton (NSW) 366 Sb63
Dargo (VIC) 369 Sd64
Darkan (WA) 362 Qj62
Darke Peak (SA) 365 Rj62
Darlington Point (NSW) 366 Sd63
Darnick (NSW) 366 Sb62
Dartmoor (VIC) 368 Sa64
Darwin (NT) 353 Rf52
Darwin River (NT) 353 Rf52
Davenport Downs (QLD) 360 Sa58
Daylesford (VIC) 369 Sc64

Deakin – Lorna Glen

Deakin (WA) 364 Re61
Deanmill (WA) 362 Qj63
Deepwater (NSW) 367 Sf60
Deep Well (NT) 359 Rh58
De Grey (WA) 356 Qk56
Deloraine (TAS) 369 Sd66
Delta Downs (QLD) 354 Sa54
Delungra (NSW) 367 Sf60
Denham (WA) 356 Qg58
Deniliquin (NSW) 366 Sc63
Denman (NSW) 367 Sf62
Denman (SA) 364 Rf61
Denmark (WA) 363 Qj63
Derby (TAS) 369 Sd66
Derby (WA) 352 Rb54
Derry Downs (NT) 359 Rh57
Deveril (QLD) 361 Se57
Devonport (TAS) 369 Sd66
Devonshire (QLD) 360 Sc57
Diamantina Lakes (QLD) 360 Sa57
Diamond Well (WA) 357 Qk59
Diemals (WA) 363 Qk60
Dimbulah (QLD) 355 Sc54
Dimora (QLD) 360 Sb56
Dingo (QLD) 361 Se57
Dirranbandi (QLD) 367 Se60
Disney (QLD) 360 Sd56
Dixie (QLD) 355 Sb53
Docker Creek (NT) 358 Re58
Donald (VIC) 368 Sb64
Doncaster (QLD) 360 Sb56
Dongara (WA) 362 Qh60
Donnybrook (WA) 362 Qh62
Donors Hill (QLD) 354 Sa55
Doolguna (WA) 357 Qk58
Doomadgee (QLD) 354 Rk54
Doongmabulla (QLD) 360 Sd57
Doorawarrah (WA) 356 Qh58
Dorisvale (NT) 353 Rf53
Dorrigo (NSW) 367 Sg61
Dotswood (QLD) 360 Sd55
Dover (TAS) 369 Sd67
Dowerin (WA) 362 Qj61
Drake (NSW) 367 Sg60
Drillham (QLD) 361 Se59
Dry River (NT) 353 Rg53
Drysdale River (WA) 352 Rd53
Duaringa (QLD) 361 Se57
Dubbo (NSW) 367 Se62
Duches (QLD) 359 Rk56
Dudinin (WA) 363 Qk62
Dulacca (QLD) 361 Se59
Dulkaninna (SA) 365 Rk60
Dululu (QLD) 361 Sf57
Dumbleyung (WA) 362 Qj62
Dunalley (TAS) 369 Sd67
Dunbar (QLD) 355 Sb54
Dundee (QLD) 360 Sb56
Dundoo (QLD) 360 Sc59
Dungarvon (NSW) 366 Sc60
Dungowan (NSW) 367 Sf61
Dunkheld (VIC) 368 Sb64
Dunlop (NSW) 366 Sc61
Dunmarra (NT) 353 Rg54
Dunolly (VIC) 368 Sb64
Dunrobin (QLD) 360 Sd57
Dunsborough (WA) 362 Qh62
Durandella (QLD) 360 Sd58
Durang South (QLD) 361 Sf59
Durham Downs (QLD) 360 Sa59
Durhan Downs (QLD) 361 Se59
Duri (NSW) 367 Sf61
Durrie (QLD) 359 Sa58
Dynevor Downs (QLD) 360 Sc60
Dysart (QLD) 361 Se57

E

Ealbara (SA) 365 Rh61
Eastmere (QLD) 360 Sc57
Ebor (NSW) 367 Sg61
Echuca (VIC) 369 Sc64
Edagee (WA) 356 Qh58
Eden (NSW) 369 Se64
Edenhope (VIC) 368 Sa64
Edgeroi (NSW) 367 Se61
Edillilie (SA) 365 Rh63
Edithburgh (SA) 365 Rj63
Edith Downs (QLD) 360 Sb56
Edjudina (WA) 363 Rb60
Edmonton (QLD) 355 Sc54
Edwards Creek (SA) 359 Rh60
Egg Lagoon (TAS) 368 Sb65
Eginbah (WA) 357 Qk56
Eidsvold (QLD) 361 Sf58
Einasleigh (QLD) 355 Sc55
Elderslie (QLD) 360 Sb57
Elizabeth Downs (NT) 353 Rf52
Elkedra (NT) 359 Rh56
Ella Valla (WA) 356 Qh58
Ellendale (WA) 352 Rc54
Elliot Heads (QLD) 361 Sg58
Elliott (NT) 353 Rg54
Elliston (SA) 365 Rh62
Elmore (VIC) 369 Sc64
Elphinstone (QLD) 361 Se56
El Questro (WA) 352 Rd53
Elsherana (NT) 353 Rg52
Elsie Hills (QLD) 360 Sc58
El Trune (NSW) 366 Sd61
Elvo (QLD) 360 Sb57
Emerald (QLD) 361 Se57
Emmel (QLD) 360 Sc58
Emu Hill (WA) 363 Qk62
Emu Park (QLD) 361 Sf57
Eneabba (WA) 362 Qh60
Enngonia (NSW) 366 Sc60
Epenarra (NT) 359 Rh56
Epping Forest (QLD) 360 Sd57
Erldunda (NT) 358 Rg58
Erlistoun (WA) 363 Rb60
Eromanga (QLD) 360 Sb59
Errabiddy (WA) 356 Qj58
Escott (QLD) 354 Rk54
Esk 361 Sg59
Eskdale (VIC) 369 Sd64
Esmeralda (QLD) 355 Sb55
Esperance (WA) 363 Ra62
Etadunna (SA) 365 Rk60
Ethel Creek (WA) 357 Ra57
Etheldale (QLD) 360 Sb55
Eucla (WA) 364 Re61
Eudunda (SA) 365 Rk63
Eugowra (NSW) 367 Se62
Eulo (QLD) 360 Sc60
Eumara Springs (QLD) 360 Sd55
Eumungarie (NSW) 367 Se61
Eungella (QLD) 361 Se56
Eurady (WA) 362 Qh59
Euromba (QLD) 361 Se58
Eurora (VIC) 369 Sc64
Euston (NSW) 366 Sb63
Eva Downs (NT) 353 Rh55
Everard Junction (WA) 357 Rc58
Everard Park (SA) 358 Rg59
Evesham (QLD) 360 Sb57
Exmouth (WA) 356 Qh56

F

Fairhill (QLD) 361 Se57
Fairlight (QLD) 355 Sc53
Fairmont (NSW) 366 Sb61
Fairview (NSW) 366 Sd61
Fairview (QLD) 355 Sc53
Fairyland (QLD) 361 Sf59
Fanning River (QLD) 360 Sd55
Fergusson River (NT) 353 Rf53
Fifield (NSW) 366 Sd62
Finch Hatton (QLD) 361 Se56
Fingal (TAS) 369 Sd66
Finke (NT) 359 Rh58
Finley (NSW) 366 Sc63
Finniss Springs (SA) 365 Rj60
Fisher (SA) 364 Rf61
Fitzroy Crossing (WA) 352 Rc55
Flinders (VIC) 369 Sc65
Florence Vale (QLD) 360 Sd57
Forbes (NSW) 366 Sd62
Ford Constantine (QLD) 360 Sa56
Fords Bridge (NSW) 366 Sc60
Forest Home (QLD) 355 Sb55
Forest Vale (QLD) 361 Sd58
Forrest (WA) 364 Re61
Forsayth (QLD) 355 Sb55
Fort Grey (NSW) 366 Sa60
Fossil Downs (WA) 352 Rc55
Foster (VIC) 369 Sd65
Fowlers Gap (NSW) 366 Sa61
Frankfield (QLD) 360 Sd57
Frankland (WA) 363 Qj63
Franklin (QLD) 360 Sa57
Fraser Range (WA) 363 Rb62
Fregon = Aparawatatja (SA) 359 Rh59
Fremantle (WA) 362 Qh62
Frome Downs (SA) 365 Rk61

G

Gabyon (WA) 362 Qj60
Gairdner (WA) 363 Qk63
Galbraith (QLD) 354 Sa54
Galiwinku (NT) 354 Rh52
Gallipoli (NT) 354 Rj55
Galway Downs (QLD) 360 Sb58
Ganmain (NSW) 366 Sd63
Gapuwiyak (NT) 354 Rh52
Garah (NSW) 367 Se60
Garford (SA) 365 Rg60
Garrthalala (NT) 354 Rj52
Gascoyne Junction (WA) 356 Qh58
Gatton (QLD) 361 Sg59
Gawler (SA) 365 Rk63
Gayndah (QLD) 361 Sf58
Geelong (VIC) 369 Sc65
Genoa (VIC) 369 Se64
Georgetown (QLD) 355 Sb55
Georgetown (TAS) 369 Sd66
Georgina Downs (NT) 359 Rj56
Geraldton (WA) 362 Qh60
Geranium (SA) 365 Sa63
German Creek (QLD) 361 Se57
Gibb River (WA) 352 Rd54
Gibraltar (SA) 365 Rh61
Gibson (WA) 363 Ra62
Gidgee (WA) 363 Qk59
Gilberton (QLD) 355 Sb55
Gilbert River (QLD) 355 Sb55
Giles Meteorological Station (WA) 358 Re58
Gilgai (NSW) 367 Sf60
Gilgandra (NSW) 367 Se61
Gilgunnia (NSW) 366 Sd62
Gillam (WA) 356 Qk56
Gilliat (QLD) 360 Sa56
Gillroyd (WA) 356 Qh58
Gindalbie (WA) 363 Ra61
Gindie (QLD) 361 Se57
Gin Gin (QLD) 361 Sf58
Gingin (WA) 362 Qh61
Giralia (WA) 356 Qh57
Girilambone (NSW) 366 Sd61
Giru (QLD) 360 Sd55
Gladstone (QLD) 361 Sf57
Gladstone (SA) 365 Rk62
Gladstone (TAS) 369 Se66
Glandore (NSW) 366 Sd60
Glen (WA) 362 Qj59
Glenayle (WA) 357 Rb58
Glenburgh (WA) 356 Qj58
Glencoe (QLD) 361 Sf58
Glendambo (SA) 365 Rh61
Glenden (QLD) 361 Se56
Glen Florrie (WA) 356 Qj57
Glengyle (QLD) 359 Rk58
Glenhope (NSW) 366 Sd61
Glen Innes (NSW) 367 Sf60
Glenmorgan (QLD) 361 Se59
Glenora (QLD) 355 Sb55
Glenore (QLD) 354 Sa54
Glenormiston (QLD) 359 Rk57
Glenorn (WA) 363 Ra60
Glenreagh (NSW) 367 Sg61
Glenroy (WA) 352 Rd54
Gloucester (NSW) 367 Sf62
Gnaraloo (WA) 356 Qg57
Gnowangerup (WA) 363 Qk62
Gogango (QLD) 361 Se57
Gogo (WA) 352 Rc55
Gold Coast (QLD) 367 Sg60
Goldsworthy (WA) 357 Qk56
Gol Gol (NSW) 366 Sb62
Gongolgon (NSW) 366 Sd61
Goodooga (NSW) 366 Sd60
Goodwood (NSW) 366 Sb61
Goolgowi (NSW) 366 Sc63
Goolma (NSW) 367 Se62
Goomalling (WA) 362 Qj61
Goomeri (QLD) 361 Sg59
Goondiwindi (NSW) 367 Sf60
Goondoobluie (NSW) 367 Se60
Goongarrie (WA) 363 Ra61
Goonyella Mine (QLD) 361 Sd56
Gordon Downs (WA) 353 Re55
Gordonvale (QLD) 355 Sc54
Gorrie (NT) 353 Rg53
Gosford (NSW) 367 Sf62
Goulburn (NSW) 367 Se63
Gowrie Park (TAS) 369 Sd66
Gracemere (QLD) 361 Sf57
Gradgery (NSW) 366 Sd61
Grafton (NSW) 367 Sg60
Graman (NSW) 367 Sf60
Granite Downs (SA) 359 Rg59
Granite Peak (WA) 357 Ra58
Granville (QLD) 360 Sc59
Grass Patch (WA) 363 Ra62
Grassy (TAS) 368 Sc66
Green Head (WA) 362 Qh60
Greenough (WA) 362 Qh60
Greenvale (QLD) 355 Sc55
Greenwood (WA) 362 Qj59
Gregory Downs (QLD) 354 Rk55
Gregory Springs (QLD) 360 Sc55
Grenfell (NSW) 366 Se62
Gresford (NSW) 367 Sf62
Griffith (NSW) 366 Sd63
Grong Grong (NSW) 366 Sd63
Grosses (SA) 365 Rh61
Guilderton (WA) 362 Qh61
Gulagambone (NSW) 367 Se61
Gulgong (NSW) 367 Se62
Gumbardo (QLD) 360 Sc59
Gumlu (QLD) 361 Sd55
Gungadei (NSW) 366 Se63
Gunnedah (NSW) 367 Sf61
Gunning (NSW) 367 Se63
Gunpowder (QLD) 359 Rk55
Gununa (QLD) 354 Rk54
Gurner (NT) 358 Rf57
Gury (NSW) 367 Se60
Gutha (WA) 362 Qh60
Guthalungra (QLD) 361 Sd55
Guyra (NSW) 367 Sf61
Gwabegar (NSW) 367 Se61
Gympie (QLD) 361 Sg59
Gysum Palace (NSW) 366 Sc62

H

Haast Bluff (NT) 358 Rf57
Hahndorf (SA) 365 Rk63
Haig (WA) 364 Rd61
Halidon (SA) 366 Sa63
Halifax (QLD) 355 Sd55
Hallett (SA) 365 Rk62
Halls Creek (WA) 352 Rd55
Halls Gap (VIC) 368 Sb64
Hamelin (WA) 362 Qh59
Hamilton (TAS) 369 Sd67
Hamilton (VIC) 368 Sb64
Hamilton Downs (QLD) 360 Sb56
Hamilton Hotel (QLD) 360 Sa57
Handsworth (QLD) 360 Sd58
Harcourt (VIC) 369 Sc64
Harlin (QLD) 361 Sg59
Harrington (NSW) 367 Sg61
Harrow (VIC) 368 Sa64
Harts Range (NT) 359 Rh57
Harvest Home (QLD) 360 Sd56
Harvey (WA) 362 Qh62
Harwood (NSW) 367 Sg60
Hatches Creek (NT) 359 Rh56
Hattah (VIC) 366 Sb63
Havilah (QLD) 361 Sd56
Hawker (SA) 365 Rk61
Hawkes Nest (NSW) 367 Sg62
Hay (NSW) 366 Sc63
Hayes Creek (NT) 353 Rf52
Hay Point (QLD) 361 Se56
Headingly (QLD) 359 Rk56
Heathcote (VIC) 369 Sc64
Hebel (QLD) 366 Sd60
Helen Springs Roadhouse (NT) 353 Rg55
Henbury (NT) 358 Rg58
Henty (NSW) 366 Sd63
Herberton (QLD) 355 Sc54
Herbert Vale (QLD) 354 Rk55
Hermannsburg (NT) 358 Rg57
Hermidale (NSW) 366 Sd61
Hervey Bay (QLD) 361 Sg58
Hewart Downs (NSW) 366 Sa60
Heywood (VIC) 368 Sa65
Hidden Valley (NT) 353 Rg54
Hidden Valley (QLD) 355 Sd55
Hidden Valley (QLD) 360 Sd56
Higginsville (WA) 363 Ra61
Highbury (QLD) 355 Sb54
Highbury (QLD) 360 Sc57
Highland Plains (NT) 354 Rj55
Highlands (QLD) 360 Sc58
Hill End (NSW) 367 Se62
Hillside (WA) 357 Qk56
Hillston (NSW) 366 Sc62
Hiltaba (SA) 365 Rh62
Hilton (QLD) 359 Rk56
Hobart (TAS) 369 Sd67
Hodgson Downs (NT) 353 Rh53
Holbrook (NSW) 366 Sd63
Holt Rock (WA) 363 Qk62
Homestead (QLD) 360 Sc56
Hopetoun (VIC) 366 Sb63
Hopetoun (WA) 363 Ra62
Hopevale (QLD) 355 Sc53
Horrocks (WA) 362 Qh60
Horsham (VIC) 368 Sb64
Howard (QLD) 361 Sg58
Hughenden (QLD) 360 Sc56
Hughes (SA) 364 Re61
Humbert River (NT) 353 Rf54
Humeburn (QLD) 360 Sc59
Hungerford (QLD) 366 Sc60
Huonville (TAS) 369 Sd67
Hurricane (QLD) 355 Sc54
Hurstbridge (VIC) 369 Sc64
Huskisson (NSW) 367 Sf63
Hyden (WA) 363 Qk62

I

Ida Valley (WA) 363 Ra60
Idracowra (NT) 359 Rg58
Iffley (QLD) 354 Sa55
Ilbilbie (QLD) 361 Se56
Ilford (NSW) 367 Se62
Ilfracombe (QLD) 360 Sc57
Illawong (WA) 362 Qh60
Iluka 367 Sg60
Indiana (NT) 359 Rh57
Indooroopilly (SA) 365 Rg60
Ingham (QLD) 355 Sd55
Inglewood (QLD) 367 Sf60
Ingomar (SA) 365 Rh60
Injune (QLD) 361 Se58
Inkerman (QLD) 354 Sa54
Inkerman (QLD) 361 Sd55
Innamincka (SA) 357 Ra59
Innesowen (NSW) 366 Sc61
Inneston (SA) 365 Rj63
Innisfail (QLD) 355 Sd54
Innisvale (NSW) 366 Sd61
Innouendy (WA) 356 Qj58
Inverell (NSW) 367 Sf60
Inverleigh (QLD) 354 Sa54
Inverleigh (VIC) 369 Sc65
Inverloch (VIC) 369 Sc65
Inverness (QLD) 360 Sc57
Inverway (NT) 353 Re54
Ipswich (QLD) 361 Sg59
Isisford (QLD) 360 Sc58
Isrealite Bay (WA) 363 Rb62
Ivanhoe (NSW) 366 Sc62
Iwantja (SA) 359 Rg59

J

Jabiru (NT) 353 Rg52
Jacup (WA) 363 Qk62
Jamestown (SA) 365 Rk62
Jandowae (QLD) 361 Sf59
Jarrahdale (WA) 362 Qj62
Jeedamya (WA) 363 Ra60
Jeramungup (WA) 363 Qk62
Jerangle (NSW) 367 Se63
Jericho (QLD) 360 Sd57
Jerilderie (NSW) 366 Sc63
Jervis Bay (NSW) 367 Sf63
Jiggalong (WA) 357 Ra57
Jindabyne (NSW) 369 Se64
Jindare (NT) 353 Rf53
Jingellic (NSW) 366 Sd63
Jingemarra (WA) 362 Qj59
Jitarning (WA) 363 Qj62
Johnstone (QLD) 355 Sd54
Johnstone (QLD) 367 Se60
Juglong (NSW) 366 Se63
Julia Creek (QLD) 360 Sa56
Juna Downs (WA) 356 Qk57
Jundah (QLD) 360 Sb58
Jundee (WA) 357 Ra59
Junee (QLD) 361 Se57
Jurien (WA) 362 Qh61

K

Kadina (SA) 365 Rj62
Kahmoo (QLD) 360 Sc60
Kajabbi (QLD) 359 Sa56
Kalamurinn (SA) 359 Rk59
Kalanie (WA) 362 Qj61
Kalbarri (WA) 362 Qh59
Kalgoorlie (WA) 363 Ra61
Kalguddering (WA) 362 Qj61
Kali (WA) 362 Qj59
Kalinga (QLD) 355 Sb53
Kalkaringi (NT) 353 Rf54
Kalkaroo (SA) 366 Sa61
Kallala (QLD) 359 Rk56
Kalmeta (QLD) 360 Sa55
Kalumburu (WA) 352 Rd53
Kambalda (WA) 363 Ra61
Kamileroi (QLD) 354 Rk55
Kandos (NSW) 367 Se62
Kangaroo Hills (QLD) 355 Sc55
Kaniva (VIC) 368 Sa64
Kapunda (SA) 365 Rk63
Karalundi (WA) 357 Qk59
Karara (QLD) 367 Sf60
Karara (WA) 362 Qj60
Karlgarin (WA) 363 Qk62
Karonie (WA) 363 Rb61
Karoola (NSW) 366 Sb62
Karoonda (SA) 365 Rk63
Karratha (WA) 356 Qj56
Karridale (WA) 362 Qh63
Karuah (NSW) 367 Sf62
Karumba (QLD) 354 Sa54
Katamatile (VIC) 369 Sc64
Katanning (WA) 363 Qj62
Katherine (NT) 353 Rg53
Katoomba (NSW) 367 Sf62
Kayrunnera (NSW) 366 Sb61
Keeroongooloo (QLD) 360 Sb58
Keith (SA) 368 Sa64
Kellerberrin (WA) 362 Qj61
Kelmscott (WA) 362 Qj62
Kempsey (NSW) 367 Sg61
Kempton (TAS) 369 Sd67
Kenabri (NSW) 367 Se61
Kendall (NSW) 367 Sg61
Kendall River (QLD) 355 Sb52
Kennedy (QLD) 355 Sc55
Keppel Sands (QLD) 361 Sf57
Kerang (VIC) 366 Sb63
Kerein Hills (NSW) 366 Sd62
Kettering (TAS) 369 Sd67
Kevington (QLD) 361 Se58
Khancoban (NSW) 369 Se64
Kiama (NSW) 367 Sf63
Kia Ora (SA) 365 Rk62
Kidston (QLD) 355 Sc55
Kikoira (NSW) 366 Sd62
Kilcoy (QLD) 361 Sg59
Kilkivan (QLD) 361 Sg59
Killala (NSW) 366 Sc61
Killarney (QLD) 360 Sc57
Killarney (QLD) 367 Sg60
Killarney Park (QLD) 360 Sd58
Kilmore (VIC) 369 Sc64
Kilto (WA) 352 Rb54
Kimba (QLD) 355 Sb53
Kimba (SA) 365 Rj62
Kimberley (NSW) 366 Sa62
Kimberley Downs (WA) 352 Rc54
Kinara (QLD) 355 Sc55
Kingaroy (QLD) 361 Sf59
King Ash Bay (NT) 354 Rj53
King Junction (QLD) 355 Sb53
Kingoonya (SA) 365 Rh61
King River (WA) 363 Qj63
Kingscote (SA) 365 Rj63
Kingston (TAS) 369 Sd67
Kingston SE (SA) 368 Rk64
Kinrola (QLD) 361 Se57
Kirkalocka (WA) 362 Qj60
Kirkimbie (NT) 353 Re54
Kitchener (WA) 363 Rc61
Kogan (QLD) 361 Sf59
Kojonup (WA) 363 Qj62
Kokatha (SA) 365 Rh61
Kondinin (WA) 363 Qk62
Kookynie (WA) 363 Ra60
Koolatah (QLD) 355 Sb53
Kooline (WA) 356 Qj57
Koolpinyah (NT) 353 Rf52
Koombooloombah (QLD) 355 Sc54
Koonalda (SA) 364 Re61
Koondoo (QLD) 360 Sc58
Koongie Park (WA) 352 Rd55
Kooniba (SA) 365 Rg61
Koonmarra (WA) 356 Qj59
Koorawatha (NSW) 367 Se63
Koorda (WA) 363 Qj61
Kootingal (NSW) 367 Sf61
Koumala (QLD) 361 Se56
Kowanyama (QLD) 354 Sa53
Kukerin (WA) 363 Qk62
Kulgera Roadhouse (NT) 359 Rg58
Kulin (WA) 363 Qk62
Kulpara (SA) 365 Rk63
Kumarina (WA) 357 Qk58
Kumarl (WA) 363 Ra62
Kumbarilla (QLD) 361 Sf59
Kumbia (QLD) 361 Sf59
Kunjin (WA) 363 Qj62
Kununurra (WA) 353 Re53
Kuranda (QLD) 355 Sc54
Kuridala (QLD) 360 Sa56
Kurri Kurri (NSW) 367 Sf62
Kwinana (WA) 362 Qh62
Kyabra (QLD) 360 Sb59
Kyabram (VIC) 369 Sc64
Kyalite (NSW) 366 Sb63
Kyancutta (SA) 365 Rh62
Kynuna (QLD) 360 Sa56
Kyogle (NSW) 367 Sg60

L

Lady Baron (TAS) 369 Se66
Laggan (NSW) 367 Se63
Laglan (QLD) 360 Sd57
Lagrange (WA) 357 Ra55
Lajamanu (NT) 353 Rf55
Lake Argyle (WA) 353 Re54
Lake Barlee (WA) 363 Qk60
Lake Biddy (WA) 363 Qk62
Lake Boga (VIC) 366 Sb63
Lake Bolac (VIC) 368 Sb64
Lake Cargelligo (NSW) 366 Sd62
Lake Everard (SA) 365 Rh61
Lakefield (QLD) 355 Sc53
Lake Grace (WA) 363 Qk62
Lake King (WA) 363 Qk62
Lakeland Downs (QLD) 355 Sc53
Lake Nash (NT) 359 Rj56
Lake Pure (QLD) 360 Sa59
Lakes Entrance (VIC) 369 Sd64
Lakeside (WA) 362 Qj59
Lake Violet (WA) 357 Ra59
Lake Wells (WA) 357 Rb59
Lalbert (VIC) 366 Sb63
Laleham (QLD) 361 Se57
Lalla Rookh (WA) 356 Qk56
Lambina (SA) 359 Rj59
Lancefield (VIC) 369 Sc64
Lancelin (WA) 362 Qh61
Landor (WA) 356 Qj58
Langlo Crossing (QLD) 360 Sc59
Lansdowne (WA) 352 Rd54
Lara (VIC) 369 Sc64
Larrimah (NT) 353 Rg53
Lascelles (VIC) 366 Sb63
Latham (WA) 362 Qj60
Lauderdale (TAS) 369 Sd67
Launceston (TAS) 369 Sd66
Laura (QLD) 355 Sc53
Laura (SA) 365 Rk62
Laverton (WA) 363 Rb60
Laverton Downs (WA) 363 Rb60
Lawn Hill (QLD) 354 Rk55
Lawson (NSW) 367 Sf62
Learmonth (WA) 356 Qh57
Legune (NT) 353 Re53
Leigh Creek (SA) 365 Rk61
Leinster (WA) 363 Ra59
Leinster Downs (WA) 363 Ra59
Leitchville (VIC) 366 Sc63
Leongatha (VIC) 369 Sc65
Leonora (WA) 363 Ra60
Lerida (NSW) 366 Sc61
Lerida (QLD) 360 Sc57
Lethen (NSW) 366 Sb62
Leura (QLD) 361 Se57
Lexton (VIC) 368 Sb64
Leyburn (QLD) 361 Sf60
Lightning Ridge (NSW) 366 Sd60
Lilarea (QLD) 360 Sc57
Lilla Creek (NT) 359 Rh58
Lilydale (SA) 365 Rk62
Limbunya (NT) 353 Re54
Lipson (SA) 365 Rj63
Lismore (NSW) 367 Sg60
Lismore (QLD) 361 Sf59
Lismore (VIC) 368 Sb64
Lissadell (WA) 353 Re54
Lissington (NSW) 366 Sd60
Lithgow (NSW) 367 Sf62
Liverpool (NSW) 367 Sf62
Llanrheidol (QLD) 360 Sa57
Loch Lilly (NSW) 366 Sa62
Loch Sport (VIC) 369 Sd65
Lociel (SA) 365 Rk62
Lock (SA) 365 Rh62
Lockhart (NSW) 366 Sd63
Lockhart River (QLD) 355 Sb52
Lolworth (QLD) 360 Sc56
Lombadina (WA) 352 Rb54
Longford (TAS) 369 Sd66
Longreach (QLD) 360 Sc57
Longton (QLD) 360 Sc56
Longwarry (VIC) 369 Sc65
Looma (WA) 352 Rc55
Loongana (WA) 364 Rd61
Lorna Glen (WA) 357 Ra59

Lorne – Redesdale

Lorne (VIC) 368 Sb65
Lorraine (QLD) 354 Rk55
Louisa Downs (WA) 352 Rd55
Lou Lou Park (QLD) 360 Sd57
Louth (NSW) 366 Sc61
Lowood (QLD) 361 Sg59
Loxton (SA) 366 Sa63
Lucindale (SA) 368 Sa64
Lucknow (QLD) 360 Sa57
Lunawanna (TAS) 369 Sd67
Lyndhurst (QLD) 355 Sc55
Lyndhurst (SA) 365 Rk61
Lyndon (WA) 356 Qh57
Lyton (WA) 362 Qh60

M

Mabel Creek (SA) 365 Rh60
Macaroni (QLD) 354 Sa54
Macarthur (VIC) 368 Sb65
Macdonald Downs (NT) 359 Rh57
Mackay (QLD) 361 Se56
Macksville (NSW) 367 Sg61
Maclean (NSW) 367 Sg60
Macumba (SA) 359 Rh59
Madoonia Downs (WA) 363 Rb61
Madura (WA) 364 Rd61
Maffra (VIC) 369 Sd64
Maggieville (QLD) 354 Sa54
Magowra (QLD) 354 Sa54
Mahanewi (SA) 365 Rj61
Mainoru (NT) 353 Rh53
Maitland (NSW) 367 Sf62
Maitland (SA) 365 Rj63
Malanda (QLD) 355 Sc54
Malbon (QLD) 359 Sa56
Malbon Vale (QLD) 359 Rk56
Malbooma (SA) 365 Rh61
Malcolm (WA) 363 Ra60
Maldon (VIC) 369 Sc64
Malee Downs (SA) 368 Sa64
Mallacoota (VIC) 369 Se64
Mallala (SA) 365 Rk63
Mallanganee (NSW) 367 Sg60
Malpas Hut (QLD) 360 Sb55
Maltee (SA) 365 Rg62
Manangatang (VIC) 366 Sb63
Manangoora (NT) 354 Rj53
Mandurah (WA) 362 Qh62
Maneroo (QLD) 360 Sb57
Manfred (WA) 356 Qj59
Manfred Downs (QLD) 360 Sa56
Mangalore (QLD) 360 Sd59
Mangalore (VIC) 369 Sc64
Manguel Creek (WA) 352 Rb54
Manildra (NSW) 367 Se62
Manilla (NSW) 367 Sf61
Maningrida (NT) 353 Rh52
Manna Hill (SA) 365 Rk62
Manners Creek (NT) 359 Rj57
Mannum (SA) 365 Rk63
Mansfield (VIC) 369 Sd64
Mantuan Downs (QLD) 360 Sd58
Mantung (SA) 365 Sa63
Manunda (SA) 365 Rk62
Manypeaks (WA) 363 Qk63
Mapoon (QLD) 354 Sa52
Maralinga (SA) 364 Rf61
Maranalgo (WA) 363 Qj60
Marango (QLD) 360 Sd59
Marathon (QLD) 360 Sb56
Marble Bar (WA) 357 Qk56
Marchagee (WA) 362 Qj61
Mardie (WA) 356 Qh56
Maree (SA) 365 Rk60
Mareeba (QLD) 355 Sc54
Margaret (QLD) 360 Sb59
Margaret River (WA) 362 Qh62
Marian (QLD) 361 Se56
Marina Plains (QLD) 355 Sb53
Marion Downs (QLD) 359 Rk57
Marita Downs (QLD) 360 Sb57
Marla (SA) 359 Rg59
Marlborough (QLD) 361 Se57
Marlo (VIC) 369 Se64
Maronga (QLD) 361 Se59
Maroochydore (QLD) 361 Sg59
Maroona (VIC) 368 Sb64
Maroonah (WA) 356 Qh57
Marqua (NT) 359 Rj57
Marradong (WA) 362 Qj62
Marrawah (TAS) 369 Sc66
Marron (WA) 356 Qh58
Marsden (NSW) 366 Sd62
Martins Well (SA) 365 Rk61
Marulan (NSW) 367 Se63
Maryborough (QLD) 361 Sg58
Maryborough (VIC) 368 Sb64
Maryvale (NT) 359 Rh58
Maryvale (QLD) 360 Sc55
Mataranka (NT) 353 Rg53
Mathoura (NSW) 366 Sc63
Maude (NSW) 366 Sc63
Maxwelton (QLD) 360 Sb56
Mayannup (WA) 362 Qj62
Maydena (TAS) 369 Sd67
May Downs (QLD) 361 Se57
Mayneside (QLD) 360 Sb57
McDouall Peak (SA) 365 Rh60
McKinlay (QLD) 360 Sa56
McLaren Vale (SA) 365 Rk63
Meadow 362 Qh59
Meadowbank (QLD) 355 Sc55
Meandarra (QLD) 361 Se59
Meckering (WA) 362 Qj61
Meedo (WA) 356 Qh58
Meekatharra (WA) 357 Qk59
Meeline (WA) 363 Qk60
Meka (WA) 362 Qj59
Melbourne (VIC) 369 Sc64
Melrose (WA) 363 Ra59
Melton (VIC) 369 Sc64
Mena Murtee (NSW) 366 Sb61
Menangina (WA) 363 Ra60
Mena Park (QLD) 360 Sc58
Mendleyarri (WA) 363 Ra60
Mendoorah (NSW) 367 Se61
Mendorah (NT) 353 Rf52
Menindee (NSW) 366 Sb62
Meningie (SA) 365 Rk63
Menzies (WA) 363 Ra60
Merapah (QLD) 355 Sb52
Merbein (NSW) 366 Sb63
Meriba (SA) 366 Sa63
Merimbula (NSW) 369 Se64
Meringur (VIC) 366 Sa63
Merino Downs (QLD) 360 Sc57
Merivale (QLD) 361 Se58
Merluna (QLD) 355 Sb52
Merolia (WA) 363 Rb60
Merredin (WA) 363 Qk61
Merriwa (NSW) 367 Sf62
Merriwagga (NSW) 366 Sc62
Merton (VIC) 369 Sc64
Mertondale (WA) 363 Ra60
Merty Merty (SA) 359 Sa60
Middle Park (QLD) 360 Sb55
Middleton (QLD) 360 Sa57
Middleton (TAS) 369 Sd67
Midland (WA) 362 Qj61
Miena (TAS) 369 Sd66
Milang (SA) 365 Rk63
Mildura (VIC) 366 Sb63
Miles (QLD) 361 Sf59
Mileura (WA) 356 Qj59
Milgarra (QLD) 354 Sa55
Milgun (WA) 356 Qk58
Milikapiti (NT) 353 Rf51
Miling (WA) 362 Qj61
Milingimbi (NT) 353 Rh52
Milla Milla (QLD) 355 Sc54
Millaroo (QLD) 360 Sd56
Millicent (SA) 368 Sa64
Millmerran (QLD) 361 Sf59
Millrose (WA) 357 Ra59
Millungera (QLD) 360 Sa55
Milly Milly (WA) 356 Qj59
Milparinka (NSW) 366 Sa60
Mimili (SA) 358 Rg59
Minderoo (WA) 356 Qh56
Mingary (SA) 366 Sa62
Mingela (QLD) 360 Sd55
Mingenew (WA) 362 Qh60
Minilya Roadhouse (WA) 356 Qh57
Minjilang (NT) 353 Rg51
Minlaton (SA) 365 Rj63
Minnie Downs (QLD) 360 Sc58
Minnies (QLD) 355 Sb54
Minnipa (SA) 365 Rh62
Mintable (SA) 359 Rg59
Miranda Downs (QLD) 354 Sa54
Mirani (QLD) 361 Se56
Miriam Vale (QLD) 361 Sf58
Mirikata (SA) 365 Rh60
Mirool (NSW) 366 Sd63
Mirtna (QLD) 360 Sd56
Mission Beach (QLD) 355 Sd54
Mita Mita (VIC) 369 Sd64
Mitchell (QLD) 361 Sd59
Mitchell River (WA) 352 Rc53
Mitiamo (VIC) 369 Sc64
Moama (NSW) 366 Sc61
Moble (QLD) 360 Sc59
Moe (VIC) 369 Sd65
Mogumber (WA) 362 Qj61
Molecreek (TAS) 369 Sd66
Molesworth (QLD) 360 Sb60
Molong (NSW) 367 Se62
Momba (NSW) 366 Sb61
Monkey Mia (WA) 356 Qg58
Monkira (QLD) 360 Sa58
Monolon (NSW) 366 Sb61
Monteagle (QLD) 360 Sd57
Monto (QLD) 361 Sf58
Moojeeba (QLD) 355 Sb53
Moolawatana (SA) 365 Rk60
Moolloogool (WA) 362 Qk59
Mooloo Downs (WA) 356 Qh58
Moomba (SA) 359 Sa60
Moonan Flat (NSW) 367 Sf61
Moonaree (SA) 365 Rh61
Moonta (SA) 365 Rj63
Moonya (QLD) 360 Sc57
Moonyoonooka (WA) 362 Qh60
Moora (WA) 362 Qj61
Mooraberree (QLD) 360 Sa58
Moorarie (WA) 356 Qj58
Moore Park (QLD) 361 Sg58
Mootwingee (NSW) 366 Sb61
Morawa (WA) 362 Qj60
Moray Downs (QLD) 360 Sd56
Morden (NSW) 366 Sb61
Moree (NSW) 367 Se60
Morella (QLD) 360 Sb57
Moreton (QLD) 355 Sb52
Morgan (SA) 365 Rk63
Morgan Vale (SA) 366 Sa62
Morney (QLD) 360 Sa58
Morstone (QLD) 359 Rk55
Mortlake (VIC) 368 Sb65
Morundah (NSW) 366 Sd63
Moruya (NSW) 367 Sf63
Morven (QLD) 360 Sd59
Morwell (VIC) 369 Sd65
Mossgiel (NSW) 366 Sc62
Mossman (QLD) 355 Sc54
Moss Vale (NSW) 367 Sf63
Moulamein (NSW) 366 Sc63
Mount Alfred (QLD) 360 Sc59
Mount Amhurst (WA) 352 Rd55
Mount Barker (WA) 363 Qj63
Mount Barnett (WA) 352 Rc54
Mount Barry (SA) 359 Rh60
Mount Beauty (VIC) 369 Sd64
Mount Coolon (QLD) 360 Sd56
Mount Denison (NT) 358 Rg57
Mount Douglas (QLD) 360 Sd56
Mount Eba (SA) 365 Rh61
Mount Ebenezer Roadhouse (NT) 358 Rg58
Mount Elsie (QLD) 360 Sd56
Mount Fraser (WA) 357 Qk58
Mount Freeling (SA) 365 Rk60
Mount Gambier (SA) 368 Sa64
Mount Garnet (QLD) 355 Sc54
Mount Gelia (WA) 363 Rb60
Mount Guide (QLD) 359 Rk56
Mount Hale (WA) 356 Qj59
Mount Hope (NSW) 366 Sc62
Mount Hope (SA) 365 Rh63
Mount Hopeless (SA) 365 Rk60
Mount House (WA) 352 Rc54
Mount Howitt (QLD) 360 Sb59
Mount Ida (WA) 363 Ra60
Mount Isa (QLD) 359 Rk56
Mount Ive (SA) 365 Rj62
Mount Jackson (WA) 363 Qk61
Mount Keith (WA) 357 Ra59
Mount Larcum (QLD) 361 Sf57
Mount Lewis (NSW) 366 Sd61
Mount Lyndhurst (SA) 365 Rk61
Mount Madden (WA) 363 Qk62
Mount Magnet (WA) 362 Qj60
Mount Margaret (WA) 363 Rb60
Mount Molloy (QLD) 355 Sc54
Mount Morgan (QLD) 361 Sf57
Mount Morris (QLD) 360 Sc58
Mount Mulgrave (QLD) 355 Sb54
Mount Mulligan (QLD) 355 Sc54
Mount Mulya (NSW) 366 Sc61
Mount Norman (QLD) 360 Sb55
Mount Padbury (WA) 356 Qk58
Mount Perry (QLD) 361 Sf58
Mount Sandiman (WA) 356 Qh58
Mount Skinner (NT) 359 Rh57
Mount Stuart (WA) 356 Qj57
Mount Sturgeon (QLD) 360 Sc56
Mount Surprise (QLD) 355 Sc55
Mount Vernon (WA) 356 Qk58
Mount Wedge (SA) 365 Rh62
Mount Wiloughby (SA) 359 Rh59
Mount Windsor (QLD) 360 Sa57
Mount Wittenoon (WA) 362 Qj59
Moura (QLD) 361 Se58
Mowanjum (WA) 352 Rb54
Moyhu (VIC) 369 Sd64
Muchea (WA) 362 Qh61
Muckadilla (QLD) 361 Se59
Mudgee (NSW) 367 Se62
Muggon (WA) 362 Qh59
Mukinbudin (WA) 363 Qk61
Mulaley (NSW) 367 Se61
Mulga Park (NT) 358 Rf58
Mulgathing (SA) 365 Rg61
Mulgildie (QLD) 361 Sf58
Mulgul (WA) 356 Qk58
Mulka (SA) 359 Rk60
Mullewa (WA) 362 Qh60
Muloorina (SA) 365 Rj60
Mulyungarie (SA) 366 Sa61
Mummballup (WA) 362 Qj62
Mundabullangana (WA) 356 Qk56
Mundiwindi (WA) 357 Ra57
Mundrabilla Motel (WA) 364 Re61
Mundubbera (QLD) 361 Sf58
Mungallala (QLD) 360 Sd59
Mungana (QLD) 355 Sc54
Mungeranie (SA) 359 Rk60
Mungindi (NSW) 367 Se60
Munglinup (WA) 363 Ra62
Munmarlary (NT) 353 Rg52
Muralgarra (WA) 362 Qj60
Murchison (VIC) 369 Sc64
Murchison Roadhouse (WA) 362 Qh59
Murgan (QLD) 361 Sf59
Murgenella (NT) 353 Rg51
Murgoo (WA) 362 Qj59
Murin Bridge (NSW) 366 Sd62
Murnpeowie (SA) 365 Rk60
Murra Murra (QLD) 360 Sd60
Murray Bridge (SA) 365 Rk63
Murray Downs (NT) 359 Rh56
Murrayville (VIC) 366 Sa63
Murrumateman (NSW) 367 Se63
Murrumburrah (NSW) 367 Se63
Murrurundi (NSW) 367 Sf61
Murwillumbah (NSW) 367 Sg60
Muswellbrook (NSW) 367 Sf62
Mutarnee (QLD) 355 Sd55
Mutooroo (SA) 366 Sa62
Muttaburra (QLD) 360 Sc57
Myalup 362 Qh62
Myola (QLD) 354 Sa55

N

Nabiac (NSW) 367 Sg62
Nackara (SA) 365 Rk62
Nalbara (WA) 362 Qj60
Nambi (WA) 363 Ra60
Nambour (QLD) 361 Sg59
Nambucca Heads (NSW) 367 Sg61
Nanambinia (WA) 363 Rb62
Nanango (QLD) 361 Sg59
Nanarup (WA) 363 Qk63
Nandaly (VIC) 366 Sb63
Nandowrie (QLD) 361 Sd58
Nanga (WA) 356 Qg59
Nangwarry (SA) 368 Sa64
Nannup (WA) 362 Qh63
Nantilla (NSW) 366 Sb61
Nanutarra (WA) 356 Qh57
Napier Downs (WA) 352 Rc54
Napoleon (QLD) 360 Sc59
Nappamerrie (QLD) 360 Sa59
Napperby (NT) 358 Rg57
Naracoorte (SA) 368 Sa64
Nardoo (NSW) 366 Sc60
Narellen (NSW) 367 Sf63
Narembeen (WA) 363 Qk62
Naretha (WA) 363 Rc61
Narooma (NSW) 369 Sf64
Narrabri (NSW) 367 Se61
Narrandera (NSW) 366 Sd63
Narrogin (WA) 363 Qj62
Narromine (NSW) 366 Se62
Naryilco (QLD) 360 Sa60
Natal Downs (QLD) 360 Sd56
Nathan River (NT) 354 Rh53
Natimuk (VIC) 368 Sa64
Neale Junction (WA) 364 Rc60
Nebo (QLD) 361 Se56
Nelia (QLD) 360 Sb56
Nelson Bay (NSW) 367 Sg62
Nerang (QLD) 361 Sg59
Nerren Nerren (WA) 362 Qh59
Nerrima (WA) 352 Rc55
Neutral Junction (NT) 359 Rg56
Nevertire (NSW) 366 Sd61
New Alton Downs (SA) 359 Rk59
Newcastle (NSW) 367 Sf62
Newcastle Waters (NT) 353 Rg54
Newdegate (WA) 363 Qk62
New Dixie (QLD) 355 Sb53
New Forest (WA) 362 Qh59
Newman (WA) 357 Qk57
New Norcia (WA) 362 Qj61
New Norfolk (TAS) 369 Sd67
Newry (NT) 353 Re54
Newstead (VIC) 369 Sc64
Ngangganawili (WA) 357 Ra59
Nguiu (NT) 353 Rf51
Ngukurr (NT) 353 Rh53
Nhill (VIC) 368 Sa64
Nhulunbuy (NT) 354 Rj52
Nicholson (WA) 353 Re55
Nimbin (NSW) 367 Sg60
Nimmitabel (NSW) 369 Se64
Nindigully (QLD) 367 Se60
Ningaloo (WA) 356 Qg57
Nita Downs (WA) 357 Ra55
No.24 Well (WA) 357 Rb57
No.35 Well (WA) 357 Rc57
Nockatunga (QLD) 360 Sb59
Nocoleche (NSW) 366 Sc60
Nonning (SA) 365 Rj62
Noonaman (NT) 353 Rf52
Noondoonia (WA) 363 Rb62
Noonkabah (WA) 352 Rc55
Nooyeah Downs (QLD) 360 Sb60
Noralup (WA) 363 Qj63
Normanton (QLD) 354 Sa54
Normanville (SA) 365 Rk63
Norranside (QLD) 359 Sa57
Norseman (WA) 363 Ra62
Northam (WA) 362 Qj61
North Bannister (WA) 362 Qj62
Northcliffe (WA) 362 Qj63
Northhampton (WA) 362 Qh60
North Head (QLD) 355 Sb55
North Lake Grace (WA) 363 Qk62
North Star (NSW) 367 Sf60
Notting (WA) 363 Qk62
Nottingham Downs (QLD) 360 Sb56
Nowa Nowa (VIC) 369 Se64
Nowendoc (NSW) 367 Sf61
Nowra (NSW) 367 Sf63
Nubeena (TAS) 369 Sd67
Nulbear (QLD) 360 Sd59
Nullabor (SA) 364 Rf61
Nullagine (WA) 357 Ra56
Nullawa (NSW) 366 Sd60
Numagalong (NT) 358 Rg56
Numbulwar (NT) 354 Rh53
Numurkah (VIC) 369 Sc64
Nundroo (SA) 364 Rg61
Nungarin (WA) 363 Qk61
Nurina (WA) 364 Rd61
Nurioopta (SA) 365 Rk63
Nutwood Downs (NT) 353 Rh53
Nyabing (WA) 363 Qk62
Nymagee (NSW) 366 Sd62
Nymboida (NSW) 367 Sg60
Nyngan (NSW) 366 Sd61

O

Oakbank (SA) 366 Sa62
Oakey (QLD) 361 Sf59
Oak Hills (QLD) 355 Sc55
Oaklands (NSW) 366 Sd63
Oakwood (QLD) 360 Sd58
Oaky Creek (QLD) 361 Se57
Oatlands (TAS) 369 Sd67
Oban (QLD) 359 Rk56
Oberon (NSW) 367 Se62
Oenpelli (NT) 353 Rg52
Ogmore (QLD) 361 Se57
Olary (SA) 365 Sa62
Old Coralie (QLD) 354 Sa55
Old Cork (QLD) 360 Sa57
Old Numery (NT) 359 Rh58
Olio (QLD) 360 Sb56
O'Malley (SA) 364 Rf61
Omeo (VIC) 369 Sd64
Omicron (QLD) 366 Sa60
One Tree (NSW) 366 Sc63
Ongerup (WA) 363 Qk62
Onslow (WA) 356 Qh56
Oobagooma (WA) 352 Rc54
Oodnadatta (SA) 359 Rh59
Ooldea (SA) 364 Rf61
Oolloo (NT) 353 Rf52
Oorindi (QLD) 360 Sa56
Orange (NSW) 367 Se62
Orange Creek (NT) 359 Rg58
Orbost (VIC) 369 Se64
Orchid Beach (QLD) 361 Sg58
Ord River (WA) 352 Re54
Orientos (QLD) 360 Sa60
Orleans Farms (WA) 363 Rb62
Oroners (QLD) 355 Sb53
Orrorroo (SA) 365 Rk62
O.T.Downs (NT) 353 Rh54
Oudabunna (WA) 363 Qj60
Ouyen (VIC) 366 Sb63
Overlander House (WA) 356 Qh59
Oxenhope (QLD) 360 Sc56

P

Packsaddle (NSW) 366 Sa61
Paddington (NSW) 366 Sc62
Padthaway (SA) 368 Sa64
Palana (TAS) 369 Sd65
Palgarup (WA) 362 Qj63
Palm Cove (QLD) 355 Sc54
Palmerville (QLD) 355 Sc53
Palm Valley (NT) 358 Rg58
Palparara (QLD) 360 Sa58
Panban (NSW) 366 Sb62
Pandanus (QLD) 355 Sc55
Pandie Pandie (SA) 359 Rk59
Pannawonica (WA) 356 Qj56
Papulankutja (WA) 358 Re58
Papunya (NT) 358 Rf57
Paraburdoo (WA) 356 Qj57
Parachilna (SA) 365 Rk61
Parakylia (SA) 365 Rj61
Paratoo (SA) 365 Rk62
Parilla (SA) 366 Sa63
Paringa (SA) 366 Sa63
Parkes (NSW) 366 Se62
Parndana (SA) 365 Rj63
Paroo (WA) 357 Qk59
Parrakie (SA) 365 Sa63
Paru (NT) 353 Rf51
Paruna (SA) 366 Sa63
Patchewollock (VIC) 366 Sb63
Paynes Find (WA) 362 Qj60
Peak Hill (NSW) 366 Se62
Peak Hill (WA) 357 Qk58
Peebinga (SA) 366 Sa63
Pelham (QLD) 355 Sb55
Pemberton (WA) 363 Qj63
Pembroke (QLD) 361 Se59
Penguin (TAS) 369 Sd66
Penneshaw (SA) 365 Rj63
Penola (SA) 368 Sa64
Penong (SA) 365 Rg61
Penrith (NSW) 367 Sf62
Penshurst (VIC) 368 Sb64
Pentecost Downs (WA) 352 Rd54
Pentland (QLD) 360 Sc56
Perenjori (WA) 362 Qj60
Peret (QLD) 354 Sa52
Perrinvale (WA) 363 Ra60
Perth (TAS) 369 Sd66
Perth (WA) 362 Qh61
Peterborough (SA) 365 Rk62
Phillip Creek (NT) 353 Rh55
Piangil (VIC) 366 Sb63
Picton (NSW) 367 Sf63
Pigeon Hole (NT) 353 Rf54
Pilliga (NSW) 367 Se61
Pimba (SA) 365 Rj61
Pimbee (WA) 356 Qh58
Pincally (NSW) 366 Sa61
Pindar (WA) 362 Qh60
Pine Creek (NT) 353 Rf52
Pine Grove (WA) 362 Qh59
Pingaring (WA) 363 Qk62
Pingelly (WA) 363 Qj62
Pingine (QLD) 360 Sc59
Pingrup (WA) 363 Qk62
Pinjarra (WA) 362 Qh62
Pinjin (WA) 363 Rb61
Pinkilla (QLD) 360 Sb59
Pinnacles (WA) 363 Ra60
Pinnaroo (SA) 366 Sa63
Pipalyatjara (SA) 358 Rf59
Pithara (WA) 362 Qj61
Pittsworth (QLD) 361 Sf59
Planet Downs (QLD) 354 Rk55
Plevna Downs (QLD) 360 Sb59
Point Samson (WA) 356 Qj56
Point Stuart (NT) 353 Rf52
Pokataroo (NSW) 367 Se60
Policemans Point (SA) 365 Rk63
Pomona (QLD) 361 Sg59
Poochera (SA) 365 Rh62
Pooncarie (NSW) 366 Sb62
Poowong (VIC) 369 Sc65
Pormpuraaw (QLD) 354 Sa53
Porongurup (WA) 363 Qj63
Port Albert (VIC) 369 Sd65
Port Alma (QLD) 361 Sf57
Port Arthur (TAS) 369 Sd67
Port Augusta (SA) 365 Rj62
Port Broughton (SA) 365 Rj62
Port Campbell (VIC) 368 Sb65
Port Douglas (QLD) 355 Sc54
Port Elliot (SA) 365 Rk63
Port Fairy (VIC) 368 Sb65
Port Germein (SA) 365 Rk62
Port Gregory (WA) 362 Qh60
Port Hedland (WA) 356 Qk56
Port Kembla (NSW) 367 Sf63
Port Kenny (SA) 365 Rh62
Portland (VIC) 368 Sa65
Portland Roads (QLD) 355 Sb52
Port Latta (TAS) 369 Sc66
Port Lincoln (SA) 365 Rh63
Port MacDonnell (VIC) 368 Sa65
Port Macquarie (NSW) 367 Sg61
Port Neill (SA) 365 Rj63
Port Noarlunga (SA) 365 Rk63
Port Pirie (SA) 365 Rj62
Port Steward = Moojeeba (QLD) 355 Sb53
Port Victoria (SA) 365 Rj63
Port Wakefield (SA) 365 Rk63
Port Warrender (WA) 352 Rc53
Powlathanga (QLD) 360 Sc56
Prairie (QLD) 360 Sc56
Prarie Downs (WA) 357 Qk57
Prattenville (NSW) 366 Sc61
Premer (NSW) 367 Se61
Premier Downs (WA) 364 Rc61
Prenti Downs (WA) 357 Rb59
Prevelly 362 Qh62
Princetown (VIC) 368 Sb65
Proserpine (QLD) 361 Se56
Prospect (QLD) 355 Sb55
Proston (QLD) 361 Sf59
Prungle (NSW) 366 Sb63
Pukatja (SA) 358 Rg59
Pularumpi (NT) 353 Rf51
Pungalina (NT) 354 Rj54
Purple Downs (SA) 365 Rj61
Putty (NSW) 367 Sf62

Q

Quairading (WA) 362 Qj61
Quambatook (VIC) 366 Sb63
Quambone (NSW) 366 Sd61
Quamby (QLD) 359 Sa56
Quanbun (WA) 352 Rc55
Queanbeyan (NSW) 367 Se63
Queenscliff (VIC) 369 Sc65
Queenstown (TAS) 369 Sc67
Queen Victoria Rock (WA) 363 Ra61
Quilpie (QLD) 360 Sc59
Quinalow (QLD) 361 Sf59
Quindanning (WA) 362 Qj62
Quirindi (NSW) 367 Sf61
Quobba (WA) 356 Qg58
Quorn (SA) 365 Rk62

R

Rabbit Flat Roadhouse (NT) 358 Rf56
Rabbit Flat (NT) 358 Rf56
Rainbow Beach (QLD) 361 Sg58
Ramingining (NT) 353 Rh52
Rams Head (WA) 363 Qk63
Rangers Valley (QLD) 360 Sc57
Ranger uranium mine (NT) 353 Rg52
Ranges Valley (QLD) 360 Sa56
Ranken Store (NT) 359 Rj55
Rankin Springs (NSW) 366 Sd62
Rannes (QLD) 361 Sf58
Rapid Bay (SA) 365 Rk63
Ravenshoe (QLD) 355 Sc54
Ravensthorpe (WA) 363 Ra62
Ravenswood (QLD) 360 Sd56
Rawlinna (WA) 364 Rc61
Redbank (VIC) 368 Sb64
Redcliffe (QLD) 361 Sg59
Redesdale (VIC) 369 Sc64

Redford – Zeehan

Redford (QLD) 360 Sd58
Red Hill (WA) 356 Qj57
Reedy Creek (QLD) 361 Se58
Reedy Springs (QLD) 360 Sc56
Reid (WA) 364 Re61
Retreat (QLD) 360 Sb58
Richmond (NSW) 367 Sf62
Richmond (QLD) 360 Sb56
Richmond Hill (QLD) 360 Sc57
Riverboat Cruises (Murray River) (NSW) 366 Sb63
Riverina (WA) 363 Ra60
Riverside (QLD) 361 Se56
Riversleigh (QLD) 354 Rk55
Robe (SA) 368 Rk64
Robertstown (SA) 365 Rk62
Robinhood (QLD) 355 Sb55
Robinson River (NT) 354 Rj54
Rockhampton (QLD) 361 Sf57
Rockhampton Downs (NT) 354 Rh55
Rockingham (WA) 362 Qh62
Rockton (NSW) 369 Se64
Rocky Gully (WA) 363 Qj63
Roebourne (WA) 356 Qj56
Roebuck Plains (WA) 352 Rb54
Rokeby (QLD) 355 Sb52
Rokewood (VIC) 368 Sb64
Rolleston (QLD) 361 Se58
Rollingstone (QLD) 355 Sd55
Roma (QLD) 361 Se59
Roper Bar (NT) 353 Rh53
Roper Valley (NT) 353 Rh53
Rosebud (VIC) 369 Sc65
Rosedale (QLD) 360 Sd57
Rosewood (NT) 353 Re54
Rossarden (TAS) 369 Sd66
Rossville (QLD) 355 Sc53
Roto (NSW) 366 Sc62
Rowena (NSW) 367 Se60
Roxborough Downs (QLD) 359 Rk57
Roxby Downs (SA) 365 Rj61
Roy Hill (WA) 356 Qk57
Rubyvale (QLD) 361 Sd57
Rudall (SA) 365 Rj62
Rupanyup (VIC) 368 Sb64
Rutland Plains (QLD) 354 Sa53

S

Saint Arnaud (VIC) 368 Sb64
Saint George (QLD) 361 Se60
Saint Helens (TAS) 369 Se66
Saint Lawrence (QLD) 361 Se57
Saint Marys (TAS) 369 Se66
Sale (VIC) 369 Sd65
Salmon Gums (WA) 363 Ra62
Samford (QLD) 361 Sg59
Sandfire Flat (WA) 357 Ra55
Sandringham (QLD) 359 Rk58
Sandstone (WA) 363 Qk59
San Marino (SA) 359 Rh60
San Remo (VIC) 369 Sc65
Santa Theresa (NT) 359 Rh58
Santos (QLD) 360 Sa60
Sarina (QLD) 361 Se56
Savage River (TAS) 369 Sc66
Savannah Downs (QLD) 360 Sa55
Saxby Downs (QLD) 360 Sb56
Scaddan (WA) 363 Ra62
Scone (NSW) 367 Sf62
Scottsdale (TAS) 369 Sd66
Seaforth (QLD) 361 Se56
Sea Lake (VIC) 366 Sb63
Seaspray (VIC) 369 Sd65
Sedan (QLD) 360 Sb58
Seemore Downs (WA) 364 Rc61
Selwyn (QLD) 359 Sa56
Serpentine (VIC) 368 Sb64
Serviceton (SA) 368 Sa64
Seven Emu (NT) 354 Rj54
Seymour (VIC) 369 Sc64
Shackelton (WA) 362 Qj61
Shandon Downs (NT) 353 Rh54
Shay Gap (WA) 357 Ra56
Sheila (QLD) 359 Rk56
Shepparton (VIC) 369 Sc64
Sheringa (SA) 365 Rh62
Sherlock (SA) 365 Rk63
Shute Harbour (QLD) 361 Se56
Shuttleworth (QLD) 360 Sd57
Silkwood (QLD) 355 Sd54
Silver Plains (QLD) 355 Sb52
Silver Star Mine (QLD) 354 Rk55
Silverton (NSW) 366 Sa61
Singleton (NSW) 367 Sf62
Skipton (VIC) 368 Sb64
Smithton (TAS) 369 Sc66
Smithtown (NSW) 367 Sg61
Smithville House (NSW) 366 Sa61
Snowtown (SA) 365 Rk62
Somers (VIC) 369 Sc65
Somerset (QLD) 355 Sb51
Somerset (TAS) 369 Sc66
Somerton (NSW) 367 Sf61
Sorell (TAS) 369 Sd67
Soudan (NT) 359 Rj56
Southern Cross (WA) 363 Qk61
South Galway (QLD) 360 Sb58
Southport (QLD) 361 Sg59
Southport (TAS) 369 Sd67
South West Rocks (NSW) 367 Sg61
South Yandaminta (NSW) 366 Sa60
Spalding (SA) 365 Rk62
Spring Creek (QLD) 355 Sc55
Springrale (QLD) 360 Sa57
Spring Ridge (NSW) 367 Sf61
Springsure (QLD) 361 Se58
Springvale (WA) 352 Rd54
Springvale Homestead (NT) 353 Rg53
Stamford (QLD) 360 Sb56
Stanhope (VIC) 369 Sc64
Stanley (TAS) 369 Sc66
Stansbury (SA) 365 Rj63
Stanthorpe (QLD) 367 Sf60
Stanwell (QLD) 361 Sf57
Stanwell Park (NSW) 367 Sf63
Stenhouse (SA) 365 Rj63
Stirling (NT) 359 Rg56
Stirling (QLD) 354 Sa54
Stirling North (SA) 365 Rj62
Stonehenge (QLD) 360 Sb58
Strahan (TAS) 369 Sc67
Strathalbyn (SA) 365 Rk63
Strathburn (QLD) 355 Sb53
Strathfillan (QLD) 360 Sb57
Strathgordon (QLD) 355 Sb53
Strathgordon (TAS) 369 Sd67
Strathhaven (QLD) 355 Sb53
Strathmay (QLD) 355 Sb53
Strathmerton (VIC) 366 Sc63
Strathmore (QLD) 355 Sb54
Strathmore (QLD) 360 Sc57
Strathmore (QLD) 361 Sd56
Strathroy (QLD) 360 Sc56
Streaky Bay (SA) 365 Rh62
Stroud (NSW) 367 Sf62
Sturt Creek (WA) 358 Re55
Summerdell (QLD) 360 Sd57
Sunburry (VIC) 369 Sc64
Supplejack Downs (NT) 353 Rf55
Surat (QLD) 361 Se59
Surbiton (QLD) 360 Sd57
Surfers Paradise (QLD) 361 Sg59
Sutton (NSW) 367 Se63
Sutton Downs (QLD) 360 Sc56
Swan Hill (VIC) 366 Sb63
Swansea (TAS) 369 Se67
Swan Vale (QLD) 360 Sb58
Swifts Creek (VIC) 369 Sd64
Sydney (NSW) 367 Sf62

T

Tableland (WA) 352 Rd54
Tailem Bend (SA) 365 Rk63
Talaroo (QLD) 355 Sb55
Talawanta (QLD) 354 Sa55
Talbingo (NSW) 366 Se63
Tallangatta (VIC) 369 Sd64
Tallimba (NSW) 366 Sd63
Talwood (QLD) 367 Se60
Tamala (WA) 362 Qg59
Tambar (NSW) 367 Se61
Tambellup (WA) 363 Qj63
Tambo (QLD) 360 Sd58
Tambrey (WA) 356 Qj56
Tamworth (NSW) 367 Sf61
Tanami Mine (WA) 358 Re55
Tanbar (QLD) 360 Sa58
Tangadee (WA) 357 Qk58
Tangorin (QLD) 360 Sc56
Tannum Sands (QLD) 361 Sf57
Tantanoola (SA) 368 Sa64
Tara (QLD) 361 Sf59
Tarago (NSW) 367 Se63
Taralga (NSW) 367 Se63
Tarbrax (QLD) 360 Sb56
Tarcoola (SA) 365 Rh61
Tardun (WA) 362 Qh60
Taree (NSW) 367 Sg61
Tarlee (SA) 365 Rk63
Tarlton Downs (NT) 359 Rj57
Taroom (QLD) 361 Se58
Tarraleah (TAS) 369 Sd67
Tathra (NSW) 369 Se64
Tawallah (NT) 354 Rh54
Teilta (NSW) 366 Sa61
Telegraph Point (NSW) 367 Sg61
Telfer (WA) 357 Rb56
Temora (NSW) 366 Sd63
Tenindewa (WA) 362 Qh60
Tennam (QLD) 360 Sb58
Tennant Creek (NT) 359 Rh55
Tenterfield (NSW) 367 Sf60
Terang (VIC) 368 Sb65
Terowie (SA) 365 Rk62
Terry Hie Hie (NSW) 367 Sf60
Terwood (QLD) 355 Sb54
Teutonic (WA) 363 Ra60
Tewantin-Noosa (QLD) 361 Sg59
Texas (NSW) 367 Sf60
Thallon (QLD) 367 Se60
Thangool (QLD) 361 Sf58
Thargomindah (QLD) 360 Sb59
The Caves (QLD) 361 Sf57
The Entrance (NSW) 367 Sf62
The Monument (QLD) 359 Rk56
Theodore (QLD) 361 Sf58
The Rock (NSW) 366 Sd63
The Twins (SA) 365 Rh60
Thorntonia (QLD) 354 Rk55
Thredbo Village (NSW) 369 Se64
Three Rivers (WA) 357 Qk58
Three Springs (WA) 362 Qh60
Three Way Roadhouse (NT) 359 Rh55
Thunda (QLD) 360 Sb58
Thundelarra (WA) 362 Qj60
Thurlga (SA) 365 Rh62
Thurloo Downs (NSW) 366 Sb60
Thursday Island (QLD) 355 Sb51
Thylungra (QLD) 360 Sb59
Thymania (QLD) 360 Sb57
Tiaro (QLD) 361 Sg58
Tibooburra (NSW) 366 Sb60
Tickalara (QLD) 366 Sb60
Tidal River (VIC) 369 Sd65
Tierir (QLD) 361 Se57
Tieyon (SA) 359 Rg59
Tilbooroo (QLD) 360 Sc59
Tilcha (SA) 366 Sa60
Tilpa (NSW) 366 Sc61
Tiltagoonah (NSW) 366 Sc61
Timber Creek (NT) 353 Rf53
Timber Mill (NT) 353 Rg51
Tin Can Bay (QLD) 361 Sg58
Tinnenburra (QLD) 366 Sc60
Tintinara (SA) 365 Sa63
Tipperary (NT) 353 Rf52
Tiree (QLD) 360 Sc56
Tirlta (NSW) 366 Sb61
Ti-Tree (NT) 359 Rg57
Ti Tree (QLD) 354 Sa53
Tobermorey (NT) 359 Rj57
Tobermory (QLD) 360 Sb59
Tocumwal (NSW) 366 Sc63
Todmorden (SA) 359 Rh59
Tomingley (NSW) 366 Se62
Tom Price (WA) 356 Qj57
Tonga (NSW) 366 Sb61
Tonkoro (QLD) 360 Sb57
Toobanna (QLD) 355 Sd55
Toobeah (QLD) 367 Se60
Toodyay (WA) 362 Qj61
Toolbec (QLD) 360 Sa57
Tooligie (SA) 365 Rh62
Toolondo (VIC) 368 Sa64
Toompine (QLD) 360 Sc59
Toomula (QLD) 355 Sd55
Toora (VIC) 369 Sd65
Toorale (NSW) 366 Sc61
Tooraweenah (NSW) 367 Se61
Toowoomba (QLD) 361 Sf59
Top Springs (NT) 353 Rf54
Torbantea (QLD) 361 Sg58
Torquay (VIC) 369 Sc65
Torrens Creek (QLD) 360 Sc56
Tottenham (NSW) 366 Sd62
Towera (WA) 356 Qh57
Townsville (QLD) 355 Sd55
Towrana (WA) 356 Qh58
Trafalgar (VIC) 369 Sd65
Trangie (NSW) 366 Sd62
Traralgon (VIC) 369 Sd65
Travellers Village (SA) 364 Re61
Trayning (WA) 363 Qj61
Trebonne (QLD) 355 Sd55
Trentham (VIC) 369 Sc64
Tressillian (QLD) 360 Sd57
Triabunna (TAS) 369 Sd67
Trida (NSW) 366 Sc62
Trilbar (WA) 356 Qj58
Trinidad (QLD) 360 Sb58
Trowutta (TAS) 369 Sc66
Trundle (NSW) 366 Sd62
Trunkey (NSW) 367 Se62
Tuckanarra (WA) 362 Qj59
Tuena (NSW) 367 Se63
Tuilibigeal (NSW) 366 Sd62
Tulga (QLD) 360 Sb57
Tullah (TAS) 369 Sc66
Tullamore (NSW) 366 Sd62
Tully (QLD) 355 Sc54
Tumbarumba (NSW) 366 Sd63
Tumby Bay (SA) 365 Rj63
Tumut (NSW) 366 Se63
Tuncurry (NSW) 367 Sg62
Turee Creek (WA) 356 Qk57
Turkey Creek (WA) 352 Re54
Turner (WA) 353 Re54
Tweed Heads (NSW) 367 Sg60
Twin Peaks (WA) 362 Qh59
Twin Wells (NSW) 366 Sa62
Two Rocks (WA) 362 Qh61
Two Wells (SA) 365 Rk63
Tyringham (NSW) 367 Sg61

U

Uanda (QLD) 360 Sc56
Ucharonidge (NT) 353 Rh54
Ulladulla (NSW) 367 Sf63
Ullawarra (WA) 356 Qj57
Ulmarra (NSW) 367 Sg60
Ultima (VIC) 366 Sb63
Ulva (QLD) 360 Sc56
Ulverstone (TAS) 369 Sd66
Umbakumba (NT) 354 Rj52
Umbeara (NT) 359 Rg58
Ungarra (SA) 365 Rj63
Uralla (NSW) 367 Sf61
Urana (NSW) 366 Sd63
Urandangi (QLD) 359 Rk56
Uranga (NSW) 367 Sg61
Useless Loop (WA) 356 Qg59

V

Valley of Lagoons (QLD) 355 Sc55
Vanrook (QLD) 354 Sa54
Vaughan Springs (NT) 358 Rf57
Ve Javis (QLD) 360 Sb58
Vergemont (QLD) 360 Sb57
Victor Harbour (SA) 365 Rk63
Victoria River (NT) 353 Rf53
Victoria River Downs (NT) 353 Rf54
Vindex (QLD) 360 Sb57
Violet Town (VIC) 369 Sc64
Virginia (SA) 365 Rk63

W

Waddikee (SA) 365 Rj62
Wadeye (NT) 353 Re53
Waganella (NSW) 366 Sc63
Wagga Wagga (NSW) 366 Sd63
Wagin (WA) 363 Qj62
Wahroonga (WA) 356 Qh58
Waikerie (SA) 365 Sa63
Wakooka (QLD) 355 Sc53
Wakool (NSW) 366 Sc63
Walbundrie (NSW) 366 Sd63
Walcha (NSW) 367 Sf61
Waldburg (WA) 356 Qj58
Walgett (NSW) 367 Se61
Walgoolan (WA) 363 Qk61
Walgra (QLD) 359 Rk56
Walkaway (WA) 362 Qh60
Walkerston (QLD) 361 Se56
Walkerville (VIC) 369 Sc65
Wallal Downs (WA) 357 Ra55
Wallan (VIC) 369 Sc64
Wallangara (NSW) 367 Sf60
Wallanthery (NSW) 366 Sc62
Wallara Ranch Roadhouse (NT) 359 Rg58
Wallaroo (SA) 365 Rj62
Wallennbeen (NSW) 366 Se63
Walling Rock (WA) 363 Ra60
Wallumbilla (QLD) 361 Se59
Walpole (WA) 363 Qj63
Walungurru (NT) 358 Re57
Wambiana (QLD) 360 Sd56
Wamboin (NSW) 366 Sd61
Wanaaring (NSW) 366 Sc60
Wandering (WA) 362 Qj62
Wandoan (QLD) 361 Se59
Waneroo (WA) 362 Qh61
Wangamana (NSW) 366 Sc60
Wangaratta (VIC) 369 Sd64
Wangary (SA) 365 Rh63
Wanna (WA) 356 Qj57
Wapweelah (NSW) 366 Sc60
Warakurna (WA) 358 Re58
Waratah (TAS) 369 Sc66
Warbreccan (QLD) 360 Sb58
Warburton (WA) 358 Rd59
Warego Mine (NT) 359 Rh55
Warenbayne (QLD) 361 Sf59
Warenda (QLD) 360 Sa57
Warialda (NSW) 367 Sf60
Warooka (SA) 365 Rj63
Waroona (WA) 362 Qh62
Warra (QLD) 361 Sf59
Warracknabeal (VIC) 368 Sb64
Warragul (VIC) 369 Sc65
Warramboo (SA) 365 Rh62
Warren (NSW) 366 Sd61
Warren Vale (QLD) 354 Sa55
Warriedar (WA) 362 Qj60
Warrinilla (QLD) 361 Se58
Warrnambool (VIC) 368 Sb65
Warroora (WA) 356 Qg57
Wartan (QLD) 360 Sb55
Warwick (QLD) 367 Sg60
Warwick Downs (QLD) 359 Rk56
Watalgan (QLD) 361 Sg58
Waterford (QLD) 359 Rk57
Watheroo (WA) 362 Qj61
Watson (SA) 364 Rf61
Wauchope (NSW) 367 Sg61
Wauchope (NT) 359 Rh56
Waukaringa (SA) 365 Rk62
Waverly Downs (NSW) 366 Sb60
Wedderburn (VIC) 368 Sb64
Weebo (WA) 363 Ra60
Weedarrah (WA) 356 Qh58
Weemelah (NSW) 367 Se60
Weethalle (NSW) 366 Sd62
Wee Waa (NSW) 367 Se61
Weilmoringle (NSW) 366 Sd60
Weipa (QLD) 354 Sa52
Weipa South (QLD) 354 Sa52
Welbourn Hill (SA) 359 Rh59
Wellington (NSW) 367 Se62
Wenlock (QLD) 355 Sb52
Wentworth (NSW) 366 Sa63
Wentworth Falls (NSW) 367 Sf62
Weringa Downs (QLD) 361 Se59
Werribee (VIC) 369 Sc64
Werri Creek (NSW) 367 Sf61
Westbury (QLD) 360 Sc57
Westgate (QLD) 360 Sd59
Westlea (QLD) 366 Sc60
Westmar (QLD) 361 Se59
Westmoreland (QLD) 354 Rk54
Westwood (QLD) 361 Sf57
West Wyalong (NSW) 366 Sd62
Whim Creek (WA) 356 Qj56
White Cliffs (NSW) 366 Sb61
White Cliffs (WA) 363 Rb60
Whitemark (TAS) 369 Se66
White Wells (WA) 362 Qj60
Whitewood (QLD) 360 Sb56
Whitfield (VIC) 369 Sd64
Whittlesea (VIC) 369 Sc64
Whyalla (SA) 365 Rj62
Wialki (WA) 363 Qk61
Wickepin (WA) 363 Qj62
Wickham (WA) 356 Qj56
Widgiemooltha (WA) 363 Ra61
Wilberforce (NSW) 367 Sf62
Wilcannia (NSW) 366 Sb61
Wilgena (SA) 365 Rh61
Willare Bridge (WA) 352 Rb54
Willeroo (NT) 353 Rf53
Williambury (WA) 356 Qh57
William Creek (SA) 365 Rj60
Williams (WA) 363 Qj62
Willowra (NT) 358 Rg56
Willow Tree (NSW) 367 Sf61
Wilmington (SA) 365 Rk62
Wilpoorinna (SA) 365 Rk60
Wiluna (WA) 357 Ra59
Winderie (WA) 356 Qh58
Windidda (WA) 357 Rb59
Windorah (QLD) 360 Sb58
Windsor (NSW) 367 Sf62
Windsor (WA) 363 Qk60
Windy Harbour (WA) 362 Qj63
Wingham (NSW) 367 Sg61
Winnathee (NSW) 366 Sa60
Winning (WA) 356 Qh57
Wintinna (SA) 359 Rj59
Winton (QLD) 360 Sb57
Wirawa (NSW) 366 Sd60
Wirrabara (SA) 365 Rk62
Wirrealpa (SA) 365 Rk61
Wirrulla (SA) 365 Rh62
Wisemans Ferry (NSW) 367 Sf62
Wittenburra (QLD) 360 Sc60
Wittenoom (WA) 356 Qk57
Wodonga (VIC) 369 Sd64
Wollogorang (NT) 354 Rj54
Wollongong (NSW) 367 Sf63
Wombil Downs (QLD) 367 Sd60
Womblebank (QLD) 361 Se58
Wondai (QLD) 361 Sf59
Wondinong (WA) 363 Qk59
Wongan Hills (WA) 362 Qj61
Wonganoo (WA) 357 Ra59
Wongoondy (WA) 362 Qh60
Wonoka (SA) 365 Rk61
Woodanilling (WA) 363 Qj62
Woodburn (NSW) 367 Sg60
Woodenbong (NSW) 367 Sg60
Woodford (QLD) 361 Sg59
Woodgate (QLD) 361 Sg58
Woodgreen (NT) 359 Rh57
Woodlands (QLD) 360 Sd59
Woodlands (WA) 356 Qk58
Woodside (VIC) 369 Sd65
Woods Point (VIC) 369 Sd64
Woodstock (QLD) 360 Sa57
Woodstock (QLD) 360 Sd55
Woodstock (WA) 356 Qk56
Woodvale (QLD) 360 Sd59
Woolfield (QLD) 360 Sb56
Woolgoolga (NSW) 367 Sg61
Woolgorong (WA) 362 Qh59
Wooli (NSW) 367 Sg60
Woolomombi (NSW) 367 Sg61
Woomera (SA) 365 Rj61
Woorabinda (QLD) 361 Se58
Wooramel (WA) 356 Qh58
Wowan (QLD) 361 Sf57
Wrotham Park (QLD) 355 Sb54
Wubin (WA) 362 Qj61
Wudinna (SA) 365 Rh62
Wunga (WA) 352 Rd55
Wurarga (WA) 362 Qj60
Wutul (QLD) 361 Sf59
Wyalkatchem (WA) 363 Qj61
Wyandra (QLD) 360 Sc59
Wycheproof (VIC) 368 Sb64
Wydgee (WA) 362 Qj60
Wyloo (WA) 356 Qj57
Wymiet (SA) 365 Rh61
Wynbring (SA) 365 Rg61
Wyndham (NSW) 369 Se64
Wyndham (WA) 352 Re53
Wynyard (TAS) 369 Sc66
Wyseby (QLD) 361 Se58

Y

Yaamba (QLD) 361 Sf57
Yakarra (QLD) 360 Sb60
Yalardy (WA) 356 Qh59
Yalata (SA) 364 Rf61
Yalbalgo (WA) 356 Qh58
Yalgoo (WA) 362 Qj60
Yallalong (WA) 362 Qh59
Yalleroi (QLD) 360 Sc58
Yallingup (WA) 362 Qh62
Yalock (NSW) 366 Sc62
Yamarna (WA) 357 Rb59
Yamba (NSW) 367 Sg60
Yanac (VIC) 368 Sa64
Yancannia (NSW) 366 Sb61
Yanco (NSW) 366 Sd63
Yanco Glen (NSW) 366 Sa61
Yandal (WA) 363 Ra59
Yandaran (QLD) 361 Sg58
Yandil (WA) 357 Qk59
Yanrey (WA) 356 Qh57
Yantabulla (NSW) 366 Sc60
Yaraka (QLD) 360 Sc58
Yarawin (NSW) 366 Sd61
Yardea (SA) 365 Rh62
Yaringa North (WA) 356 Qh58
Yarlarweelor (WA) 356 Qj58
Yarloop (WA) 362 Qh62
Yarrabubba (WA) 363 Qk59
Yarraden (QLD) 355 Sb53
Yarram (VIC) 369 Sd65
Yarrie (WA) 357 Ra56
Yarronvale (QLD) 360 Sc59
Yarrowitch (NSW) 367 Sg61
Yarrowmere (QLD) 360 Sc56
Yarrum (QLD) 354 Rk54
Yass (NSW) 367 Se63
Yathon (NSW) 366 Sc62
Yea (VIC) 369 Sc64
Yeelanna (SA) 365 Rh63
Yeelirrie (WA) 363 Ra59
Yelerbon (QLD) 367 Sf60
Yellowdine (WA) 363 Qk61
Yelma (WA) 357 Ra59
Yelvertoft (QLD) 359 Rk56
Yeoval (NSW) 367 Se62
Yeppoon (QLD) 361 Sf57
Yerilla (WA) 363 Ra60
Yetman (NSW) 367 Sf60
Yindi (WA) 363 Rb61
Yirrkala (NT) 354 Rj52
York (WA) 362 Qj61
Yorketown (SA) 365 Rj63
Yorkeys Knob (QLD) 355 Sc54
Yorkshire Downs (QLD) 360 Sa56
Yornaning (WA) 363 Qj62
Youangarra (WA) 363 Qk60
Youanmi Downs (WA) 363 Qk60
Young (NSW) 366 Se63
Youngerina (NSW) 366 Sc60
Yowergabbie (WA) 362 Qj60
Yo Yo Park (QLD) 360 Sd59
Yuendumu (NT) 358 Rf57
Yuin (WA) 362 Qj59
Yuinmery (WA) 363 Qk60
Yulara (NT) 358 Rf58
Yuleba (QLD) 361 Se59
Yuna (WA) 362 Qh60
Yundamindra (WA) 363 Rb60
Yungaburra (QLD) 355 Sc54
Yunta (SA) 365 Rk62

Z

Zanthus (WA) 363 Rb61
Zeehan (TAS) 369 Sc66

Bildnachweis

A = Alamy
C = Corbis
G = Getty
L = Laif
M = Mauritius Images

Cover vorn von oben: Blick auf Sydney: Malherbe/C; der Uluru, Uluru-Nationalpark, Northern Territory; hinten von links: Three Sisters, Blue Mountains in New South Wales: C/Merten, Tanami Desert, Northern Territory: Allofs/C, Sydney mit der Habour Bridge: Gibb Photography/C, Rotes Känguru: Walton Photography/G; S. 2/3: Schlenker/C, S. 4/5: Huber/Bildagentur Huber, S. 6/7: Merten/C, S. 8/9: Gibb Photography/C, S. 10/11: Huber/G, S. 12/13: Allofs/C, S. 16/17: Parish/C, S. 18/19: Messent/G, S. 20: C , S. 20: Vaccarella/C, S. 21: Copson/G, S. 21: Rains/C, S. 22: Willis/A, S. 23: Watson/A, S. 23: Kapteyn/M, S. 23: Kapteyn/M, S. 23: Kapteyn/M, S. 24/25: Paterson/A, S. 25: Arco Images/A, S. 26: Roberts/G, S. 26: Warburton-Lee Photography/A, S. 27: Tweedie/C, S. 27: Delimont/A, S. 27: Delimont/A, S. 28/29: Grover/G, S. 29: Tweedie/C, S. 30: Kirkland/G, S. 30/31 + 335: Schlenker/C, S. 31: Travelscape Images/A, S. 31: Emmler/L, S. 32/33: Alinari Archives/G, S. 33: Dea /Cirani/G, S. 33: Tweedie/C, S. 34/35: Ozimages/A, S. 35: TSM/Loyd/C , S. 36/37: Rains/C, S. 37: Walton Photography/G, S. 38/39: A/M, S. 39: Lanting/C, S. 39: Arthus-Bertran/C, S. 41: Watson/G, S. 41: Schlenker/G, S. 42/43: Slow Images/G, S. 43: juliefletcherphotography/G, S. 44/45: Ferrero/Auscape/C, S. 45: van Hasselt/C, S. 46: Nowitz/C, S. 47: Allofs/C, S. 48/49: blickwinkel/A, S. 49: Panoramic Images/G, S. 50/51: Geospace/Acres, S. 51: Premium/APL , S. 52: ZUMA Wire Service/A, S. 52/53: Ocean/C, S. 53: Siebig/M, S. 54/55: Conway/C, S. 55: Harvey/C, S. 55: Conway/C, S. 56/57: Dirscherl/G, S. 58: Wu/C, S. 58: Bain/A, S. 58/59: Watson/G, S. 60/61: A/M, S. 61: Milse/G, S. 61: Rezac/A, S. 61: Rezac/A, S. 62/63: Ellingsen/A, S. 63: Coyne/G, S. 64/65: Johnson/C, S. 64/65: Harm/C, S. 65: Rains/C, S. 65: Kapteyn/M, S. 66/67: Watson/G, S. 67: Wothe/C, S. 68: Image Source/C, S. 68/69: Rellini/Grand Tour Collectioin/C, S. 69: Graphic Sience/A, S. 70/71: Doubilet/National Geographic/C, S. 71: Probst/imagebroker/M, S. 72: Strigl/M, S. 72/73: Walton Photography/G, S. 73 + 262/263: Rains/C, S. 73: Feanny/C, S. 74/75: Rains/C, S. 75: Oxford Scientific/G, S. 75: Panoramic Images/G, S. 76/77: Johnson/C, S. 77: Claver Carroll/G, S. 78/79: AM Corporation/A, S. 79: SuperStock/C, S. 80/81: Souders/C, S. 82: A/M, S. 82: A/M, S. 83: Claver Carroll/G, S. 83: Smith/G, S. 83: Radius Images/G, S. 84/85: Kurmeier/G, S. 85: Stadler/Bildagentur Huber, S. 85: VU/laif, S. 86/87: Sroczynski/C, S. 87: Hicks/C, S. 89: Reuters/C, S. 90/91: Chamberlain/C, S. 91: Panoramic Images/G, S. 92/93: Panoramic Images/G, S. 92/93: Panoramic Images/G, S. 93: Visuals Unlimited, Inc./Wat/G, S. 94/95: Hatcher/C, S. 95: altrendo travel/G, S. 96/97: Ogle/C, S. 97: C, S. 98/99: Lewis/A, S. 99: A/M, S. 100/101: Messent/G, S. 102: Hicks/C, S. 103: Messent/G, S. 103: Dunning/G, S. 104/105: SuperStock/M, S. 105: Hicks/C, S. 105: Hicks/C, S. 106: Hayson/G, S. 106: Nick Rains, S. 106: A/M, S. 108/109: Hayson/G, S. 109: A/M, S. 110/111: Koolstock/Radius Images/C, S. 112: Smith/G, S. 112/113: A/M, S. 113: C/Gollings, S. 113: A/M, S. 114: Houser/C, S. 115: Seppings/C, S. 115: Wall/DanitaDelimont/M, S. 116/117 + 346: Watson/C, S. 117: Helios Loo/C, S. 118: Baxter/G, S. 118: Fogden/G, S. 118: A/M, S. 119: The Travel Library/Look, S. 119: Dauerer/M, S. 120/121: Denholm/G, S. 121: West/G, S. 122: Bloomberg/G, S. 122: David Hannah/G, S. 123: Engel & Gielen/Look, S. 124: Walton Photography/G, S. 124/125: Kuba Nikoracy/C, S. 125: Mead/G, S. 126/127: Hayson/Steve Parish Publishing/C, S. 127: Allofs/C, S. 128/129: Don Fuchs, S. 129: Harvey/Gallo Images/C, S. 130/131: Putt/G, S. 131: Scholtz/ZUMA Press/C, S. 132/133: Walton Photography/G, S. 133: Vaccarella/C, S. 134 + 287: Harris/C, S. 134/135: Walton Photography/G, S. 136/137: Koolstock/Radius Images/C, S. 137: Panoramic Images/G, S. 138: Carnemolla/C, S. 138: A/M, S. 138/139: Shin Yoshino/C, S. 140/141 + 347: Arthus-Bertrand/C, S. 142: Walton Photography/G, S. 142/143: Radius Images/C, S. 143: Watson/C, S. 144/145: Rains/C, S. 145: A/M, S. 146: Schlenker/C, S. 146: A/M, S. 147: Kober/G, S. 148/149: Panoramic Images/G, S. 149: Dixon/ Hedgehog House/C, S. 149: Shin Yoshino/C, S. 149: Woods/G, S. 150/151: Warburton-Lee Photography/A, S. 151: Panoramic Images/G, S. 152/153: Timphillipsphotos/G, S. 153: Panoramic Images/G, S. 154/155: Mead/G, S. 156: Souders/C, S. 156/157: McLennan/G, S. 157: Momatiuk-Eastcott/C, S. 158: Ward/A, S. 158/159: Kingsley/A, S. 159: White/A, S. 159: Spiegel/C, S. 160/161: McLennan/G, S. 161: Quinn Rooney/G, S. 162: Clevenger/C, S. 162: Warburton-Lee/M, S. 163: The Sydney Morning Herald/G, S. 163: Pearson/C, S. 163: CuboImages/M, S. 164/165: Hicks/C, S. 165: Wordley/G, S. 166/167: Fletcher/G, S. 167: Fletcher/G, S. 167: A/M, S. 168/169: Parish/C, S. 169: Edwards/National Geographics/G, S. 170/171: NASA/C, S. 171: Don Fuchs, S. 172: Tweedie/C, S. 172: Tweedie/C, S. 172/173: Tweedie/C, S. 173: Tweedie/C, S. 173: Hancock/A, S. 174: Harding World Imagery/G, S. 175: Hicks/C, S. 175: Mitsuaki Iwago/C, S. 176/177: Parish/C, S. 177: Kaesler/G, S. 178/179: Ellis/G, S. 179: Bernhard/G, S. 179: Wothe/C, S. 180/181: Harvey/Gallo Images/C, S. 181: Walton Photography/G, S. 182/183: Ocean/C, S. 183: Gottschalk/G, S. 183: Holler/C, S. 184/185: Toon/Robert Harding

World/G, S. 185: Tarris/C, S. 186: Smith/G, S. 186/187: Milse/C, S. 187: A/M, S. 188/189: Fletcher/G, S. 189: Fletcher/G, S. 190: A/M, S. 190/191: Stepnell/Steve Parish Publishing/C, S. 191: Osborne/C, S. 192/193: Fuchs/G/Look, S. 194: Cozzi/C, S. 195: Trower/C, S. 195: Harvey/Lonley Planet Images/G, S. 195: Houser/C, S. 195: Garwood/C, S. 196/197: Rains/C, S. 197: Clutterbuck/G, S. 198/199: Images North/A, S. 199: Schlenker/C, S. 199: Trower/C, S. 200: Trower/C, S. 200/201: Vanderelst/G, S. 201: MessentG, S. 201: Hicks/C, S. 202/203: Rogers/C, S. 203: Hicks/C, S. 205: AND/Watson/C, S. 206: Breiter/C, S. 206/207: Roberts/G, S. 207: Jspix/M, S. 207: Jspix/M, S. 208/209: Fletcher/G, S. 209: Fletcher/G, S. 210/211: Walton Photography/G, S. 211: Panoramic Images/G, S. 212/213: Planet Observer/G, S. 213: Hausammann/A, S. 214/215: Fletcher/G, S. 214/215 + 331: Mead/G, S. 215: Clayton/C, S. 216/217 + 331: C, S. 217: Rains/C, S. 218/219 + 331 + 346 Fletcher/G, S. 219: Panoramic Images/G, S. 220: Walton Photography/G, S. 220/221: Parish/C, S. 221: Newman/FLPA/M, S. 222/223: Ocean/C, S. 223: l'Anson/G, S. 224/225: Belcher/C, S. 225: Whitworth/A, S. 225: Warburton-Lee/M, S. 226/227: Prisma Bildagentur AG/A, S. 228/229: Parish/C, S. 229: Parish/C, S. 231: Parish/C, S. 232/233: Arthus-Bertrand/C, S. 233: Redinger-Libolt/G, S. 234/235: Dea/Dani-Jeske/G, S. 235: Watson/C, S. 235: Schlenker/C, S. 235: Ferrero/Auscape/C, S. 235: Ferrero/Auscape/C, S. 235: Ferrero/Auscape/C, S. 235: Ferrero/Auscape/C, S. 236/237: Francis/C, S. 237: Souders/C, S. 238: Rellini/C, S. 239: Momatiuk-Eastcott/C, S. 240/241: Geospace/EDC, S. 241: Walton Photography/G, S. 242/243 + 334: Huber/Bildagentur Huber, S. 242/243: Premium/Image State, S. 243: Souders/C, S. 244: Orezzoli/C, S. 245: Leue/Look, S. 245: Lanting/C, S. 245: Edwards/G, S. 245: Nomad/M, S. 246/247: Watson/G, S. 246/247: Panoramic Images/G, S. 247: A/M, S. 248/249: Steinmetz/C, S. 249: Panoramic Images/G, S. 250/251: Geospace/EDC, S. 251: Faint/G, S. 253: Vidler/C, S. 255: Chesley/G, S. 257: Dirscherl/G, S. 258/259: Essick/C, S. 259: Arthus-Bertrand/C, S. 260/261: Essick/C, S. 261: Essick/C, S. 262: Koala/G, S. 263: Lonely Planet Images/A, S. 264: A/M, S. 265: A/M, S. 265: A/M, S. 265: A/M, S. 265: A/M, S. 266/267: C, S. 267: Clownfishphoto/A, S. 268/269: Walton Photography/G, S. 268/269: Premium, S. 269: Whatnall/National Geographic/G, S. 272/273: Rains/C, S. 273: Winter/G, S. 274/275: A/M, S. 275: A/M, S. 276/277: Mead/G, S. 277: Amendolia/C, S. 278/279: Walton Photography/G, S. 279: Walton Photography/G, S. 280/281: Lonely Planet Images/A, S. 281: Bachman/A, S. 282/283: Walton Photography/G, S. 283: Parish/C, S. 284/285: Walton Photography/G, S. 285: Walton Photography/G, S. 286/287: Pavitt/G, S. 288/289: Mainka/A, S. 288/289: Mainka/A, S. 290/291: Mead/G, S. 291: Krahmer/C, S. 292/293: Parish, S. 292/293: Bachman/A, S. 293: Hay/G, S. 294/295: Gibbons/A, S. 295: Lonely Planet Images/A, S. 295: Lonely Planet Images/A, S. 296/297: Ocean/C, S. 297: Northcott/C, S. 297: Arthus-Bertrand/C, S. 298/299: Schlenker/C, S. 299: Walton Photography/G, S. 301 + 330: Allofs/C, S. 302/303: Winter/G, S. 303: Photolibrary/C, S. 304/305: Satellite Aerial Images/G, S. 305: Lewis/Lonley Planet Images/G, S. 306: L'Anson/G, S. 307: Perrine/G, S. 307: Bachman/A, S. 307: Hiroya Minakuchi/G, S. 307: Souders/C, S. 308/309: Lanting/C, S. 309: Blue Gum Pictures/A, S. 309: Long/A, S. 309: Goodreau/A, S. 309: fotoNatura/A, S. 309: Lonely Planet Images/A, S. 310: Walton Photography/G, S. 310: Radius Images/C, S. 310: Pitt/A, S. 311: Mead/G, S. 311: Walker/Lonley Planet Images/G, S. 312/313: Mead/G, S. 313: Mead/G, S. 314/315: Photolibrary/C, S. 315: Mead/G, S. 316/317: Oxford Scientific/G, S. 317: Don Fuchs, S. 318/319: Gottschalk/G, S. 319: P/Doubilet/NGS, S. 320/321: Ball/A, S. 321: Rains/C, S. 322/323: Panoramic Images/G, S. 323: Image Plan/C, S. 324/325: Alexander Photography/A, S. 325: Modig/C, S. 326/327: Parish/C, S. 328/329: Dressler/Look, S. 329: Emmler/L, S. 330: Don Fuchs, S. 330: Emmler, S. 330: Emmler, S. 330: IPN/Brown, S. 330: NASA/C, S. 330: Aurora/L, S. 330: Enock/C, S. 331: N.N., S. 331: Don Fuchs, S. 331: Rotman/C, S. 331: Heeb/L, S. 331: Wojciech/VISUM , S. 331: Nakamura/M, S. 332/333: Nowitz/C, S. 333 + 334: Souders/C, S. 334: Dressler/Look, S. 334: Walton Photography/G, S. 334: Clarke/C, S. 334: C, S. 334: Mastrorillo/C, S. 334: Nowitz/, S. 334: Souders/C, S. 334: Emmler/L, S. 335: Allofs/C, S. 335: Clarke/C, S. 335: Clarke/C, S. 335: Fogden/C, S. 335: Hosking/C, S. 335: Sparks/C, S. 335: Kaufman/C, S. 335: Tweedie/C, S. 336: Klein/WaterFrame RM/G, S. 337: Premium, S. 337: Allofs/C, S. 337: Johnson/C, S. 337: Orezzoli/C, S. 337: N.N., S. 337: Casa Productions/C, S. 337: Premium, S. 337: Souders/C, S. 337: Premium, S. 338/339: Wothe/C, S. 340: Williams/C, S. 340: Souders/C, S. 341: Ross/C, S. 341: Allofs/C, S. 341: Ross/C, S. 341: Emmler/L, S. 341: Premium, S. 341: Premium, S. 341: Reuters/C, S. 341: Arthus-Bertrand/C, S. 342/343: Edwards/G, S. 344/345: Premium, S. 345: Garvey/C, S. 346: Clevenger/C, S. 346: C, S. 346: Premium, S. 346: Premium, S. 346: Souders/C, S. 346: Souders/C, S. 346: Souders/C, S. 346: Souders/C, S. 347: Strand/C, S. 347: Houser/C, S. 347: Premium, S. 347: Premium, S. 347: N.N. , S. 348/349: Schlenker/C

Der Verlag war bemüht, alle Bildrechteinhaber ausfindig zu machen. In einigen Fällen ist dies nicht gelungen. Betroffene Rechteinhaber werden gebeten, sich mit dem Verlag in Verbindung zu setzen.

Impressum

© 2012 Verlag Wolfgang Kunth GmbH & Co KG, München
Königinstraße 11
80539 München
Telefon +49.89.45 80 20-0
Fax +49.89.45 80 20-21
www.kunth-verlag.de
info@kunth-verlag.de

© Kartografie: Verlag Wolfgang Kunth GmbH & Co. KG, München,
Geländedarstellungen: hergestellt mit SRTM-Daten Heiner Newe, GeoKarta, Altensteig

Alle Rechte vorbehalten. Reproduktionen, Speicherung in Datenverarbeitungsanlagen,
Wiedergabe auf elektronischen, fotomechanischen oder ähnlichen Wegen nur mit der ausdrücklichen Genehmigung des Copyrightinhabers.

Text: Hilke Maundner, Robert Fischer, Ute Friesen, Markus Würmli; Aktualisierungen, Ergänzungen: Andrea Lammert, Silke Haas

Printed in Italy

ISBN 978-3-89944-901-3

Alle Fakten wurden nach bestem Wissen und Gewissen mit der größtmöglichen Sorgfalt recherchiert. Redaktion und Verlag können jedoch für die absolute Richtigkeit und Vollständigkeit der Angaben keine Gewähr leisten. Der Verlag ist für alle Hinweise und Verbesserungsvorschläge jederzeit dankbar.